골로새서와 함께

**세계복음화문제연구소**
(The World Evangelization Research Center)는
한국 교회가 세계 복음화를 위하여
한 모퉁이를 담당해야 한다는 사명으로 사역하고 있습니다.

## 골로새서와 함께

지 은 이   홍 성 철
발 행 인   홍 성 철
초판 1쇄   2024년 10월 25일

**발 행 처**   **도서출판 세 복**
주     소   경기도 파주시 문발로 123
전     화   070-4069-5562
홈페이지   http://www.saebok.kr
E-mail   werchelper@daum.net
등록번호   제1-1800호 (1994년 10월 29일)

**총 판 처**   솔라피데출판유통
전     화   031-992-8691
팩     스   031-955-4433

ISBN 978-89-6334-040-1  03230
값 19,000원

© **도서출판 세 복** 2024

# 골로새서와 함께

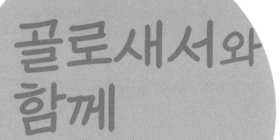

With Colossians

홍 성 철
John Sungchul Hong

# With Colossians

**John Sungchul Hong**

Published in Korea
Copyright© 2024 Saebok Publishing House
All rights reserved.
Seoul, KOREA

## 홍성철(John Sungchul Hong) 목사의 저서

**국어**
- 『고난 중에도 기뻐하라』 (빌립보서 강해)
- 『눈물로 빚어 낸 기쁨』 (룻기 강해)
- 『복음을 전하세 복음전도의 성경적 근거』
- 『불타는 전도자 존 웨슬리』
- 『성령으로 난 사람』 (요한복음 3장 1-16절 강해)
- 『십자가의 도』
- 『우리에게 일용할 양식을 주소서』 (주기도문 강해)
- 『유대인의 절기와 예수 그리스도』
- 『이렇게 예수 그리스도의 제자가 되자』
- 『절하며 경배하세』
- 『주님의 지상명령 성경적 의미와 적용』
- 『하나님의 사람들』 (마태복음 1장 1절 강해)
- 『현대인을 위한 복음전도의 성경적 모델』
- 『성령의 시대로! 오순절★복음★교제』 (사도행전 2장 강해)
- 『전도학 개론』
- 『기독교의 8가지 핵심진리』
- 『진흙 속에서 피어난 백합화』 (룻기 강해)
- 『회개하라! 천국이 가까이 왔느니라』 (마태복음 3-4장 강해)
- 『다니엘의 역설적인 인생』
- 『더 북』
- 『기독교 신앙에 대한 질의응답 50』
- 『거룩한 삶, 사랑의 삶』 (요한일서 강해)
- 『로마서에서 제시된 구원과 성화』
- 『화목제물』
- 『어린 양과 신부』 (새롭게 접근한 요한계시록)
- 『신앙 난제에 답하다 110』
- 『나의 주님 나의 인생』
- 『예수 그리스도의 피』
- 『구원을 위한 성령의 역할』
- 『골로새서와 함께』

**영어**
- *Born of the Spirit* (Emeth Press)
- *John Wesley the Evangelist* (Emeth Press)
- *The Great Commission: Its Biblical Meaning and Application* (Evening Star Enterprise, Inc.)
- *The Genealogy of Jesus Christ: Evangelistic Sermon on the Covenant from Matthew 1:1* (Emeth Press)
- *The Jewish Festivals and Jesus Christ* (Emeth Press)
- *A Collection of Life Stories* (Story Worth)

**포르투갈어**
- *Verdades fundamentais di christianismo* (Editora Fôlego)

**편저**
- 『나는 어떻게 예수님을 만났는가?』
- 『회심 거듭남의 의미와 적용』
- 『복음주의 실천신학개론』
- 『전도학』
- 『선교세계』
- 『불교권의 선교신학과 방법』
- *How I Met Jesus*

**번역서**
- 『주님의 전도계획』 외 30권의 기독교 서적

# 차례

추천사       9

서문       19

I. 서론       25

II. "함께"       33

## 골로새서 1장  존귀해진 교회       39

1. 인사       41

2. 감사       55

3. 기도       68

4. "그가 우리를!"       78

5. 초월의 그리스도       86

6. 내재의 그리스도       98

7. 그리스도의 일꾼       108

## 골로새서 2장  존귀해진 그리스도       121

1. "그리스도, 하나님의 비밀"       123

2. "그리스도 안에서"       134

3. "그리스도의 우위"       143

4. "그리스도의 할례"       153

5. "그리스도의 승리"       161

6. "그리스도의 몸"       171

7. "그리스도와 함께 죽다"       180

## 골로새서 3장  존귀해진 그리스도인    189

1. "위의 것"    191
2. "땅의 것"    200
3. "새 사람"    211
4. "새로운 삶"    223
5. "승리의 삶을 위한 권면"    233
6. "가족 관계"    242
7. "종들"    251

## 골로새서 4장  존귀해진 관계    259

1. "상전들"    261
2. 기도 요청    267
3. "외인"    274
4. 두기고와 오네시모    281
5. 세 유대인 형제    288
6. 세 이방인 형제    295
7. 세 교회    303

부록: "다"    311
참고도서    319

홍성철 박사의『골로새서와 함께』는 다른 주석서에서 발견할 수 없는 특별함이 녹아 있다. 골로새서가 네 장으로 구성된 짧은 성경이기에 가볍게 대했던 성도들에겐 이 책이 신비로 향하는 문처럼 느껴질 것이다. 이 책을 읽으면서 작은 호수인 줄 알고 뛰어들어 가보면 깊은 심연을 지나 광활한 바다와 맞닿아 있다는 사실을 깨닫게 만들기 때문이다. 그것이 가능한 이유는 걸어다니는 성경이라고 할 수 있는 홍성철 박사의 신구약을 아우르는 통찰력과 한평생 다져진 묵상 훈련의 깊이 때문이다. 본서를 읽다 보면 바울의 다른 서신들, 그리고 신구약 성경의 내용이 이 짧은 성경에 촘촘히 연결되어 있음을 매 장에서 확인하게 된다.

본서는 1세기 이방인 그리스도인들에게 주어졌던 교훈의 말씀이 21세기 한국교회의 성도들에게도 유효함을 깨닫게 한다. 골로새교회는 사도 바울이 개척한 교회는 아니다. 그렇지만 옥중에 있던 바울은 이방인이었다가 구원받은 골로새의 그리스도인들이 잘못된 철학, 유대교의 의식주의, 천사 숭배, 금욕주의 등 여러 영적인 문제와 도전에 대해 한 땀 한 땀 애정을 담아 편지할 정도로 각별하게 사랑하는 교회였다. 감옥이란 자유롭지 못한 환경에서 기록한 이 편지는 겉으로는 자유를 누리고 있지만, 오히려 당면한 문제들을 어떻게 해야 할지 모르는 골로새의 그리스도인들에게 방향과 해결책을 제시한다. 한국교회도 사도 바울이 개척하지는 않았지만, 하나님의 각별한 은혜와 에바브라와 같은 하나님의 사람들에 의해 세워졌다. 그렇지만 여러 영적인 도전과 문제들 속에서 방향을 잃고 위험에 처해있다는 점에서는 일면 골로새교회의 상황과 유사하다.

본서는 철저히 그리스도 중심이다. 한국교회와 성도들에게 여전히 강조되고 회복되어야 할 것도 그리스도 중심의 신학과 신앙생활이라 할 수 있다. 본서의 장별 제목들을 보면 "초월의 그리스도"에서 "그리스도와 함께 죽다"까지 삼 분의 일 이상이 '그리스도'를 포함하고 있다. 심지어 저자는 한 번도 우리에게 익숙한 표현인 "골로새의 성도들"이라고 부르지 않고, "골로새의 그리스도인들"이라고 지칭함으로써 우리가 그리스도의 사람임을 강조하고 있다. 이 책은 그리스도인들이 십자가의 죽음과 부활, 거기서 더 나아가서 재림까지 함께하는 "동행의 신학"을 말하고 있다.

그리스도 중심의 신앙은 현실과 상관없는 영적인 문제만을 다룬다는 의미가 아니다. 주님과 함께 죽음과 부활, 재림에 동참하는 것이 이 세상의 삶과 괴리된 것이 아닌, 다른 사람들과의 관계, 세상의 초등학문과 같이 오히려 우리가 일상을 살아가면서 보여주어야 할 삶의 자세를 보여준다. 구체적으로 본서는 부부 관계, 자녀와 부모의 관계에서 발생할 수 있는 가정의 문제 등 일상에서 부닥치는 다양한 문제를 말씀으로 다룰 것을 강력히 촉구하고, 그 해결책을 제시한다는 점에서 주목할 가치가 있다.

본서의 또 다른 강점은 장마다 성경 본문의 내용을 네 개의 소 주제로 나누어 설명하므로 설교자들의 설교 준비에 도움을 줄 것이다. 많은 주석이 제공하는 정보가 설교 준비에 적합하지 않고, 또 설교집들은 깊이가 얕아 설교 준비에 큰 도움이 되지 못하는 경우가 대부분이다. 반면 본서는 성경 본문에 천착하여 유익한 정보와 깊이 있는 묵상의 결과물들을 몇 개의 핵심 주제로 구분하여 제시한다는 점에서 고무적이다. 이는 많은 목회자에게 설교의 뼈대와 내용의 근간을 제공하기에 충분하다. 게다가 책을 읽으면서 독자들은 저자의 묵상 방법과 패턴을 자연스럽게 이해하고 익숙해지는 유익을 얻게 될 것이다. 바울 사도의 안목으로 골로새서를 이해하고 바울 신학과 성경을 이해하기를 원하는 모든 성도, 특히 목회자들에게 이 책을 추천한다.

구 병 옥 박사
개신대학원대학교 교수, 한국실천신학회 회장

　예수 그리스도께로 삶의 방향을 전환한 이래 저자는 열과 성을 다해 한 영혼이라도 더 주님께 인도하려고 온 마음과 몸을 불태워 왔다. 그런데 저자는 단순히 구령의 열정에 불타는 전도자만이 아니다. 전도학을 전공한 학자이면서 또한 그 누구보다도 성경을 깊게 천착해 들어가는 성경 연구자임을 잊어서는 안 된다. 이번에 세상에 내놓는 "골로새서" 연구 역시 곳곳에 그의 치밀한 연구의 흔적이 배여 있다. 보통 사람들은 쉽게 지나칠 문장도 그냥 지나치는 법이 없이 깊게 파고 들어간다. 원어를 일일이 찾아 소개하고 성경 다른 곳에서 어떻게 사용되었는지 용례까지 들어 설명하는 것을 읽다 보면, 자연스레 저자의 지적 성실함에 박수를 보내게 된다. 게다가 이 책 여러 곳에 이전에 미처 생각하지 못했던 통찰이 가득하다. 특히 마가, 누가, 바울이 로마에 함께 있었기에 복음서를 기술할 때 서로 깊은 영향을 주었을 것이라는 저자의 진단을 읽을 때는 무릎을 탁 치기도 하였다.

　그처럼 짧은 "골로새서"에서 "함께"라는 단어가 14번이나 나올 뿐 아니라, 그 단어가 함축한 의미를 제시하고 또 그 단어로 한 장을 쓸 수 있도록 인도한 저자의 깊은 묵상과 성경 연구를 엿볼 수 있게 한다. 그 결과 『골로새서와 함께』라는 제목이 생성되다니, 그 혜안에 놀라울 뿐이다. 그뿐 아니라, "골로새서"의 저자인 바울 사도가 "그리스도 예수"와 "예수 그리스도"를 각각 87번씩 사용했다는 인지認知와 더불어 그 의미의 차이를 알려준 것도 무릎을 치지 않을 수 없게 만들었다. 물론 시중에 "골로새서"를 다룬 책이 많이 나와 있을 것이다. 그런데 이 책은 요새 유행하는 말로 "어나더 레벨"another level

이다. 묵상과 연구의 깊이가 다르기 때문이다. 하나님의 말씀을 더 깊이 알고 싶어 하는 분들에게 일독을 권한다. 읽으면서 사도행전 28장 31절에서 하나님의 나라를 전파하며 주 예수 그리스도에 관한 모든 것을 "담대하게 거침없이" 전했던 사도 바울의 모습과 홍성철 교수님의 모습이 오버랩되어 읽었다. 골로새서에 관한 모든 것을 "담대하게 그리고 거침없이" 써주신 노학자의 수고와 헌신에 큰 박수를 보낸다.

이 혜 진 목사
아틀란타벧엘교회 담임

책을 전혀 안 읽는 사람도 있지만, 책을 읽는 사람들에게는 "어떤 책을 읽을까?"란 질문을 항상 한다. 특히 신학과 관련된 서적들은 웬만해선 읽지 않는다. 대부분 신학 서적을 읽는 분들은 목사와 신학교 교수 외에는 별로 없는 것 같다. 그것도 말씀을 준비하기 위해서 읽는 분들이 많다.

그런데 여기 『골로새서와 함께』를 저술하신 홍성철 목사는 제가 직접 지도받은 적은 없지만, 이분의 저서와 개인적 교제를 통해서 은사처럼 모시고 있는 분이다. 특히 선교와 전도에 대한 열정은 그 누구도 따라오지 못할 정도이다. 이번에 『골로새서와 함께』를 저술하였는데, 평신도나 목회자는 물론 교수에게도 아주 유익한 책이라고 믿어 의심치 않는다.

요즘은 복음이 희석되어 참 복음에 대한 지식도 없고, 있다 하더라도 정확하게 무엇이 복음인지 잘 알지 못한다. 우리는 입으로 복음을 논하지만, 복음을 설명하라고 한다면 일목요연하게 설명하지 못하는 실정이다. 그런데 홍성철 목사는 이처럼 작은 "골로새서"에서 복음을 쉽게 그리고 반복적으로 제시하고 있다.

제가 이 책 『골로새서와 함께』를 강력 추천하는 것은 저자가 각 장을 구성해 나가는데, 네 가지 주제로 요약해서 누구나 쉽게 접할 수 있게 하였기 때문이다. 그러니까 아무런 군더더기 없이 짧고 간단명료하게, 이해하기 힘든 신학적 문제들을 쉽게 풀어주었다. 우리가 책을 읽어도 주제를 모르고 읽기가 쉬운데, 이 책은 장마다 독특한 주제를 뽑아서 누구나 쉽게 이해할 수 있도록 저술하였다. 그래서 누구든지 책은 앉은 자리에서 쉬지 않고 읽을 수 있도록 문장과 어휘, 특히 혼돈되는 단어나 글을 원문으로 잘 설명해서 그 의미와 뜻을 충분하게 이해할 수 있도록 저술하였다.

사실 많은 독자는 책을 읽다가 도중에 손을 놓는 경우가 많다. 그 이유가 다양하겠지만, 이 책은 다르다. 독자가 흥미를 일으킬 수 있는 주제들로 서술하였고, 또 그 내용이 실제 일상에서 바로 적용할 수 있기에 매우 실용적이며, 또한 장마다 너무 길지 않기 때문에 독자들에게 성취감까지 가져다준다.

주님의 재림이 임박한 이때 『골로새서와 함께』를 통해 우리 각자의 믿음이 다시 무장될 수 있을 것이다. 아무쪼록 이 저서를 통해 구원에 대한 확신과 영적 성장을 이룰 수 있기를 기도한다.

주 성 철 박사

미주장로회신학대학교/미드웨스턴신대원 객원교수, MET Ministry 대표

주천사

나는 1982년 결혼 10주년 기념의 동남아 여행 중 방콕<sup>Bankok</sup>을 들렀다. 때마침 수요일이라서 한인 선교사 부부가 섬기고 있었던 무앙타이교회<sup>Muang Thai Church</sup>에서 예배를 드렸다. 그 선교사님은 열정적이고 영어도 잘하고 리더십도 뛰어나서 깊은 인상을 받았는데, 홍성철 목사님이었다.

그 후 2002년 성결교단의 어느 목사님이 그의 신학교 시절 나와 모습이 비슷한 그래서 나의 형님처럼 보이는 아주 훌륭한 스승님이 계셨다기에 소개받았는데, 홍성철 목사님이었다.

이게 웬 인연인가? 이분이 그때 그분인가? 아니 일개의 선교사가 20년 사이에 서울신학대학교 교수, 신학박사, 세계 유명 신학교들의 석좌교수라니 의아했다. 그러나 그 후 홍 목사님의 삶의 지향점이 "오직 그리스도"이며, 이를 위해 쉬지 않고 달려오신 발자취라는 것을 알게 되었을 때 의문점이 풀렸다.

홍 목사님은 2002년 산돌교회에서 목회할 때 평신도에 불과한 나를 주일 설교에 두 번이나 세워주셨다. 겁도 없이 이에 임한 나는 얼마나 흥분되고 영광스러웠던지…!

홍 목사님은 2010년 중국인 목회자 세미나에 함께 가자고 하더니, 칭다오 집회에서 평신도인데도 나를 간증자로 여러 차례 강단에 서게 해주었다.

홍 목사님은 나와 가끔 성경 진리를 교통할 때가 있었는데 평신도 한 사람 앞에서도 혼신을 다해 진리를 풀어주었다.

이런 열린 마음이 어디에서 비롯되었을까? 나는 또 알게 되었다. 홍성철 목사님이야말로 겸손을 넘어 "겸손을 사시는 분"이라는 것을.

권위가 있으면서 권위의식은 없는 분, 솔직, 소박, 소탈한 분이다.

홍 목사님은 새 저서 『골로새서와 함께』에 추천의 글을 부탁하였다. 아니 직업이 안감 직물 수출업자인 소시민이요 평신도에 불과한 사람이 대 신학자의 글에 추천사라니. 사양 또 사양했으나 어쩔 수 없이 생전 처음 추천사란 것을 쓰게 되었다. "오직 그리스도"를 위하여 "겸손을 사시는 분"의 면모가 또 한 번 드러나는 것이 아닌가!

나는 성경 말씀 중에 "비밀"이라는 단어를 무척 좋아한다. 호기심을 일으키기 때문이다. 특히 "하나님의 비밀인 그리스도(골로새서)", "그리스도의 비밀인 교회(에베소서)"라는 말씀은 듣기만 해도 가슴이 벅차다. 그러나 이 비밀이 아무리 귀한 들, 가슴이 벅차오른 들, 바른 이해가 따르지 않는다면 사실 나와 무슨 상관이 있겠는가?

그런데 마침 이번에 "하나님의 비밀인 그리스도"에 대한 골로새서 해설서를 홍 목사님이 쓰게 되셨다. 얼마나 기쁜 일인지! 얼마나 마음 든든한 일인지!

평신도이지만 이 책에 대한 나의 느낌은 "풍성하다, 깊다, 명쾌하다, 쉽다, 감동이다."라는 것이다.

아니 세상에 이런 조합이 또 있을 수 있을까? 하나님은 비밀의 근원, 바울은 비밀의 반포자, 홍 목사님은 비밀의 해설자, 나는 이 비밀을 누리는 자가 되다니! 흐뭇하고 또 흐뭇하다. 앞으로 많은 독자가 나와 같은 누림의 자리에 임할 것을 생각하니 더욱 흐뭇하다. 주님께 깊이깊이 감사와 영광을 돌린다.

황 찬 홍 장로
(주)進進 대표이사, 영락교회 은퇴 장로

## 시작

『골로새서와 함께』는 기적의 책이라고 불러도 좋을 것 같다. 그렇게 부를 수 있다면 그 이유는 무엇인가? 필자는 히브리서 강해를 염두에 두고 오랫동안 준비해왔는데, 본격적으로는 네일 라이트푸트 Neil Lightfoot의『알기 쉬운 히브리서』Everyone's Guide to Hebrews를 번역하면서부터인 것 같다. 히브리서 전체를 암송한 저자의 탁월한 안목은 필자로 그 책에 깊은 관심을 가지고 연구하게 했다.

어느 날 아침 경건의 시간에 순서대로 골로새서를 읽었는데, 갑자기 성령님이 강하게 임하시면서 필자를 사로잡으셨다. 그분이 그렇게 강력하게 임하실 때는 반드시 이유가 있게 마련이다. 그때부터 필자는 골로새서를 읽고 또 읽고, 묵상하고 연구하기 시작했다. 실제로 필자는 골로새서에 대해 별로 관심도 없었고, 또 잘 알지도 못했다. 그러나 성령의 감동으로 기록된 하나님의 말씀이 성령의 조명으로 깨달아질 수 있다는 진리가 다시 확인되는 계기였다.

『골로새서와 함께』의 저술은 앞서 발행한『예수 그리스도의 피』와『구원을 위한 성령의 역할』을 저술할 때와 상황이 너무나 비슷했다. 위의 두 책도 필자의 관심 밖에 있는 것들로 저술은 꿈도 꾼 적이 없었다. 그런데 갑자기 성령님이 빛을 비추어주셔서, 그 제목들이 필자의 관심 안으로 들어오게 되었다. 그 관심은 기도와 연구로 연결되었으며, 마침내 그 책들이 세상에 태어났다. 『골로새서와 함께』
도 똑같이 그런 방식으로 태어났다.

## 배움

『예수 그리스도의 피』와 『구원을 위한 성령의 역할』을 저술하면서
얼마나 많은 것을 깨달았는지 모른다. 성령님의 임재와 인도와 조
명이 없으면 깨달을 수 없는 그런 깨달음이었다. 마찬가지로 『골로
새서와 함께』를 저술하면서 말할 수 없이 많은 진리를 깨달았다. 그
런 깨달음을 통해 골로새서에 매료되기 시작했을 뿐 아니라, 그 말
씀도 역시 하나님이 성령을 통해 바울 사도로 기록하게 하신 심오한
하나님의 말씀임을 깊이 인지하게 되었다.

　그래도 하나님의 말씀에 인생을 걸었다고 자부하던 필자는 그 말
씀을 깊이 알지 못한다는 사실도 알게 되었다. 그렇게 무식한 사람
이 어떻게 『골로새서와 함께』를 저술할 수 있었겠는가? 그것은 두말
할 필요도 없이 하나님의 은혜요, 성령님의 역사였다. 예를 들면,
골로새서를 읽어가는데, 갑자기 "함께"라는 단어가 빈번하게 나온
다는 사실을 인식하고, 헤아려보니 95절밖에 되지 않는 짧은 서신
에 자그마치 14번이나 나오는 것이 아닌가!

　"함께"를 눈여겨보면서 많은 것을 깨닫고 또 감격했다. 그 결과
"함께"라는 제목으로 한 장을 썼고, 책의 제목도 『골로새서와 함께』
가 되었다. 또 본문의 "인사"에 포함된 "그리스도 예수의 사도"에 걸
려서 보름이나 진전하지 못했다. 왜 "예수 그리스도의 사도"라고 하

지 않았는가? 바울 사도는 놀랍게도 그의 서신들에서 "그리스도 예수"와 "예수 그리스도"의 큰 차이점을 염두에 두고 각각 87번씩 사용했다는 깨달음은 많은 깨달음 중 하나에 지나지 않았다.


## 형태

필자는 글을 쓸 때, 형태<sup>format</sup>도 중요하다는 사실을 보스턴대학교에서 논문을 쓸 때 크게 배운 바 있다. 『골로새서와 함께』에서도 역시 형태를 중시하면서 저술했다. 예를 들면, 각 장을 7부분으로 나누어 풀었기에 모두 28장이 되었다. 물론 1장처럼 제법 긴 내용을 7부분으로 나누기는 어렵지 않다. 그러나 4장처럼 상당히 짧은 장을 7부분으로 나눈다는 것은 보통 작업이 아니었다. 그러나 형태의 중요성을 깊게 배운 필자는 기어이 그 장도 7부분으로 나누었다.

한발 더 나아가서 7부분 하나하나를 4가지의 소제목으로 분류해서 해석해나갔다. 결국, 제1장에서 7부분, 그리고 그 부분의 소제목이 각각 4가지니, 소제목이 모두 28가지나 된다. 그러니까 소제목이 『골로새와 함께』 전체에서 112가지나 된다는 말이다. 물론 이런 형태를 고수하는 것을 중시하지 않는 분들도 있지만, 형태는 본문을 가르치거나 설교할 때 본인에게는 물론 듣는 청중에게도 도움이 된다. 많은 사람이 그런 분류로 인해 쉽게 이해하고 기억할 수 있기 때문이다.

그렇게 골로새서의 본문을 분류한 후, 추가되는 서론과 "함께"는 본문 앞에 두어서, 독자는 골로새서가 바울 서신에서 어떤 위치에 있는지 쉽게 이해하게 될 것이다. 그뿐 아니라, 골로새서 전체를 훑어보는 계기가 될 것이다. 그리고 부록과 참고도서를 끝에 두어서 역시 본문을 전후로 2장씩 추가한 셈이 된다. 그것도 역시 형태의 중요성을 드러낸 것이라고 할 수 있을 것이다. 두말할 필요도 없이 추천사와 서문은 그 형태 밖에서 첨가되었다.

## 어려움

『골로새서와 함께』를 저술하면서 어려움이 이만저만 아니었다. 무엇보다도, 필자는 골로새서를 피상적으로만 알고 있었다. 그런 이유로 골로새서의 내용을 파악하느라고 무진 애를 쓴 셈이다. 물론 주님께 밤낮으로 기도하면서 그분의 도우심을 간청했다. 그렇지만, 동시에 필자는 연구하지 않을 수 없었다. 만일 골로새서의 해석이 주관적인 깨달음에만 의지한다면 객관성을 잃게 되며, 결과적으로 『골로새서와 함께』는 가치를 잃게 될 것이기 때문이다.

그런 이유로 필자는 권위 있는 주석들을 참고하면서, 성령의 조명으로 깨달은 말씀을 일일이 확인하지 않으면 안 되었다. 예를 들면, '세상의 초등학문'을 이해하기 위하여 학계의 권위자들을 참고하였다. 그들의 해석과 강해를 통해 마침내 그 의미를 제법 심도 있게 깨달았을 때, 흥분의 도가니 속에서 며칠 밤을 제대로 자지 못하기도 했다. 오늘날 얼마나 많은 사람이 '초등학문'에 코가 꿰어 인생을 헛되게 살아가는지도 알게 되었다.

필자에게 부닥친 또 다른 어려움은 장마다 소제목 4가지를 산출

하는 것이었다. 많은 경우 소제목이 떠오르지 않아서 며칠씩이고 고민하고, 묵상하고, 기도하고 연구했는지 모른다. 그러나 일단 소제목을 찾으면, 그 제목에 따라 본문을 풀어가기란 제목 찾기보다는 훨씬 쉬웠다. 그리고 그 소제목에 따라 글이 완성되었을 때, 기쁨이 넘쳐서 그 글들을 읽고 또 읽은 적이 한두 번이 아니었다. 그런 제목들을 일깨워 주신 성령님께 감사하곤 했다.

## 고마움

필자는 『골로새서와 함께』를 세상에 내놓으면서 많은 분에게 고마운 마음을 가지고 있다. 먼저, 원고를 장마다 정성스럽게 읽어준 분들이다. 그러니까 한 장을 마치면 그 장의 내용을 보냈고, 그분들은 그것을 정성스럽게 읽고 많은 제안을 해주었다. 어떤 분은 내용에 대한 고견을 주었고, 어떤 분은 맞춤법과 문장의 흐름을 지적해주었다. 그처럼 헌신적으로 읽고 또 여러 가지 의견을 준 분들에게 감사하지 않을 수 없다.

그 가운데서 필자의 아내 이외의 분들에게 추천사를 부탁했다. 그분들은 『골로새서와 함께』를 추천할 수 있는 모든 요건을 갖춘 분들이었는데, 여러 가지 요건이 있겠지만 무엇보다도 가장 중요한 것은 역시 그 책을 철저하게 읽고 숙지했다는 사실이다. 그러니까 『골로새서와 함께』의 추천사를 써준 구병옥 박사, 이혜진 목사, 주성철 박사, 그리고 황찬홍 장로는 한 장 한 장을 꼼꼼하게 섭렵하신 분들이다. 그분들에게 특별히 감사의 마음을 전하고 싶다.

이 시점에서 감사하지 않으면 안 될 분들이 있는데, 이 책의 출판비를 아낌없이 후원해주신 분들이다. 이 저서가 독자들에게 도움이 될 수 있다는 확신의 표현이었다. 마지막으로, 필자의 구주이신 예수 그리스도와 동행하시는 성령님이시다. 성령님의 조명이 없었다면, 어떻게 그 어려운 『골로새서』에 다가갈 수 있었겠는가! 결국, 필자의 구원과 신앙을 위해 구주이신 예수 그리스도와 보혜사이신 성령을 보내주신 하나님 아버지께 깊은 감사를 올릴 수밖에 없다.

# I. 서론

하나님은 바울을 성령으로 감동하여 신약성경 27권 중 13권이나 기록하게 하셨다. 바울 자신도 성경이 성령의 *감동*으로 기록되었다는 사실을 분명히 언급했다. "모든 성경은 하나님의 *감동*으로 된 것으로, 교훈과 책망과 바르게 함과 의로 교육하기에 유익하니"(딤후 3:16a). 베드로도 그 사실을 이렇게 확인했다. "…성경의 모든 예언은…오직 성령의 감동하심을 받은 사람들이 하나님께 받아 말한 것임이라"(벧후 1:20-21).

그러니까 골로새서도 바울 사도가 성령으로 감동되어 기록한 편지이다. 골로새서를 다루기 전에 바울이 기록한 편지들을 먼저 살펴보면, 골로새서의 위치를 쉽게 파악할 수 있을 것이다. 그는 두 그룹의 편지들을 기록했는데, 첫 번째 그룹은 편지를 받는 사람들의 이름으로 그 편지의 제목으로 삼은 4권의 책인데, 곧 디모데전서, 디모데후서, 디도서 및 빌레몬서이다. 그들의 이름으로 편지의 제목으로 삼은 이유도 분명한데, 그들이 목회자요 지도자였기 때문이다.

두 번째 그룹은 편지를 받는 교회가 자리한 지역의 이름으로 제목을 잡은 9권의 책이다. 그 편지들을 종대로 열거해보자:

데살로니가후서

데살로니가전서

**골로새서**

빌립보서

에베소서

갈라디아서

고린도후서

고린도전서

로마서

그렇게 편지들의 제목을 잡은 이유도 분명하다. 그 교회들이 자리한 7개의 지역은 모두 이스라엘 밖에 있는 이방인 도시들이었다. 그러니까 편지들을 받은 교회의 그리스도인들은 대부분 이방인이었다가 구원받아 성도가 된 사람들이라는 사실을 드러내기 위해서였다. 그들에게 바울 사도의 편지는 매우 중요했는데, 그들이 부딪친 문제들을 시원하게 풀어주었기 때문이다. 그 편지들이 없었다면, 배경이 이방인인 그들은 문제들로부터 헤어나지 못했을 것이다.

바울은 각처에서 전도하여 교회를 설립했는데, 후에 그 교회들이 안고 있는 문제들을 해결하기 위해 편지들을 보냈다. 그는 영적 자녀들을 위한 애틋한 애정과 사랑을 가지고 편지했는데, 어떤 때는 그 사랑이 얼마나 컸던지 눈물을 흘리면서 편지를 썼다. "내가 마음에 큰 눌림과 걱정이 있어 많은 눈물로 *너희에게 썼노니*, 이는 너희로 근심하게 하려 한 것이 아니요 오직 내가 너희를 향하여 넘치는 사랑이 있음을 너희로 알게 하려 함이라"(고후 2:4).

그런데 특이하게도 7개 지역들 가운데 바울이 직접 가서 전도하지 않은 곳들이 있는데, 곧 로마와 골로새 지역이었다. 바울 사도는 로마에 있는 그리스도인들에게 편지를 보내면서 그곳을 방문하기를 바라는 간절한 마음을 표현했다. "어떻게 하든지 이제 하나님의 뜻 안에서 너희에게로 나아갈 좋은 길 얻기를 구하노라"(롬 1:10). 한편 바울 사도는 골로새에서 아주 가까이에서 사역하는 빌레몬을 방문하고 싶다고 언급했는데, 골로새도 염두에 두었을 것이다 (몬 1:22).

바울 사도는 골로새에 있는 교회에 여러 가지 문제들이 있다는 사실을 전해 듣고 그 해결책을 제시했다. 그렇다면 누가 골로새에 사는 사람들에게 복음을 전해서 교회를 설립했는가? 바울 사도의 편지에 의하면, 그 사람은 틀림없이 에바브라였을 것이다. 에바브라는 바울과 사랑의 교제를 나누던 사람이요, 나중에는 바울과 함께 투옥되기도 한 사람으로 바울의 손발과 같은 사람이었다.

바울 사도가 에베소에서 복음을 전할 때, 그곳에서 은혜를 듬뿍 받은 에바브라가 너무 멀지 않은 골로새에 가서 복음을 전했을 것이다. 바울 사도는 그에 대해 다음과 같이 증언했다. "이와 같이 우리와 함께 종 된 사랑하는 에바브라에게 너희가 배웠나니, 그는 너희를 위한 그리스도의 신실한 일꾼이요, 성령 안에서 너희 사랑을 우리에게 알린 자니라"(골 1:7-8). 바울 사도는 에바브라에 대해 다음과 같이도 증언했다.

"그리스도 예수의 종인 너희에게서 온 에바브라가 너희에게 문안하느니라. 그가 항상 너희를 위하여 애써 기도하여 너희로 하나님의 모든 뜻 가운데서 완전하고 확신 있게 서기를 구하나니, 그가 너희와 라오디게아에 있는 자들과 히에라볼리에 있는 자들을 위하여 많이 수고하는 것을 내가 증언하노라"(골 4:12-13). 바울의 편지에 포함한 이 증언들에 의하면, 에바브라가 골로새를 포함해서 그 지역에 교회들을 설립했고, 또 하나님의 말씀을 가르쳤다.

바울 사도는 제3차 전도 여행 중 에베소에서 2년간 말씀을 전했는데 (58~60년), 그 결과 "아시아에 사는 자는 유대인이나 헬라인이나 다 주의 말씀"을 들었다 (행 19:10). 그 기간 중 에바브라는 에베소서에서 얼마 멀지 않은 (약 160km) 골로새를 방문하여 이미 소문으로 듣던 사람들에게 하나님의 말씀과 복음을 전했을 것이다. 그뿐 아니라, 인근에 있는 라오디게아와 히에라볼리에서도 복음을 전했음이 틀림없다. 그것도 바울 사도의 증언을 통해서 알 수 있다.

"그[에바브라]가 너희와 라오디게아에 있는 자들과 히에라볼리에 있는 자들을 위하여 많이 수고하는 것을 내가 증언하노라"(골 4:13). 골로새, 라오디게아 및 히에라볼리 세 도시는 루카스Lycus 계곡에 자리했는데, 서로 20km 이내에 있는 이웃 도시였다. 그 도시들은 현재 튀르키예Türkiye 서쪽 소아시아에 있는데, 그중 골로새는 현재 존재하지 않고 이름만 남아있다. 골로새는 한때 목화 산업으로 부유했었으나, 역사의 부침에 따라 지도에서 사라졌다.

바울 사도는 '함께 종 된 사랑하는 에바브라'가 세운 골로새의 교회에 문제들이 있다는 소식을 전해 들었다. 그는 그 문제들을 해결하기 위해 편지를 써서 보냈는데, 그것은 바울 사도의 크나큰 사랑의 표시였다. 그것이 사랑의 표시인 이유를 다음과 같이 일곱 가지로 찾을 수 있다.

첫째, 그 교회는 그가 몸소 전도하여 세운 교회가 아니었다. 그렇지만, 그리스도 예수 안에서 형제자매가 된 그 교회를 돕고자 하는 마음은 깊은 사랑의 표현이었다.

둘째, 골로새에 있는 교회는 유명하거나 아니면 아주 큰 교회가 아니었다. 그러나 바울 사도는 크고 작은 것에 상관하지 않고, 그 교회의 영적 필요를 인식하자 즉각적으로 반응을 보였다. 그들을 '그리스도 안에서 완전한 자로 세우려는' 마음 때문이었다 (골 1:28). 그는 참으로 바쁜 사람으로 전도하랴, 가르치랴, 편지 쓰랴, 상담하랴, 눈코 뜰 새 없었다. 그렇지만 그들을 위해 '힘을 다하여 수고하는' 사랑의 사도였다 (골 1:29).

셋째, 골로새에 있는 교회에 이상한 가르침이 횡행한다는 말을 전해 들었을 때는 바울 사도가 로마 감옥에 있었던 시기로, 대략 주후 60년 경이었다. 두말할 필요도 없이 감옥이란 환경이 별로 좋지 않았을 것이다. 그러나 바울 사도는 자신의 안위보다는 골로새 그리스도인들의 영적 안위를 더 걱정했다. 그처럼 열악한 상황에도 불구하고, 그는 기도하면서 편지를 썼다. 그것도 간단한 문안 편지가 아니라, 그들의 문제들의 해결을 제시하는 사랑의 편지였다.

넷째, 이 편지가 바울 사도의 사랑을 듬뿍 담고 있는 또 다른 이유는 골로새 교인들이 직면한 문제들을 세세하게 지적하면서 해결책을 제시한 마음의 자세 때문이다. 그들은 잘못된 가르침에 빠질 위험성--(1) 잘못된 철학 (골 2:8), (2) 유대교의 의식주의

(골 2:11), (3) 천사 숭배 (골 2:18), (4) 금욕주의 (골 2:20-23)--
등에 직면해 있었다. 그런 잘못된 가르침은 골로새의 교회뿐 아
니라 많은 교회를 흔들었는데, 바울 사도는 깊은 사랑으로 그 해
결책을 제시했다.

다섯째, 바울 사도는 골로새의 교회를 위해 그처럼 수고를 많
이 한 에바브라에 대해 그들로 더 깊이 일깨우게 하기 위해서였는
데, 그것도 깊은 사랑의 표시였다. 에바브라는 그 교회를 개척했
을 뿐 아니라, 그들을 가르치는 등 엄청난 수고를 한 종이었다.
그런데 이제는 그가 바울 사도와 함께 감옥에 있는 처지가 되었는
데, 그런 지도자에 대한 사랑을 다시 일깨워 주려는 편지는 그들
로 그리스도의 마음에 합한 사람으로 만들기 위해서였다.

여섯째, 그 편지가 골로새에 있는 그리스도인들에 대한 사랑의
표현인 것은 예수 그리스도를 깊이 가르치고 있기 때문이다. 그들
이 갖게 된 신앙의 핵심은 역시 예수 그리스도이다. 그분의 신분과
가르침과 능력의 역사를 깨닫는 것만큼 그들의 신앙은 성숙한다. 바
울 사도는 그들을 위해 죽으신 예수 그리스도가 교회와 모든 피조물
의 머리가 되신다는 사실을 일깨워 주고 있는데, 그들로 그분을 더
욱 사랑하고 헌신하게 하기 위함이다.

일곱째, 그 편지로 바울 사도는 골로새의 그리스도인들에게 더
성숙한 삶을 살아가는 구체적인 방법을 알려주려는 사랑의 편지
이다. 바울 사도는 그들에게 이방인이었던 때 행했던 죄罪들을 멀
리하고 (골 3:5), 동시에 "긍휼과 자비와 겸손과 온유와 오래 참음
을 옷 입으라"고 권면했다 (골 3:12). 한발 더 나아가서, 가정에 속
한 식구들에 대한 바람직한 관계를 자상하고 상세하게 알려주었

다 (골 3:18-4:1). 그들로 '그리스도인다운 삶'을 살아가는 방법을 '사랑'으로 제시했다.

# II. "함께"

골로새서는 4장밖에 안 되는 짧은 서신인데, 그 안에 "함께"라는 단어가 자그마치 14번이나 나온다. 그 단어는 신약성경에서뿐 아니라 기독교 신앙에서 참으로 중요하다. 중요하지 않다면 한글 신약성경에서 463번이나 나오지 않았을 것이다. 그런데 흥미롭게도 이렇게 많이 나온 "함께"를 원어인 헬라어로 보면 한 단어가 아니라 여러 단어인데, 곧 순(σύν), *메타*(μετά), *프로스*(πρός), *파라*(παρά) 등이다.

요한복음 2장 12절에서 "함께"는 *메타*이다: "그 후에 예수께서 그 어머니와 형제들과 제자들과 *함께* 가버나움으로 내려가셨으나, 거기에 여러 날 계시지는 아니하시니라". 이 전치사의 뜻은 '가운데'[among], '뒤에'[after] 등이다. 그러니까 예수님이 '어머니와 형제들과 제자들과' 앞서거니 뒤서거니 하면서 "함께" 가셨다는 뜻을 내포하고 있다. 어떤 때는 그들 가운데서, 또 어떤 때는 그들 뒤에서 걸으셨을 것이다.

요한복음 1장 1~2절의 "함께"는 *프로스*이다: "태초에 말씀이 계시니라; 이 말씀이 하나님과 *함께* 계셨으니 이 말씀은 곧 하나님이시니라. 그가 태초에 하나님과 *함께* 계셨고…". 여기에서 사용된

"함께"는 '에게'to, '향해서'toward 등의 뜻이다. 다시 말해서, 하나님은 말씀을 향하시고, 말씀은 하나님을 향해 있다. 결국, 하나님과 말씀은 서로에게 향하기에 서로를 분리할 수 없는, 둘이지만 하나라는 사실을 강조한다.

그런가 하면 요한복음 1장 39절의 "함께"는 *파라*이다: "예수께서 이르시되 와서 보라! 그러므로 그들이 가서 계신 데를 보고 그 날 *함께* 거하니 때가 열 시쯤 되었더라". 이 전치사의 뜻은 '곁에'beside이다. 예수님과 "함께" 하루를 보낸 특권을 가진 두 사람은 세례 요한의 제자들로, 그중 하나는 안드레였다. 그들은 예수님 '곁에서' 말씀도 듣고, '곁에서' 잠을 자면서 하룻밤을 같이 보내는 크나큰 은혜를 경험했다.

반면, 골로새서에서 나오는 "함께"는 모두 순인데, 14번 중 5번은 전치사 단독으로 나오나 (골 2:5, 20, 3:3, 4, 4:9), 나머지 9번은 다른 단어와 합해서 나온다. 예를 들면, 순둘로스(σύνδουλος), 곧 "함께"+"종"이다 (골 1:7). 그 말씀을 인용해보자. "이와 같이 우리와 *함께* 종 된 사랑하는 에바브라에게 너희가 배웠나니, 그는 너희를 위한 그리스도의 신실한 일꾼이요". 순은 '합치다', '동일시하다' 등의 뜻이므로 에바브라는 바울과 같은 그리스도의 종이었다.

순이라는 전치사는 헬라어 신약성경에서 모두 130번이나 나오는데, 주로 바울 사도와 누가가 사용했다. 바울 사도는 39번, 누가는 79번씩 각각 사용했다. 나머지는 마태(4번), 마가(5번) 및 요한(3번)이 각각 사용했다. 그렇다면 왜 바울 사도는 이 단어를 골로새서에서 14번이나 사용했는가? 그 이유는 분명하다! 그 단어는 *메타*보다 훨씬 가깝고 훨씬 친밀한 교제를 가리키기 때문이다. 쉽게 말해서, 그리스도인들이 누리는 교제는 그만큼 가깝고 친밀하다는 것이다.

그리스도인들의 교제는 언제나 이중적인데 아래로는 다른 사람과 나누는 교제이고, 위로는 주님과 나누는 교제이다. 바울 사도는 골로새서 1장 7절에서 이렇게 언급했다: '이와 같이 우리와 *함께* 종된 사랑하는 에바브라…' 바울 사도와 에바브라는 "함께" 종이 되었다! 다시 말해서, 그 둘은 손과 발과 같이 함께 사역하고, 함께 감옥에 들어가고, 함께 삶을 나누는, 그래서 떼래야 뗄 수 없는 관계였다. 그들은 어떤 의미에서는 부부 관계보다 더 깊은 사랑의 관계를 누렸다.

그런 깊은 사랑의 교제를 가리키는 "함께"는 다음의 말씀에서도 볼 수 있다. "신실하고 사랑을 받는 형제 오네시모를 *함께* 보내노니 그는 너희에게서 온 사람이라; 그들이 여기 일을 다 너희에게 알려 주리라" (골 4:9). 오네시모와 *함께* 골로새로 간 사람은 두기고였다. 그들은 바울 사도와도 깊은 사랑의 교제를 나누었으며, 또한 같은 사명을 가지고 2,000km가 넘는 길을 가면서 나눈 교제는 두 사람이 한 몸인 것처럼 동행하고 동사하는 교제였을 것이다.

주님과의 교제는 어땠는가? 바울의 증언이다: "너희가 세례로 그리스도와 *함께* 장사되고 또 죽은 자들 가운데서 그를 일으키신 하나님의 역사를 믿음으로 말미암아 그 안에서 *함께* 일으키심을 받았느니라" (골 2:12). 그리스도인들은 그리스도가 죽으실 때 *함께* 죽었으며, 그분이 부활하셨을 때 *함께* 부활했다는 것이다. 그런 교제보다 더 가깝고 친밀한 교제는 있을 수 없다. 그분의 죽음이 그들의 죽음이고, 그분의 부활이 그들의 부활이라니, 둘이 아니라 하나였다!

바울 사도는 골로새서에서 이처럼 하나가 된 사실을 한 번만 증언한 것이 아니었다. 골로새서 교인들이 그리스도와 *함께* 죽었다는 사실을 다음과 같이 반복해서 강조했다. "너희가 세상의 초등학문에서 그리스도와 *함께* 죽었거든 어찌하여 세상에 사는 것과 같이 규례에 순종하느냐?" (골 2:20). 골로새의 그리스도인들이 세례를 통해 그리스도 예수와 "함께" 죽었을 때, 동시에 "세상의 초등학문에서 그리스도와 *함께* 죽었다"는 것이다.

그들이 세례를 통해 "함께" 죽고 "함께" 일으키심을 받았는데, 바울 사도는 그 사실이 얼마나 중요한지 다음과 같이 두 번이나 더 언급했다. "또 범죄와 육체의 무할례로 죽었던 너희를 하나님이 그와 *함께* 살리시고 우리의 모든 죄를 사하시고" (골 2:13); "그러므로 너희가 그리스도와 *함께* 다시 살리심을 받았으면 위의 것을 찾으라! 거기는 그리스도께서 하나님 우편에 앉아 계시느니라" (골 3:1).

이처럼 골로새의 그리스도인들이 그리스도와 함께 죽고 함께 산 것을 달리 묘사하면, 그들의 생명이 그리스도와 "함께" 하나님 안에 있게 되었다는 것이다. 바울 사도의 증언을 인용해보자. "이는 너희가 죽었고 너희 생명이 그리스도와 *함께* 하나님 안에 감추어졌음이라" (골 3:3). 이런 묘사는 골로새의 그리스도인들이 그리스도와 완전히 하나가 되었다는 사실을 강조한 것이다. 그들은 이처럼 엄청난 특권을 누리는 그리스도인들이 되었다.

골로새의 그리스도인들은 그리스도와 "함께" 죽었고, "함께" 일으키심을 받았고, 또 "함께" 하나님 안에 감추어지는 등, 완전히 하나가 되어 "함께" 했다. 그들이 그리스도와 함께하는 것은 그것으로 끝나지 않는다. 그들은 마침내 세상 끝에 그리스도와 "함께" 재림할 것이다. 바울 사도의 확신에 찬 선포를 직접 들어보자. "우리 생명이신 그리스도께서 나타나실 그 때에 너희도 그와 *함께* 영광 중에 나타나리라" (골 3:4).

바울 사도는 이 서신에서 골로새의 그리스도인들이 그리스도와 그처럼 하나가 된 사실을 간단명료하게 증언했다. 그 증언은 로마서에서 제법 상세히 언급되었는데, 그 로마서의 가르침 때문에 골로새서에서는 상세하지 않지만 그래도 같은 결론을 맺었다. 로마서의 증언에 의하면, 그리스도인들은 그리스도와 "함께" 죽고, "함께" 장사되고, "함께" 살리심을 받았다. 그러므로 그리스도인들은 죄에 대해 죽고 하나님에 대해선 산 자로 여길 수 있었다 (롬 6:1-11).

이제 바울 사도가 골로새서에서 "함께"를 14번이나 사용한 이유를 알게 되었는데, 그 전치사는 모두 쑨(σύν)이었다. 이미 언급한 것처럼, "함께"로 번역된 헬라어는 여러 가지이지만, 그 가운데 쑨만을 고집한 바울 사도의 의도를 엿볼 수 있다. 아래로 다른 그리스도인과 즐기는 교제는 물론, 위로 주님과 나누는 교제는 하나가 된 교제이며, 동시에 똑같은 입장에서 나누는 교제이다. 그런 교제는 천국에서의 교제를 미리 맛보며 기대하게 하는 지상의 교제이다.

비록 바울 사도는 골로새의 그리스도인들과 육신적으로는 그와 같은 가까운 교제를 나눈 적이 없지만, 영적으로는 그런 교제를 나누고 있었다. 그의 간증을 직접 들어보자. "이는 내가 육신으로는 떠나 있으나, *심령으로는 너희와 함께 있어* 너희가 질서 있게 행함과 그리스도를 믿는 너희 믿음이 굳건한 것을 기쁘게 봄이라" (골 2:5). 이런 간증은 그리스도와 깊은 교제를 나누는 바울 사도와 같이 영적으로 깊은 경지에 있는 성도만이 할 수 있는 그런 영적 교제였다.

그러니까 바울 사도는 골로새서를 기록하면서 세 가지 교제를 제시했는데, 모두 "함께"라는 간단한 단어로 묘사했다. 첫째는 아래로 다른 그리스도인들이 나누는 교제였다. 둘째는 위로 그리스도와 나누는 교제였다. 셋째는 육신의 한계를 초월한 영적 교제였다. 그런 교제들이 가능한 것은 바울 사도가 주님에게 이끌리어 셋째 하늘에 갔던 경험 때문이었는데 (고후 12:1-4), 그런 교제를 "함께"라는 전치사로 묘사했다. 작지만 얼마나 놀라운 단어인가!

With

# 1

Colossians

# 존귀해진 교회

# 1. 인사

"하나님의 뜻으로 말미암아 그리스도 예수의 사도 된 바울과
형제 디모데는 골로새에 있는 성도들 곧 그리스도 안에서
신실한 형제들에게 편지하노니, 우리 아버지 하나님으로부터
은혜와 평강이 너희에게 있을지어다"

(골로새서 1:1-2)

골로새교회의 그리스도인들에게 보낸 바울 사도의 편지는 다른
서신에서처럼 인사로 시작된다. 그 인사 가운데에는 중요한 표현이
들어있는데, 그 표현들은 다음과 같다: 1) "하나님의 뜻", 2) "그리
스도 예수", 3) "형제", 4) "은혜와 평강" 등이다. 그 표현들은 중요
한 뜻을 함축하고 있는데, 그 뜻을 알아보면서 바울 사도의 인사를
알아보자. 그렇게 네 가지의 소제목으로 풀어가지만, 그 외의 것들
은 다른 주석을 통해 쉽게 알 수 있을 것이다.

## 1) "하나님의 뜻"

하나님의 뜻이 아니라면 바울은 결단코 그리스도의 사도가 될 수
없었다. 예수 그리스도는 일찍이 12명의 사도를 임명하셨고, 그들
을 철저하게 훈련하셨다. 그 목적은 너무나 분명했는데, 그분의 사
명, 곧 세상을 복음화하려는 도구로 사용하시기 위해서였다. 그분
은 세상의 구원을 위해 이 세상에 오셨고, 그리고 죽으셨다. 그분이
구속 사역을 마치고 세상을 떠나시자, 그분의 사명을 인계받은 사

도들이 세상의 복음화를 위해 목숨을 걸었다.

그러나 바울은 예수 그리스도를 대면해서 만난 적도 없으며, 더군다나 그분으로부터 훈련을 받지도 못했으며 직접 사명을 물려받은 적도 없다. 그런 바울이 사도의 반열에 오른 것은 하나님의 뜻이었다! 그렇지 않다면 어떻게 다음과 같은 간증을 담대히 할 수 있었겠는가? "나는 지극히 크다는 사도들보다 부족한 것이 조금도 없는 줄로 생각하노라" (고후 11:5). '지극히 크다는 사도들'은 두말할 필요도 없이 예수 그리스도에게서 직접 훈련받은 제자들이었다.

바울이 다른 사도들보다 부족하지 않다고 선언할 수 있는 근거는 그의 사역이었다. "내가 비록 말에는 부족하나 지식에는 그렇지 아니하니, 이것을 우리가 모든 사람 가운데서 모든 일로 *너희*에게 나타내었노라" (고후 11:6). 이 선언에서 두 단어가 중요한데, 곧 '일'과 '너희'이다. 비록 '일'이라고 간단하게 말했지만, 그 뜻은 깊다. 그의 간증을 들어보자. "사도의 표가 된 것은 내가 너희 가운데서 모든 참음과 표적과 기사와 능력을 행한 것이라" (고후 12:12).

바울은 복음을 전하면서 무수한 박해를 받았다 (고후 11:23-27). 그러나 동시에 그를 통해 나타난 기사와 기적도 헤아릴 수 없을 만큼 많았다. 그중 가장 놀라운 기사는 죄인들이 성도로 변화된 것이었다. 그렇게 성도가 된 사람들을 바울 사도는 간단하게 '너희'라고 묘사했다: "내가 자유인이 아니냐? 사도가 아니냐? 예수 우리 주를 보지 못하였느냐? 주 안에서 행한 나의 일이 *너희*가 아니냐?…나의 사도 됨을 주 안에서 인친 것이 *너희*라" (고전 9:1-2).

바울 사도가 하나님의 뜻으로 인해 사도가 되었다고 편지 서두에 밝힌 이유도 분명하다. 골로새의 그리스도인들은 바울을 만난 적도 없고, 더군다나 직접 가르침을 받은 적도 없었다 (골 2:1). 그들이 바울을 어떻게 신뢰할 수 있으며, 또 그의 편지 내용을 받아들일 수 있었는가? '하나님의 뜻으로 말미암아 그리스도 예수의 사도'가 되었다고 함으로, 그들의 신뢰를 얻어낼 수 있었다. 그리고 그 신뢰를 바탕으로 그들이 안고 있는 문제들의 해결책을 제시했다.

그렇다면 바울 사도가 직접 전도하여 세운 교회들은 문제가 없었던가? 아니다! 그 교인들도 대부분 이방인이었다가 그리스도인이 되었기에 어떻게 신앙을 유지해야 하는지 모를 때가 너무 많았다. 그럴 때마다 바울 사도는 그들에게 편지로 신앙생활의 방법을 제시하며 동시에 그들이 부딪치고 있는 문제들의 해결책을 제시했다. 어떤 때는 그 해결책이 무겁고 심각해서 그들이 어떻게 받아들여야 할지 전전긍긍할 때도 없잖아 있었을 것이다.

바울 사도는 그런 그들의 마음을 너무나 잘 이해하는 듯, '하나님의 뜻으로 그리스도 예수의 사도'가 되었다는 사실을 편지 서두에 소개할 때가 한두 번이 아니었다. 너무나 많은 문제로 위기에 처한 고린도교회에 편지를 두 번 보냈는데, 그때마다 '하나님의 뜻으로 말미암아 그리스도 예수의 사도'라고 서두에 기록했다. 그 이유는 간단하다! 그가 제시한 해결책을 무조건 받아들여야 한다는 것이다. 교회론을 깊이 다룬 에베소서에서도 그렇게 자신을 소개했다.

바울을 특별한 방법으로 변화시키신 것도 하나님의 주권적인 뜻이었다. 그 목적은 이방인들을 구원하기 위한 도구로 사용하려는 구속의 뜻 때문이었다. 하나님은 바울을 전도의 도구로 사용하시기 전에 그를 셋째 하늘로 이끄셔서 말씀을 듣게 하셨는데, 이방인의 사도로 삼기 위한 하나님의 절대적인 뜻이었다 (고후 12:3-4). 그렇게 많은 계시를 경험했기에 바울은 많은 성경을 기록할 수 있었는데, 그 은혜는 바울에게만 허용하신 개인적인 하나님의 뜻이었다.

## 2) "그리스도 예수"

그리스도 예수의 칭호는 바울 사도의 표현이다. 그는 그 표현을 87번이나 사용했는데, 바울 서신 이외에는 딱 한 번 더 나온다. 그 한 번도 바울이 직접 사용하진 않았지만, 그래도 그와 연관해서 사용되었다. "수일 후에 벨릭스가 그 아내 유대 여자 드루실라와 함께 와서 바울을 불러 *그리스도 예수* 믿는 도를 듣거늘"(행 24:24). 벨릭스가 바울에게서 들은 메시지가 다른 것이 아닌 '그리스도 예수 믿는 도'였다.

그뿐 아니라, 바울 사도는 '예수 그리스도'라는 칭호도 87번이나 사용했다. 그 칭호도 바울 사도가 가장 많이 사용했지만, '그리스도 예수'라는 칭호와는 달리 바울 사도 외에 여러 사람이 사용했다. 신약성경에서 모두 141번이나 나오는데, 복음서에서 6번, 사도행전에서 12번, 일반서신에서 36번씩 각각 나온다. 그러니까 '예수 그리스도'이든 '그리스도 예수'이든 바울 사도가 가장 즐겨 사용한 칭호이다.

'그리스도 예수'와 '예수 그리스도'는 이름의 순서만 바뀌었다. 바울 사도가 가장 많이 사용한 두 칭호는 같은 뜻인가? 아니면 강조점이 다른가? 그것을 알아보기 위해 두 가지 표현이 다 들어간 고린도전서를 중심으로 살펴보는 것이 좋을 듯하다. "고린도에 있는 하나님의 교회, 곧 *그리스도 예수* 안에서 거룩하여지고 성도라 부르심을 받은 자들과 또 각처에서 우리의 주, 곧 그들과 우리의 주 되신 *예수 그리스도*의 이름을 부르는 모든 자들에게"(고전 1:2).

우선 '예수 그리스도의 이름'에 대해 알아보자. 그 칭호에서 바울 사도가 사용한 '예수 그리스도'는 그분 자신을 가리킨다. 그 이유는 간단하다! 그분의 이름이 바로 '예수 그리스도'이시기 때문이다. 위의 말씀에 의하면, 바울 사도는 '예수 그리스도'의 이름을 부르는 그리스도인들에게 인사를 한 것이다. 그러니까 '예수 그리스도'는 객관적인 이름이다. 그분은 과거와 현재와 미래에 상관없이 언제나 '예수 그리스도'이시다.

그다음 '그리스도 예수'에 대해 알아보기 위해 위의 말씀을 다시 인용해보자. "*그리스도 예수* 안에서 거룩하여지고 성도라 부르심을 받은 자들"에서는 단순히 그분의 객관적인 이름을 인용한 것이 아니다. 그분이 일구신 역사에 대한 열매를 나타낸다. 그 열매는 고린도 사람들이 '그리스도 예수' 때문에 거룩해져서 성도가 된 것이다. 고린도 사람들은 우상을 섬기는 자들이었다. 그런데 그들이 거룩해져서 성도가 되었다는 것은 엄청난 열매라 아니할 수 없다.

그렇다면 어떻게 우상에 찌든 자들이 거룩한 성도가 되었는가? 두말할 필요도 없이 예수 그리스도가 십자가에서 죽으시고, 살아나시고, 승천하시므로 가능했다. 그분의 죽음은 죄와 심판을 선포하시다가 죽은 선지자의 죽음이었다. 그분의 부활은 죽음의 장벽을 깨뜨리신 왕으로서의 부활이었다. 그분이 승천하셔서 하나님 우편에 앉으신 것은 그분이 제사장이 되어 그리스도인들과 교회를 위해 기도하시기 위함이었다.

그런데 '그리스도 예수'에서 *그리스도*(메시야)를 앞에 놓은 것은 그분의 삼중적인 역할—선지자, 왕, 제사장—을 강조하기 위함이다. 그리스도인들이 너무나 잘 아는 것처럼, *예수*의 뜻은 죄를 사해주는 구주이다. 결국, 그리스도의 삼중적인 역할을 통해 고린도 사람들이 죄를 용서받았으며, 그때 성령이 그들의 마음 안으로 들어가셨다. 그들은 진정으로 거룩해져서 성도가 되었다. 그러니까 '그리스도 예수'와 '예수 그리스도'의 강조점이 다를 수밖에 없다.

그 두 표현이 들어간 말씀을 한 곳 더 인용해보자. "사람이 의롭게 되는 것은 율법의 행위로 말미암음이 아니요 오직 *예수 그리스도*를 믿음으로 말미암는 줄 알므로 우리도 *그리스도 예수*를 믿나니, 이는 우리가 율법의 행위로써가 아니고 그리스도를 믿음으로써 의롭다 함을 얻으려 함이라. 율법의 행위로써는 의롭다 함을 얻을 육체가 없느니라"(갈 2:16). 그렇다! 누구든지 '의롭게 되기' 위해서는 '예수 그리스도'라는 분을 믿어야 한다.

그러나 실제로 '의롭게 되기' 위해서는 '그리스도 예수'를 믿어야 한다. 다시 말해서, 우리를 위해 십자가에서 죽음과 부활을 거쳐 승천하신 '그리스도 예수'를 믿어야 한다. 그러니까 '예수 그리스도를 믿음으로' 의롭게 된다는 것은 객관적인 서술이나, 실제로 의롭게 되기 위해서는 주관적으로 믿어야 한다. 그렇게 믿을 때 객관적인 서술이 주관적인 경험이 된다. 그 주관적인 경험은 객관적인 서술 때문이 아니라, 그분의 죽음과 부활의 역사로 맺어진 열매이다.

바울 사도가 '그리스도 예수'로 인해 경험적으로 변화한 것도 알아보자. 그는 '그리스도 예수'로 인해 구원을 경험했다. "…그리스도 *예수*께서 죄인을 구원하시려고 세상에 임하셨다 하였도다; 죄인 중에 내가 괴수니라"(딤전 1:15). '그리스도 예수'는 바울에게 직분도 맡기셨다. "나를 능하게 하신 *그리스도 예수* 우리 주께 내가 감사함은 나를 충성되이 여겨 내게 직분을 맡기심이니"(딤전 1:12). 그 직분은 일꾼이며 사도였는데, '그리스도 예수'의 열매였다.

바울 사도가 경험한 열매들을 위해 더 인용해보자. "이 은혜는 곧 나로 이방인을 위하여 *그리스도 예수*의 일꾼이 되어 하나님의 복음의 제사장 직분을 하게 하사 이방인을 제물로 드리는 것이 성령 안에서 거룩하게 되어 받으실 만하게 하려 하심이라"(롬 15:16). "하나님의 뜻으로 말미암아 *그리스도 예수*의 사도 된 바울과 형제 디모데는"(골 1:1; 고후 1:1, 엡 1:1, 딤전 1:1). '…내가 *그리스도 예수*께 잡힌 바 된 그것을 잡으려고 달려가노라'(빌 3:12b).

바울 사도는 '그리스도 예수' 안에서 복음을 전했고, 교회를 개척했고, 가르쳤다. '그[디모데]가 너희로 하여금 *그리스도 예수* 안에서 나의 행사 곧 내가 각처 각 교회에서 가르치는 것을 생각나게 하리라'(고전 4:17b). 그렇게 그의 직분에 충성하다가 마침내 투옥되었고, 후에는 순교했다. 바울의 간증이다. "*그리스도 예수*를 위하여 갇힌 자 된 바울과 및 형제 디모데는 우리의 사랑을 받는 자요 동역자인 빌레몬과"(몬 1:1).

하나님의 말씀은 성령으로 감동된 사람들이 그분으로부터 받아 기록한 것이며, 바울 사도도 그중 한 사람이었다. '예수 그리스도'와 '그리스도 예수'의 강조점을 너무나 잘 아시는 하나님은 바울로 그 뜻에 따라 어떤 때는 전자로, 또 어떤 때는 후자로 기록하게 하셨다. 말씀의 일점일획이라도 틀림없이 기록하게 하신 분은 하나님이시며, 따라서 천지가 없어지기 전에는 일점일획도 없어지지도 않고 다 이루시는 하나님은 위대하시다 (마 5:18).

## 3) "형제"

바울은 하나님의 뜻과 그리스도 예수의 명령으로 사도가 되어 (딤전 1:1), 널리 쓰임 받은 위대한 하나님의 일꾼이었다. 그렇게 큰 인물이 디모데를 주저하지 않고 '형제'라고 불렀다. 바울 사도는 다른 편지에서는 디모데를 아들이라고도 했다. "믿음 안에서 참 아들 된 디모데에게 편지하노니 하나님 아버지와 그리스도 예수 우리 주께로부터 은혜와 긍휼과 평강이 네게 있을지어다" (딤전 1:2). 그렇다! 디모데는 바울 사도의 영적 아들이었다.

그런 영적 아들의 아버지가 된 바울 사도는 어떻게 그를 '형제'라고 부를 수 있었는가? 바울 사도는 디모데를 골로새서에서만 '형제'라고 부른 것이 아니라, 다른 여러 곳에서도 그렇게 불렀다. "우리 형제 곧 그리스도의 복음을 전하는 하나님의 일꾼인 디모데를 보내노니, 이는 너희를 굳건하게 하고 너희 믿음에 대하여 위로함으로 아무도 이 여러 환난 중에 흔들리지 않게 하려 함이라" (살전 3:2-3, 고후 1:1, 몬 1:1 참고).

바울 사도는 디모데만 '형제'라고 불렀는가? 그렇지 않다! 그는 소스데네도 그렇게 형제라고 불렀고 (고전 1:1), 그 외에도 디도 (고후 2:13), 두기고 (엡 6:21, 골 4:7), 오네시모 (골 4:9)를 형제라고 불렀다. 그 가운데 오네시모를 보자. 그는 상전인 빌레몬을 피해 로마로 도망간 못된 종이었다. 그런데 감옥에서 바울 사도를 만난 오네시모가 예수 그리스도를 그의 구주로 받아들이고 변화되는 놀라운 경험을 하자, 그를 역시 형제라고 불렀다 (몬 1:16).

바울 사도는 자신이 전도했고, 훈련했고, 교제한 사람들을 형제라고 부른 이유는 무엇인가? 본래 형제라는 표현은 같은 부모 슬하의 자녀들이 부르는 칭호이다. 바울은 디모데를 비롯한 일꾼들과는 피 한 방울도 섞이지 않은 남남이었다. 그런데도 그들을 형제라고 부른 것은 다른 '종류'의 핏줄로 엮어졌기 때문이다. 그 핏줄은 곧 예수 그리스도가 십자가에서 흘리신 피였다. 그들은 그 피를 통해 죄가 씻기어지면서 새로운 관계로 들어갔다.

그들이 예수 그리스도의 피로 죄가 씻기는 순간, 그들은 바울 사도와 형제가 되었다. 그 핏줄로 맺어졌기 때문이다. 그렇게 맺어진 형제는 영원하다! 이 세상의 형제들 가운데 사이가 멀어진 사람들도 없잖아 있지만, 예수 그리스도의 핏줄로 맺어진 형제자매의 관계는 이 세상에서뿐 아니라 천국에서도 계속된다. 그 핏줄은 어떤 사람도 끊을 수 없는데, 심지어는 사탄과 악령들도 끊을 수 없다. 그 핏줄은 강철보다 수십 배, 아니 수백 배 더 강하기 때문이다.

바울과 일꾼들이 그리스도 예수 안에서 형제가 된 이유가 또 있다. 그들이 한 아버지를 모시게 됐기 때문이다. 그 아버지는 두말할 필요 없이 하나님이시다. 본래 하나님의 친아들은 예수 그리스도뿐이었으나, 그분의 피를 통해 구원받은 모든 그리스도인은 하나님을 아버지로 모시게 되었다. 그 이유는 간단하다! 하나님이 그들을 양자로 삼으셨기 때문이다. 바울 사도의 확언이다. '…양자의 영을 받았으므로 우리가 아빠 아버지라고 부르짖느니라' (롬 8:15).

그렇게 하나님의 자녀가 되었기에 하나님의 친아들이신 예수 그리스도도 그 자녀들을 주저하지 않고 형제라 부르셨다. "거룩하게 하시는 이와 거룩하게 함을 입은 자들이 다 한 근원에서 난지라. 그러므로 형제라 부르시기를 부끄러워하지 아니하시고, 이르시되,

'내가 주의 이름을 내 *형제*들에게 선포하고 내가 주를 교회 중에서 찬송하리라' 하셨으며"(히 2:11-12). 예수 그리스도를 통해서 하나님을 아버지로 모시게 된 성도들은 그분과 형제들이 되었다.

그리스도인들이 형제가 된 이유가 또 있다. 그들이 예수 그리스도의 피를 통해 죄를 용서받는 순간 성령이 그들의 마음 안에 들어오셨다. 그들은 성령의 역사로 하나님을 아버지라고 부를 수 있게 되었다. "…하나님이 그 아들을 보내사 여자에게서 나게 하시고… 율법 아래에 있는 자들을 속량하시고 우리로 아들의 명분을 얻게 하려 하심이라. 너희가 아들이므로 하나님이 그 아들의 영을 우리 마음 가운데 보내사 아빠 *아버지*라 부르게 하셨느니라"(갈 4:4-6).

바울 사도는 디모데와 일꾼들을 형제라고 불렀을 뿐 아니라, 위에서 언급한 삼위 하나님의 역사를 의지해서 골로새의 성도들도 형제들이라고 불렀다. "골로새에 있는 성도들 곧 그리스도 안에서 신실한 *형제*들에게 편지하노니 우리 *아버지* 하나님으로부터 은혜와 평강이 너희에게 있을지어다"(골 1:2). 바울 사도는 그들을 본 적도 없지만, 그래도 예수 그리스도로 인하여 형제가 된 사실을 시인했을 뿐 아니라 그렇게 자랑스럽게 불렀다.

바울 사도는 이 인사에서 하나님을 '아버지'라고 불렀다. 바울 사도는 골로새서를 기록하면서 디모데와 성도들을 형제들이라고 부르면서, 동시에 하나님을 '아버지'라고 소개했다. 그것도 한 번만 아니라 다섯 번씩이나 불렀다(골 1:2, 3, 12, 19, 3:17). 그런데 이 서신에서 형제라는 칭호도 다섯 번 나온다(골 1:1, 2, 4:7, 9, 15). 5가 은혜의 숫자이기에, 하나님의 은혜로 그분을 아버지라 부를 수 있고, 모든 믿는 자들도 역시 그 은혜로 형제가 되었다.

바울 사도가 만난 적이 없는 골로새의 성도들을 형제라고 부른 것처럼, 우리도 마찬가지이다. 우리가 만난 적이 있든 없든 세상의 모든 그리스도인은 우리의 형제요 자매이다. 어떤 의미에서 친형제보다 더 깊고 지속적이다. 따라서 우리는 서로를 위해서 기도할 수 있으며, 만나면 즉각적으로 오랜 형제처럼 교제할 수 있다. 이 세상의 모든 그리스도인을 형제와 자매로 삼은 그리스도인은 행복할 뿐 아니라 많은 특권을 주고받는다.

### 4) "은혜와 평강"

바울 사도는 골로새의 교인들에게 이렇게 인사한다. "골로새에 있는 성도들 곧 그리스도 안에서 신실한 형제들에게 편지하노니, 우리 아버지 하나님으로부터 은혜와 평강이 너희에게 있을지어다"(골 1:2). 바울은 에바브라로부터 골로새의 교인들에 대해 자세히 들었음이 틀림없다. 그렇지 않다면 그들이 '그리스도 안에서 신실한 형제들'인지 어떻게 알았겠는가? 그렇게 신실한 그리스도인들에게 바울 사도는 '우리 아버지 하나님으로부터 은혜와 평강'을 빌어주었다.

그렇다! '은혜와 평강'의 근원은 '우리 아버지 하나님'이었다. 바울 사도는 그분에게만 있는 '은혜와 평강'을 빌어주었다. 그 '은혜와 평강'은 인간의 모든 상상과 경험을 뛰어넘는데, 그 이유는 하나님에게서 나오기 때문이다. 두말할 필요도 없이 주는 자가 위대하면 그 선물도 위대하며, 주는 자가 작으면 그 선물도 작다. 그런데 골로새 교인들에게 바울 사도가 빌어준 '은혜와 평강'이 하나님에게서 왔다는 것이다. 말로 표현할 수 없는 깊은 '은혜와 평강'이다!

바울 사도는 그의 서신에서 거의 예외 없이 '하나님 아버지와 예수 그리스도로부터 은혜와 평강'이라고 인사했는데, 이 편지에서는 '예수 그리스도'가 들어있지 않다. 그 이유는 간단하다! '그리스도 안에서 신실한 형제들에게'라는 표현 때문이다. '그리스도 안'이라는 표현은 그들이 그분과 밀착되어 귀한 교제를 나누고 있다는 뜻이다. 그러므로 구태여 '예수 그리스도로부터'란 표현을 중복해서 넣지 않았을 것이다.

그와 유사한 인사가 또 있는데, 데살로니가에 있는 교회에 보낸 편지에서이다. 바울 사도의 인사를 인용해보자. "바울과 실루아노와 디모데는 하나님 아버지와 주 예수 그리스도 안에 있는 데살로니가인의 교회에 편지하노니 은혜와 평강이 너희에게 있을지어다" (살전 1:1). 이 인사에서도 '하나님 아버지와 예수 그리스도로부터'라는 표현 없이 곧바로 '은혜와 평강'을 빌었다. 이미 '하나님 아버지와 주 예수 그리스도 안에 있는 교회'라는 표현이 있기 때문이다.

그렇지만 바울 사도는 그의 서신에서 언제나 '은혜와 평강'만을 빌어준 것은 아니다. 그는 디모데에게 보낸 편지에서 '긍휼'을 첨가한다. "믿음 안에서 참 아들 된 디모데에게 편지하노니 하나님 아버지와 그리스도 예수 우리 주께로부터 은혜와 긍휼과 평강이 네게 있을지어다" (딤전 1:2, 딤후 1:2). '긍휼'을 덧붙인 특별한 이유라도 있는가? 디모데는 그의 영적 아들이자 형제이며, 또한 동역자이며, 목회자이며, '좋은 병사'였다 (딤후 2:3).

바울 사도가 '긍휼'을 더한 이유를 위하여 우선 '은혜'와 '긍휼'의 의미를 알아보자. '은혜'는 자격 없는 자에게 주시는 하나님의 호의이자 은총이다. 그러나 '긍휼'은 앗아갈 수 있는데 앗아가지 않는 은총이다. 쉽게 말해서, '은혜'는 더해주는 +이고, '긍휼'은 제거하는 −이다. 바울 사도가 그처럼 아끼는 디모데가 계속해서 사역하기를 바라는 간절한 마음으로 '긍휼'을 더했다. 목회자와 병사를 유혹하는 함정에 빠지지 않고 계속 사역하기를 원하는 마음의 표현이다.

이미 언급한 대로, '은혜'의 근원은 하나님이다. 하나님은 죄의 구렁텅이에 빠져서 헤어나지 못하는 인간들 (과거); 인생의 허무와 죽음의 장벽 앞에서 절망할 수밖에 없는 현실 (현재); 영적으로 죽은 상태에서 헤매다가 영원한 죽음이라는 참혹한 상황에 던져질 지옥 (미래)—그런 인간들을 하나님은 조건 없이 구원하시기를 원하셨고, 또 그 아들 예수 그리스도를 통해서 그 구원을 일구어내셨다. 이것은 전적으로 하나님의 은혜이다!

그렇게 은혜로 구원받은 디모데를 지도자로 부르셔서 하나님 나라의 확장을 위해 귀하게 쓰임을 받고 있는데, 바울 사도는 그런 사역을 한결같이 계속하기를 원하는 마음을 표현했다. 그 표현이 바로 '긍휼'이다. 그런 '긍휼'이 없다면 어떻게 세상의 물결과 사탄의 시험을 이겨낼 수 있으며, 한발 더 나아가서 성도들이 일으키는 숱한 문제들을 해결해 나갈 수 있겠는가? 지도자요 목회자요 전도자인 디모데에게 절대로 필요한 것은 '긍휼'이었다.

하나님의 선물은 '은혜'만이 아니라 '평강'도 있다. '평강'은 내적 평강과 외적 평강으로 구분할 수 있다. 죄의 문제를 해결하여 성령이 내주하시는 그리스도인은 영적으로 내적 평강을 누릴 수 있다. 그 평강의 근원도 역시 하나님이며, 하나님은 그 평강을 예수 그리스도를 통해 골로새 그리스도인들은 물론 모든 그리스도인에게 허락하신다. 그 평강은 많은 박해와 어려움에 봉착해서도 누릴 수 있는데, 그 이유는 내적이기 때문이다.

그런 내적 평강을 깨뜨리는 요소가 없잖아 있는데, 그것은 그리스도인들 안에 내재하는 죄의 성품이다. 그들은 시시때때로 그 성품 때문에 내적으로 갈등하면서 하나님과의 관계가 흐트러진다. 그러니까 하나님에게서 나오며 예수 그리스도가 약속하신 평강은 어떤 의미에서 완전하지 않다 (요 14:2). 그렇다면 예수 그리스도의 약속은 제한적인가? 물론 그렇지 않다! 그분이 약속하신 '완전한 평강'은 마지막 때, 곧 천년왕국에서 문자 그대로 실현된다.

외적 평강도 못지않게 중요하다. 질병, 빈곤, 재난, 천재지변, 전쟁 등은 평강을 깨뜨린다. 그뿐 아니라, 이웃과의 갈등도 역시 평강을 깨뜨린다. 그리스도인들이 처한 주변 환경도 중요하다. 공기가 나쁘거나 먼지가 자욱한 환경에서는 평강을 유지하기 쉽지 않다. 결국, 평강은 하나님과 올바른 관계, 이웃과 올바른 관계, 환경과 올바른 관계, 자신과 올바른 관계에서 오는 하나님의 선물이다. 바울 사도는 골로새 교인들에게 그런 평강을 빌어준 것이다.

# 2. 감사

"우리가 너희를 위하여 기도할 때마다
하나님 곧 우리 주 예수 그리스도의 아버지께 *감사*하노라.
이는 그리스도 예수 안에 너희의 믿음과 모든 성도에 대한 사랑을
들었음이요, 너희를 위하여 하늘에 쌓아 둔 소망으로 말미암음이니,
곧 너희가 전에 복음 진리의 말씀을 들은 것이라.
이 복음이 이미 너희에게 이르매 너희가 듣고 참으로 하나님의 은혜를
깨달은 날부터 너희 중에서와 같이 또한 온 천하에서도 열매를 맺어
자라는도다. 이와 같이 우리와 함께 종 된 사랑하는 에바브라에게
너희가 배웠나니, 그는 너희를 위한 그리스도의 신실한 일꾼이요,
성령 안에서 너희 사랑을 우리에게 알린 자니라"

(골로새서 1:3-8)

바울 사도는 거의 예외 없이 그의 서신들에서 인사한 후 감사의 마음을 표현했다. 그 감사의 내용도 다양했는데, 골로새서에서는 1) 먼저, 누구에게 감사해야 하는지를 언급하는데, 그분은 하나님이다. 그리고 감사의 내용은 세 가지인데, 곧 2) 복음, 3) 복음의 열매, 그리고 4) 에바브라이다. 이상의 네 가지는 하나같이 중요한 의미를 함축하고 있기에, 그 의미를 차례로 알아보자.

## 1) 하나님

바울 사도는 다른 서신에서 "범사에 감사하라!"고 명령했는데, 그

렇게 하는 것이 하나님의 뜻이었다 (살전 5:18). 그가 그렇게 명령할 수 있었던 이유 중 하나는 그도 항상 '감사'하는 삶을 살았기 때문이다. 그는 많은 박해와 고통과 투옥 중에도 감사의 줄을 놓지 않았는데, 그 대표적인 실례가 빌립보 감옥에 있을 때였다. 그는 그렇게 어려운 가운데서도 기도와 찬양을 마음껏 했으며, 그 결과는 자신의 해방과 간수의 구원이었다 (행 16:16 이하).

바울 사도는 그의 모든 서신에서도 감사를 표현했는데, 대부분의 서신에서는 '감사'라는 구체적인 단어를 사용하면서 감사했다 (롬 1:8, 고전 1:4, 빌 1:3, 골 1:3, 살전 1:2, 딤후 1:3, 몬 1:4). 그러나 어떤 서신에서는 '감사'라는 단어는 사용하지 않으면서 감사의 표현을 했다 (고후 1:3-4, 갈 1:4-5). 그런가 하면 디모데전서와 디도서에서는 간접적으로 인사에 감사의 마음을 담았다 (딤전 1:1-2, 딛 1:1-4).

바울 사도의 13권 서신 가운데서 감사의 내용이 가장 많으면서도 구체적인 서신은 놀랍게도 골로새서이다. 그것이 놀라운 이유는 골로새서는 짧은 서신일 뿐 아니라, 그가 한 번도 방문해서 전도했거나 교회를 설립하여 가르친 적이 없었기 때문이다. 그는 동역자이며 함께 주님의 종인 에바브로로부터 골로새교회에 대한 근황을 전해 듣고, 감사의 마음에 사로잡혔다. 그 자신이 아닌 다른 종을 통해 일구어진 교회이기에 그만큼 더욱 감사했다.

그렇다면 바울 사도는 도대체 누구에게 감사했는가? 두말할 필요도 없이 "하나님"께 했는데, 그분만이 그의 감사를 받으실 수 있는 분이기 때문이다. 그가 표현한 감사를 직접 인용하면서 알아보자. "우리가 너희를 위하여 기도할 때마다 *하나님* 곧 우리 주 예수 그리스도의 아버지께 감사하노라" (골 1:3). 그렇다! 하나님만이 그리스도인들의 감사를 받으시는 분이다. 그 이유는 간단하다! 그분이 '우리 주 예수 그리스도의 아버지'이시기 때문이다.

바울 사도는 이 서신 다른 곳에서도 우리 주 예수 그리스도의 이름으로 "하나님"께 감사하라고 권면했다. "또 무엇을 하든지 말에나 일에나 다 주 예수의 이름으로 하고 그를 힘입어 *하나님* 아버지께 감사하라"(골 3:17). 그 이유도 분명하다! 아무도 스스로 알 수 없는 하나님을 예수 그리스도를 통해 알게 되었기 때문이다. 하나님은 눈으로 볼 수도 만질 수도 없는 초월의 분인데, 그분을 인간에게 소개하신 분이 바로 예수 그리스도이시다.

바울 사도는 "하나님"을 인간에게 소개한 예수 그리스도를 이렇게 묘사했다. "보이지 아니하는 하나님의 형상이시오, 모든 피조물보다 먼저 나신 이시니…"(골 1:15). 그분은 하나님을 인간에게 소개하시기 위하여 성육신하셨고, 인간의 모든 희로애락을 맛보셨다. 거기서 그치지 않고 그분은 자신의 짧은 인생을 마감하면서 십자가에서 죽으셨다가 살아나셨다. 그 이유는 골로새인들을 포함한 모든 사람의 죄를 용서하여 구원하시기 위함이었다(골 2:13).

바울 사도는 골로새의 그리스도인들이 예수 그리스도를 구주로 받아들였을 때 하나님이 특별히 역사하셨다고 했는데, 곧 그들이 예수 그리스도와 함께 죽고 함께 살아나게 하셨다는 것이다. 이처럼 중요한 사실을 말씀으로 확인하자. "너희가 세례로 그리스도와 함께 장사되고 또 죽은 자들 가운데서 그를 일으키신 하나님의 역사를 믿음으로 말미암아 그 안에서 함께 일으키심을 받았느니라"(골 2:12). 얼마나 놀라운 하나님의 역사인가!

하나님을 조금도 알지 못했고, 알려고 하지도 않았던 골로새의 이방인들이 하나님의 자녀가 되어 바울 사도와 같은 인물과 형제자매가 되다니 인간적으로는 절대로 불가능한 일이었다. 그처럼 영광스러운 역사를 일으키신 "하나님"께 어찌 감사하지 않을 수 있겠는가? "하나님이 그들로 하여금 이 비밀의 영광이 이방인 가운데 얼마나 풍성한지를 알게 하려 하심이라. 이 비밀은 너희 안에 계신 그리스도시니 곧 영광의 소망이니라" (골 1:27).

하나님의 역사는 거기에서 끝나지 않았다! "하나님"은 그들로 성장하게 하셨다. "…온 몸이 머리로 말미암아 마디와 힘줄로 공급함을 받고 연합하여 *하나님*이 자라게 하시므로 자라느니라" (골 2:19). 그렇다! "하나님"은 골로새의 그리스도인들에게 생명을 선물로 주셨을 뿐 아니라, 그 생명이 무럭무럭 자라게 하셨다. 그렇게 자라게 하신 방법도 분명하다. "이는 너희가 죽었고 너희 생명이 그리스도와 함께 *하나님* 안에 감추어졌음이라" (골 3:3).

골로새의 그리스도인들은 얼마만큼 자랐는가? 물론 그들 개개인이 신앙적으로 성장했을 것이다. 그러나 그들은 개인적인 성장에 멈추지 않았다. 그들은 각처로 다니면서 복음을 힘차게 전한 것이다. 그것도 말씀으로 확인하자. "이 복음이 이미 너희에게 이르매 너희가 듣고 참으로 *하나님*의 은혜를 깨달은 날부터 너희 중에서와 같이 또한 온 천하에서도 열매를 맺어 자라는도다" (골 1:6). 그런 그리스도인들을 생각하면 어떻게 "하나님"께 감사하지 않겠는가?

바울 사도는 그처럼 엄청난 역사를 일구신 "하나님"께 감사했던 것이다. 그런 이유로 그는 이 짧은 서신에 "하나님"을 자그마치 23번이나 언급한다. 거기다가 하나님을 뜻하는 "아버지"를 포함하면 28번이나 된다. 매장마다 "하나님"이 나오는데--1장에서 10번,

2장에서 4번, 3장에서 6번, 4장에서 3번--, 그분이 아니라면 골로새교회도 없고, 골로새 그리스도인들도 없고, 골로새서도 없기 때문이다.

### 2) 복음

왜 하나님께 감사해야 했는가? 본문에 의하면 세 가지인데, 하나는 "복음의 열매"이고 (3~4절), 또 하나는 "복음" 자체이고 (6절), 나머지는 동역자 에바브라이다. 그러나 보다 쉽게 이해할 수 있도록 그 순서를 바꾸어 보자. 다시 말해서, 바울 사도의 감사 이유인 "복음"과 "복음의 열매"와, 에바브라에 대해 차례로 알아보자. 그는 골로새 그리스도인들의 변화된 삶에 대하여 듣고 감사의 마음이 가득했다. 그런 후 그 변화의 근거인 복음을 제시했다.

바울 사도가 언급한 "복음"에 대해 알아보기 위해 6절의 말씀을 다시 인용하자. "이 복음이 이미 너희에게 이르매 너희가 듣고 참으로 하나님의 은혜를 깨달은 날부터 너희 중에서와 같이 또한 온 천하에서도 열매를 맺어 자라는도다". '이 복음'은 두말할 필요도 없이 골로새의 그리스도인들을 변화시킨 복음을 가리킨다. "복음"은 좋은 소식 내지 복된 소식이다. 그것이 복된 소식인 이유는 그 소식으로 인해 골로새의 죄인들이 변화되어 성도가 되었기 때문이다.

바울 사도는 이 복음으로 인해 그들이 변화된 과정을 제법 상세히 묘사했다. 첫 번째 과정은 '이 복음이 이미 너희에게 이르매'이다. 이 묘사에서 '이르매'라는 동사는 엄청난 하나님의 사랑을 뜻한다. 세상에는 수많은 민족과 나라가 있지만, 그 가운데 골로새라는 작은 도시에 복음이 이르렀다는 것이다. 그 당시 복음이 이처럼 이른 도시는 극소수였다. 그렇게 많은 도시 중에서 골로새에 복음이 이르렀다니, 얼마나 큰 하나님의 사랑인가!

앞으로 상세히 보겠지만, 그렇게 복음이 그곳에 이르게 한 하나님의 도구는 에바브라였다. 그가 아니었다면 결단코 가능하지 않은 일이 그 작은 도시에 일어났던 것이다. 그렇다! 그리스도인들은 모두 에바브라처럼 그들이 경험한 복된 소식을 가지고 아직 영적으로 흑암 중에 있는 곳을 찾아가야 한다. 비록 그들이 사도 바울처럼 거대한 전도자는 못될지라도, 유명하지도 않은 에바브라처럼 이름도 없이 복음이 이르게 해야 할 것이다.

두 번째 단계는 복음을 '듣는' 과정이었다. '듣다'라는 동사는 적어도 세 가지를 포함하는데, 첫째는 듣는 사람들이다. 본문에서는 '너희가 듣고'라는 묘사를 통해 듣는 사람들이 골로새의 주민들이었다는 사실을 분명히 했다. 둘째, 그들이 듣기 위해서는 누군가가 입을 열어서 말했다는 사실을 내포한다. 이미 몇 번씩이나 언급한 대로, 입을 열어 복음을 전한 사람은 다른 이가 아닌 에바브라였다. 셋째는 전하고 들은 내용인데, 그것이 바로 복음이었다.

그 복음을 들은 사람들은 골로새에 있던 죄인들이었다. 그들 중 복음을 듣고 마음을 열어 믿은 사람들이 생겼는데, 그들이 골로새의 그리스도인들이었다. 바울 사도가 다른 서신에서 언급한 대로였다. "그런즉 그들이 믿지 아니하는 이를 어찌 부르리요? 듣지도 못한 이를 어찌 믿으리요? 전파하는 자가 없이 어찌 들으리요? 보내심을 받지 아니하였으면 어찌 전파하리요? 기록된 바 아름답도다 좋은 소식을 전하는 자들의 발이여 함과 같으니라" (롬 10:14-15).

세 번째 단계는 '하나님의 은혜를 *깨닫는*' 과정이었다. 그들은 하나님이 허락하신 은혜로 그 은혜를 깨달았다. 복음을 듣는 사람들이 모두 은혜를 깨닫는 것이 아니라고 예수 그리스도는 분명히 말씀하신 적이 있다. 그 말씀은 저 유명한 씨 뿌리는 비유에서 찾을 수 있다. 복음의 씨앗이 열매 맺지 못하는 것은 그 복음을 들은 사람의 마음이 길가와 돌밭과 가시떨기와 같기 때문이다. 하지만 좋은 땅에 뿌려지면 깨달아서 많은 열매를 맺는다 (마 13:18-22).

골로새의 그리스도인들은 '하나님의 은혜를 깨달은' 좋은 땅이었다. 그렇다! 이미 언급한 것처럼, 복음이 전해졌다고 해서 모든 사람이 *깨닫는* 것은 아니다. 그들의 밭이 좋은 땅이어야 하고, 그때 성령이 임하시고 역사하셔서 예수 그리스도의 구속적 죽음을 깨달아야 한다. 골로새의 그리스도인들은 그렇게 삼중적인 은혜로 복음을 깨달았다. 그러니까 에바브라는 그들이 깨달을 수 있도록 복음의 내용을 차근차근 전해주었음이 틀림없다.

그처럼 복음을 깨달은 골로새의 그리스도인들은 성령을 통해 영적 생명이 주어졌다. 그리고 그 생명은 필연적으로 자랄 수밖에 없다. 만일 자라지 못하면 그들에게는 영적 생명이 없는 것이다. 그런 까닭에 네 번째 단계는 *자라*는 과정이었다. 아무리 가냘픈 풀이라도 돌 틈 사이를 뚫고 자라나는 이유는 그 풀에 생명이 있기 때문이다. 마찬가지로 골로새의 그리스도인들은 풀처럼 작은 공동체였지만, 그들에게 주어진 영적 생명으로 인해 힘차게 자랐다.

그들의 "자라남"은 이중적이었는데, 먼저는 '너희 중에서'이고 그 다음은 '온 천하에서'이다. 얼마나 놀라운 자라남인가! '너희 중에서'의 자라남은 그들 개개인이 영적으로 자랄 뿐 아니라, 그들의 공동체 속에서 함께 자라남을 함축한다. 골로새의 교회는 이미 언급한 대로 아주 작았다. 그렇지만 그들 안의 생명력 때문에 그들은 '온 천하에서' 자랐다. 그들에게 주어진 크나큰 하나님의 은혜를 그들만 소유할 수 없어서 '온 천하'로 다니며 복음을 전했다.

다섯 번째 단계는 '열매를 맺는' 과정이었다. 골로새의 그리스도인들이 무럭무럭 자라서 열매를 맺었는데, 그 열매를 맺는 과정도 역시 이중적이었다. '너희 중에서' 맺은 열매는 다분히 내적이나, '온 천하에서도'는 다분히 외적이다. 그들은 틀림없이 성령의 지배 밑에서 내적으로 충만한 상태까지 자랐을 것이다. 개개인의 변화는 물론 서로에 대한 지극한 사랑으로 똘똘 뭉쳐진 거의 이상적인 교회로 탈바꿈했을 것이다.

그렇지 않다면 그렇게 작은 교회가 어떻게 '온 천하에서도' 열매를 맺을 수 있단 말인가? 그 열매는 무엇보다도 전도의 열매였을 것이다. 물론 전도를 받은 사람들도 골로새의 그리스도인들처럼 변화되어 자랐을 것이다. 여하튼 골로새의 그리스도인들은 내적으로 충만해져서 외적으로 힘 있게 복음을 전해서 많은 사람이 예수 그리스도를 그들의 구주로 받아들였을 것이다. 그렇지 않다면 그들이 어떻게 '온 천하에서도 열매를 맺어 자랄 수' 있었겠는가?

## 3) 복음의 열매

골로새의 그리스도인들이 내적으로 성장했다고 위에서 언급한 바 있다. '너희 중에서' 자란다는 묘사는 여러 가지 측면에서 해석할 수 있을 것이다. 그들은 하나님의 말씀에 깊이 들어갔을 것인데, 그 말씀이 아니면 어떤 그리스도인도 성장할 수 없기 때문이다. 그뿐 아니라, 그들은 기도에서도 깊은 차원으로 들어가서 주님과 차원 높은 교제를 누렸을 것이다. 동시에 그들은 '일반으로 받은 구원'을 근거로 서로 깊은 교제를 나누었을 것이다 (유 1:3).

그런데 바울 사도는 그처럼 말씀과 기도와 교제에서 그들이 자랐다고 하지 않고, 전혀 다른 측면에서 자랐다고 언급했는데, 그의 묘사를 직접 인용하면서 알아보자. "이는 그리스도 예수 안에 너희의 *믿음*과 모든 성도에 대한 사랑을 들었음이요, 너희를 위하여 하늘에 쌓아 둔 소망으로 말미암음이니, 곧 너희가 전에 복음 진리의 말씀을 들은 것이라" (골 1:4-5). 이 말씀에 의하면, 복음 진리는 한 가지 단면만을 다루지 않는다는 것이다.

골로새의 그리스도인들은 "믿음"과 "사랑"과 "소망"이 넘쳤는데, 그런 것들이야말로 너무나 분명한 복음의 열매였다. 어느 날 그들은 전해진 복음을 들었고, 또 하나님의 은혜를 깨달았다. '하나님의 은혜를 깨달았다'는 묘사는 그들이 죄의 길에서 돌이켜 변화되었다는 뜻이다. 그들을 위하여 십자가에서 피를 쏟으며 죽으셨다가 부활하신 예수 그리스도를 통해 구원받았다는 뜻이다. 그들은 예수 그리스도를 자신들의 구주로 믿고 영접한 것이다.

그렇다! "믿음"은 다른 분이 아닌 예수 그리스도를 받아들이는 매개이다. 그렇게 믿음으로 예수 그리스도를 영접하자, 약속대로 성령이 그들 안으로 들어오셨다. 성령의 내주는 그들의 삶을 통째로 바꾸셨는데, 죄의 길에서 의의 길로, 어두움에서 빛으로, 죽음에서 생명으로, 증오에서 용서로, 심판에서 자유로, 미움에서 사랑으로, 바꾸셨다. 그런 커다란 변화는 모두 내주하시는 성령의 역사 때문이었다.

그런 성령의 역사로 골로새의 그리스도인들은 서로를 뜨겁게 "사랑"하는 사이로 승화했다. 참으로 성령의 임재와 역사가 없이는 절대로 가능하지 않은 초자연적인 변화였다. 그런 것이 복음의 능력이 아니라면 무엇이란 말인가? 서로를 향한 뜨거운 "사랑"은 강력한 자석처럼 많은 사람을 끌어들였다. 그런 놀라운 사랑을 근거로 그들은 '온 천하에서도 열매'를 맺게 되었다. 비록 골로새교회는 작았지만, 그들과 함께 역사하시는 성령을 힘입었기에 가능했다.

골로새의 그리스도인들이 그처럼 내적으로 알차게 자라면서, 그리고 외적으로 많은 전도의 열매를 맺으면서, 그들에게 던져진 압박과 박해도 적지 않았을 것이다. 그렇지만 끊임없이 그들로 자라게 한 또 다른 원동력은 자신들에게 주어진 "소망"이었다. 그 소망으로 인해 그들은 많은 어려움의 장벽도 뛰어넘을 수 있었다. 그 "소망"은 그들의 주님처럼 변화되어 그분과 영원히 함께하리라는 기대이다.

그뿐 아니라, 그들은 내적으로 자라며 또 '온 천하에' 복음의 열매를 맺느라고 수고한 모든 수고에 대해 보상이 있다는 "소망"도 있었다. 그런 소망은 앞과 뒤를 아시는 하나님에 대한 신뢰이기도 했다. 결국, 골로새의 그리스도인들이 가진 믿음과 사랑과 소망은 성자 예수 그리스도를 믿는 믿음이요, 성령의 내주로 인한 사랑이요, 전지전능하신 하나님에 대한 소망이었다. 그들이 갖게 된 믿음과 사랑과 소망은 삼위 하나님에 대한 전폭적인 신뢰의 표현이었다.

"믿음"이 신앙의 시발점이기에 믿음의 시제는 일반적으로 과거적이다. "소망"은 그 단어가 함축하는 것처럼 미래적이다. 그런데 과거와 미래를 연결해 주는 것은 두말할 필요도 없이 현재이다. 현재의 강조점은 사랑이기에, "사랑"은 믿음과 소망의 연결고리이다. 그런 이유로 그리스도인에게 가장 중요한 것은 현재의 사랑이다. 현재에 사랑이 없다면 과거의 믿음도 의심스러우며, 미래의 소망도 불투명하다.

그러므로 바울 사도가 다른 서신에서 묘사한 것처럼 "사랑"이 절대적으로 중요하다. "그런즉 믿음, 소망, 사랑, 이 세 가지는 항상 있을 것인데 그 중의 제일은 사랑이라"(고전 13:13). 그런데 골로새의 그리스도인들은 복음의 진리를 받아들인 때부터 믿음과 사랑과 소망의 열매를 주렁주렁 맺으며 살아가는 정상적인 그리스도인들이었다. 그처럼 복음의 열매를 맺으며 신앙을 영위하는 그리스도인들로 인해 바울은 하나님께 감사하지 않을 수 없었다.

## 4) 에바브라

바울 사도가 하나님께 감사한 세 번째 이유는 동역자 에바브라 때문이었다. 에바브라는 원래 골로새 출생으로 이방인이었다. 그렇지 않다면 바울 사도는 에바브라가 '너희에게서 왔다'고 말하지 않았을 것이다(골 4:12). 헬라어에 의하면, '너희에게서 왔다'가 아니라 '너희 중의 한 사람이었다'이다. 골로새 사람인 에바브라는 십중팔구 바울 사도를 에베소에서 만났고, 복음을 들었고, 그리고 그리스도를 받아들이므로 그리스도인이 되었을 것이다.

신약성경에서 3번밖에 나오지 않는 그의 이름이지만(골 1:7, 4:12, 몬 23), 골로새의 그리스도인들에게는 특별한 의미를 부여한 이름이었다. 그 이유는 간단하고도 분명했다. 바울 사도의 영향을 깊이 받은 에바브라는 그의 고향인 골로새로 돌아가서 사람들에게 예수 그리스도를 소개했고, 또 많은 사람이 그의 메시지를 받아들이므로 골로새교회가 탄생하였다. 골로새뿐 아니라, 그 인근에 있는 라오디게아와 히에라볼리에서도 복음을 전했다 (골 4:13).

바울 사도는 그의 영적 아들인 에바브라를 인하여 감사하지 않을 수 없었다. 바울 사도가 아무리 능력이 많은 전도자 할지라도 혼자 곳곳마다 찾아가서 복음을 전하기란 전혀 가능하지 않았다. 그런데 그의 분신分身과 같은 에바브라가 자신이 갈 수 없는 곳에 가서 복음을 전했다. 바울 사도는 에바브라를 복음으로 변화시켰고, 그 후 깊은 교제를 하면서 전도의 비전을 나누었고, 마침내 그가 바울을 대신해서 그의 고향에서 복음을 전했다.

바울 사도는 예수 그리스도가 제자들을 훈련하신 후, 그들로 '온 천하에 다니며 만민에게 복음을 전하게' 하신 제자 훈련의 원리를 그대로 적용했다 (막 15:16). 바울 사도가 교회를 위해 애써 기도한 것처럼 (롬 1:9), 에바브라도 기도를 배워 '항상 너희를 위하여 애써 기도했다' (골 4:12). 바울 사도가 교회를 위해 밤낮으로 애태우면서 애를 쓴 것처럼 (고후 10:11), 에바브라도 교회들을 위하여 수고를 아끼지 않았다 (골 4:13).

바울 사도는 에바브라가 교회들을 위하여 신실하게 사역하는 것들을 눈여겨보면서, 그도 자신처럼 예수 그리스도의 종이 된 것을 확인했다 (골 4:12). 바울 자신도 그분의 종이므로, 결국 바울 사도는 에바브라가 '우리와 함께 종'이 되었다고 힘주어서 소개했다 (골 1:7). 골로새의 교회가 든든해지기를 위하여 밤낮으로 수고를 마다하지 않았던 에바브라는 거기에서 만족하지 않고, 그의 영적 아버지인 바울 사도와 함께 로마에서 투옥되어 늙은 스승을 따르고 돌보았다 (몬 1:23).

바울 사도는 에바브라로 인해 말할 수 없을 정도로 감사했다. 한발 더 나아가서, 에바브라로 인해 세워진 교회들—골로새, 라오디게아 및 히에라볼리—을 인해 감사하지 않을 수 없었다. 그의 영적 아들이 그렇게 성장해서 교회들을 세우다니! 그 교회들이 내적으로나 외적으로 자라서 '온 천하에서도 열매를 맺어 자라다니'! 바울 사도의 놀라운 생애와 사역에서 전도와 양육과 훈련과 파송을 성공적으로 이룬 에바브라에 대해 감사할 수밖에 없었다.

# 3. 기도

"이로써 우리도 듣던 날부터 너희를 위하여
기도하기를 그치지 아니하고 구하노니, 너희로 하여금
모든 신령한 지혜와 총명에 하나님의 뜻을 *아는* 것으로 채우게 하시고,
주께 합당하게 행하여 범사에 기쁘시게 하고, 모든 선한 일에
열매를 맺게 하시며, 하나님을 *아는* 것에 자라게 하시고,
그의 영광의 힘을 따라 모든 능력으로 능하게 하시며,
기쁨으로 모든 견딤과 오래 참음에 이르게 하시고, 우리로 하여금
빛 가운데서 성도의 기업의 부분을 얻기에 합당하게 하신
아버지께 감사하게 하시기를 원하노라"
(골로새서 1:9-12)

바울 사도는 그의 서신을 받는 교회들을 위하여 기도하곤 했는데, 그가 무엇을 위하여 기도했는지도 기록했다. 그 기도 중에서 가장 기도 제목이 많은 골로새서에서도 역시 그의 기도 내용을 소상히 밝혔다. 그처럼 많은 내용을 담고 있는 그 기도를 다음과 같이 네 가지로 접근해 볼 것이다. 1) "들음", 2) "앎", 3) "두 번째 앎", 4) "모든". 이런 제목들은 그 기도의 내용을 강조하기보다는 그 내용이 알려진 방편을 강조한다.

## 1) "들음"

누누이 언급한 것처럼, 바울 사도는 골로새를 방문한 적이 없었

다. 달리 말하자면, 그는 골로새의 교회에 대해 전혀 아는 것이 없었다. 그런데 그와 함께 예수 그리스도의 종 된 에바브라가 골로새에 있는 교회에 대해 들려주었다. 그 사실을 바울 사도는 이렇게 언급했다. "…우리와 함께 종 된 사랑하는 에바브라에게 너희가 배웠나니, 그는 너희를 위한 그리스도의 신실한 일꾼이요 성령 안에서 너희 사랑을 우리에게 알린 자니라"(골 1:7-8).

이 말씀에 의하면 골로새의 그리스도인들은 에바브라에게서 양육을 받았다. 에바브라는 영적 아버지인 바울 사도와 깊은 교제를 나누면서 그에게 하나님이 그를 통해 일구신 역사를 세세히 전했음이 틀림없다. 그 간증이 힘이 있었던 것은 에바브라가 골로새교회를 향한 기도하는 자세 때문이었을 것이다. 에바브라는 그의 영적 자녀인 골로새의 그리스도인들을 위해 간절히 기도하는 모습이 바울 사도에게 고스란히 노출되었을 것이다.

그렇지 않았다면 바울 사도는 이렇게 증언하지 않았을 것이다. "…그[에바브라]가 항상 너희를 위하여 *애써* 기도하여 너희로 하나님의 모든 뜻 가운데서 완전하고 확신 있게 서기를 구하나니, 그가 너희와 라오디게아에 있는 자들과 히에라볼리에 있는 자들을 위하여 많이 수고하는 것을 내가 증언하노라"(골 4:12-13). 그렇게 그 세 교회를 위하여 '애써 기도'할 뿐 아니라 열심히 '구하는' 에바브라로부터 골로새교회에 대한 소식을 들었던 것이다.

바울 사도는 골로새교회에 대하여 들어서 알게 되었다. 일단 그 교회에 대해 알게 되자 즉각적으로 그 교회를 위해 기도하기 시작했다. 그가 어떻게 기도했는지 그의 말로 직접 확인하자. "…우리도 듣던 날부터 너희를 위하여 기도하기를 그치지 아니하고 구하노니…". 그러니까 바울 사도는 골로새교회에 대해 알지 못했을 때는 기도하지 않았었으나, 일단 알고 나서부터는 쉬지 않고 기도했다는 것이다.

'기도하기를 그치지 아니하고 구했다'는 간증은 바울 사도가 한 번도 보지 못한 그리스도인들을 위하여 참으로 열심히 기도했다는 것을 가리킨다. 그는 '기도하는' 것으로 끝내지 않고 열심히 '구했다.' 앞의 기도는 그리스도인이라면 누구나 당연히 하는 기도를 가리키나, 뒤의 기도는 특별한 기도 제목을 위하여 열정적으로 매달리면서 올리는 기도를 뜻한다. 바울 사도는 진정으로 중보기도의 대가였다.

'기도하기를 그치지 아니했다'는 간증은 쉬지 않고, 그리고 정기적으로 기도했다는 묘사이기도 하다. 그렇다! 바울 사도는 일단 골로새교회에 대해 알게 되자, 기도하기를 그치지 아니했다. 그러니까 그의 기도는 "들음"에서 비롯되었다. 그것을 이런 공식으로 표현할 수 있을 것이다: 들음 → 앎 → 기도! 결국, 바울 사도의 기도는 들어서 알게 되면서 시작되었다. 그렇게 "앎"으로 시작된 기도가 "앎"을 위한 기도가 되더니, 더 깊은 단계의 "앎"으로 전개되었다.

## 2) "앎"

바울 사도가 골로새의 그리스도인들을 위해 기도하면서 첫 번째로 구한 것은 그들이 '하나님의 뜻'을 알게 해달라는 것이었다. 그의 기도를 직접 들어보자. '너희로 하여금…하나님의 뜻을 *아는 것으로* 채우게 하시고…'. 바울 사도는 골로새의 그리스도인들을 위해 기도해야 할 제목이 너무나 많았다. 예를 들면, 그들을 잘못된 가르침으로부터 보호해 달라고 할 수도 있었고, 잘못된 삶의 방식에 빠져들지 않게 해 달라고 기도할 수도 있었다.

그러나 바울 사도는 그런 것들은 언급조차 하지 않고, 단도직입적으로 '하나님의 뜻을 *아는* 것으로 채우게 해' 달라고 기도했다. 무엇보다도 '하나님의 뜻을 아는 것'이 신앙생활의 핵심이라는 말이다. 하나님의 뜻을 알지 못하는 그리스도인은 깊은 산속에서 길을 잃고 헤매는 것과 같다. 그런 사람은 길을 찾으려고 이곳저곳을 휘젓고 다니다가 마침내 힘을 잃고 기진맥진하게 될 것이다. 그렇게 기진맥진해서 번아웃 burn-out 된 그리스도인들이 얼마나 많은가?

반대로, '하나님의 뜻' 안에서 신앙생활을 하는 그리스도인들은 말할 수 없이 풍요로운 삶을 살며 열매를 거두게 된다. 그들은 내적으로는 확신이 가득한 삶을 누리며, 외적으로는 다른 사람들—그리스도인들과 비그리스도인들—에게 직접적이든 간접적이든 영향을 끼친다. 바울 사도는 골로새의 그리스도인들이 그런 삶을 누릴 수 있도록 먼저 그들이 '하나님의 뜻'을 알게 해달라고 기도하고 구했다. 그것도 단순한 앎이 아니라 넘치도록 알게 되기를 구했다.

'아는 것으로 *채우게 하다*'는 넘치도록 알게 된다는 것을 뜻한다. 그렇다면 어떻게 골로새의 그리스도인들은 '하나님의 뜻을 아는 것으로 채울' 수 있는가? 바울 사도는 그 방법도 제시했는데, 곧 '신령한 지혜와 총명'으로였다. '신령한 지혜와 총명'은 달리 표현하면 성령의 도우심으로 얻어지는 지혜와 총명을 뜻한다. 인간의 지혜와 총명으로는 절대로 '하나님의 뜻'을 알 수 없다는 강력한 내용이 함축된 말씀이다.

바울 사도는 다른 서신에서 이렇게 언급한 적이 있다. "내 말과 내 전도함이 설득력 있는 지혜의 말로 하지 아니하고 *다만 성령의 나타나심과 능력으로 하여, 너희 믿음이 사람의 지혜에 있지 아니하고 다만 하나님의 능력에 있게 하려 하였노라*" (고전 2:4-5). 인간의 지혜와 총명은 하나님과 관계도 없을 뿐 아니라 오히려 하나님의 뜻을 거스른다. 하나님은 "…지혜 있는 자들의 지혜를 멸하고 총명한 자들의 총명을 폐하리라"고 선언하신 바 있다 (고전 1:19).

대조적으로, 성령이 허락하시는 지혜와 총명은 하나님의 은밀한 뜻을 넘치도록 알게 한다. 바울 사도의 확인이다. "오직 하나님이 성령으로 이것을 우리에게 보이셨으니, 성령은 모든 것 곧 하나님의 깊은 것까지도 통달하시느니라" (고전 1:20). '하나님의 깊은 것'을 익히 알아서 막힘이 없을 정도로 안다는 것은 '하나님의 뜻'을 분명히 알았다는 뜻이기도 하다. 그렇게 '하나님의 뜻을 알게' 되면 골로새의 그리스도인들은 차원 높은 삶을 영위하게 될 것이다.

바울 사도는 성도가 하나님의 뜻을 알면, 그들의 삶이 두 가지로 변화된다고 다음과 같이 언급했다. "주께 합당하게 행하여 범사에 기쁘시게 하고, 모든 선한 일에 열매를 맺게 하시며" (골 1:10). 그렇다! '하나님의 뜻'을 알면 첫째로 주님 보시기에 합당한 삶을 살게 되어 모든 일에서 그분을 기쁘시게 한다는 것이다. 둘째는 '모든 선한 일에 열매를 맺게 하신다'는 것이다. 그런데 이 두 가지는 깊이 보면 결국 같은 것을 강조한 것인데, 그 이유를 알아보자.

골로새의 그리스도인들이 선한 일에 매진하므로 열매를 맺게 하신다는 말씀에서 '선한 일'이 무엇이든 그 동기는 하나님을 기쁘시게 하기 위해서이다. 그렇다! '하나님의 뜻'을 알고 그 안에서 행하면 당연히 하나님을 기쁘시게 하는 삶을 살게 된다. '범사에 기쁘시게 할'뿐 아니라, '모든 선한 일'을 할 때도 역시 하나님을 기쁘시게 하기 위해서이다. 그렇게 하나님을 기쁘시게 하기 위한 일에 매진할 때 하나님은 열매를 주렁주렁 맺도록 허락하신다.

### 3) "두 번째 앎"

바울 사도는 골로새의 그리스도인들이 '하나님의 뜻'을 알도록 기도와 간구를 그치지 않았는데, 한발 더 나아가서 '하나님'을 알도록 기도했다. 그 기도는 바울 사도가 언급한 "두 번째 앎"이다. 두말할 필요도 없이 골로새의 그리스도인들이 '하나님의 뜻'을 알아야 그분을 기쁘시게 하는 삶을 살 수 있다. 그러나 바울 사도는 그들이 거기에 머물러 있기를 원하지 않았다. 그는 골로새의 그리스도인들이 '하나님'을 알게 해달라고 기도했다.

바울 사도의 "두 번째 앎"을 위해 그의 기도를 다시 인용해보자. "하나님을 아는 것에 자라게 하시고." 바울 사도는 그의 열세 서신 중에서 기도의 내용을 포함한 것은 네 곳밖에 없는데, 곧 로마서, 에베소서, 빌립보서 및 골로새서이다. 그런데 그 네 서신중에서 '하나님을 알게' 해 달라고 기도한 서신은 에베소서와 골로새서뿐이다. 그렇다면 에베소와 골로새의 그리스도인들은 하나님을 알지 못했단 말인가?

물론 그렇지 않다! 그들은 이미 하나님을 알고 있었다. 그들이 예수 그리스도를 그들의 구주로 믿고 영접할 때 그들은 하나님을 알게 되었다. 사도 요한은 죄를 용서받을 때 하나님을 알게 된다고 분명히 언급했다. 그의 증언을 인용해보자. "자녀들아 내가 너희에게 쓰는 것은 너희 죄가 그의 이름으로 말미암아 *사함을 받았음이요*" (요일 2:12). 그는 이어서 이렇게 언급했다, "아이들아 내가 너희에게 쓴 것은 너희가 *아버지를 알았음이요*" (요일 2:14).

바울 사도도 역시 그런 의미로 하나님을 알게 되었다고 언급한 적이 있다. "이제는 너희가 *하나님을 알* 뿐 아니라 더욱이 하나님이 아신 바 되었거늘, 어찌하여 다시 약하고 천박한 초등학문으로 돌아가서 다시 그들에게 종 노릇 하려 하느냐?" (갈 4:9). 그렇다! 그리스도인들은 하나님을 알며, 동시에 하나님은 그들을 아신다. 두말할 필요도 없이 골로새의 그리스도인들은 하나님을 이미 알았고, 또 하나님은 그들을 아신다.

그런데 바울 사도는 그들이 그렇게 신앙의 초기 단계에서 '하나님을 아는 것', 곧 초보적 앎의 수준에 멈추기를 원하지 않았다. 그들이 신앙적으로 쑥쑥 자라야 하는데, 그 방법 가운데 하나는 '하나님을 아는 것에 자라야' 한다. 바울 사도는 에베소의 그리스도인들을 위해 '하나님을 알게 해 달라고' 기도하면서 자라는 방법도 제시했다. "우리 주 예수 그리스도의 하나님, 영광의 아버지께서 지혜와 계시의 영을 너희에게 주사 *하나님을 알게* 하시고" (엡 1:17).

하나님을 더 깊이 알려면 결국 하나님의 도움이 있어야 한다. 그 도움을 보기 위해 다시 위의 말씀을 인용해보자. "영광의 아버지께서 지혜와 계시의 영을 너희에게 주사 하나님을 알게 하시고." 그렇다! 하나님이 직접 '지혜와 계시의 영'을 부어주신 만큼 하나님을 깊이 알게 된다. 그러니까 바울 사도가 골로새의 그리스도인들이 '하나님을 아는 것에 자라기' 위해 기도한 것은 하나님이 그들에게 '지혜와 계시의 영'을 부어달라는 의미이기도 했다.

그렇게 '하나님을 아는 것에 자라면' 다음과 같은 세 가지 결과가 나타날 것이라고 바울 사도는 기도했다: 능력, 인내 및 감사. 하나님은 처음부터 '능력의 하나님', 곧 전능하신 하나님으로 소개되었는데, 그 사실은 창세기 1장의 천지창조를 통해 알 수 있다. 무<sup>無</sup>에서 유<sup>有</sup>를 창조하신 그런 능력을 위해 바울 사도는 기도했다. 그들도 그런 능력을 선물로 받을 수 있기 때문이었다.

하나님의 능력은 적극적인 역사를 위해서만 나타나는 것이 아니다. 골로새의 그리스도인들은 앞으로 어떤 박해와 어려움에 봉착하게 될지 알 수 없었다. 그들이 그처럼 경건하게 살려 할 때 박해를 받을 것이 분명하기 때문이다. 바울 사도의 확언이다. "무릇 그리스도 예수 안에서 경건하게 살고자 하는 자는 박해를 받으리라"(딤후 3:12). 그런 박해를 기쁨과 인내로 감당할 수 있도록 바울 사도는 그들을 위해 기도했다 (골 1:11).

'하나님을 아는 것에 자라면' 당연히 시간을 초월한 깨달음도 얻게 되는데, 하나님은 시간을 뛰어넘는 분이시기 때문이다. 골로새의 그리스도인들은 훗날 '기업의 부분을 얻기에 합당한' 자들이 된 사실을 깨닫게 되었다. 본래 그 기업은 예수 그리스도의 몫이었는데, 하나님을 아버지로 알게 된 골로새의 그리스도인들도 그리스도와 함께 그 기업을 받게 되었다 (롬 8:17). 그렇게 기업을 허락하실 하나님 아버지께 어떻게 '감사하지' 않을 수 있겠는가?

## 4) "모든"

바울 사도는 골로새의 그리스도인들을 위해서 '하나님의 뜻'을 알게 해달라고 기도했을 뿐 아니라, '하나님을 아는 일에 자라게' 해달라고 간절히 기도했다. 그런데 그 기도의 내용을 주의 깊게 살펴보면 '모든'이란 단어가 네 번이나 나오는 것을 알 수 있다. 헬라어성경에 의하면 '모든'이 한 번 더 나오는데, 곧 '범사'라는 단어에 들어 있다. '범사'는 헬라어로는 파스(πᾶς)의 목적격이다.

파스는 '모든', '모든 것', '다', '온', '만물' 등의 의미인데, 한글성경에서는 '모든 것'의 뜻인 '범사'로 번역되었다. 바울 사도가 이처럼 짧은 기도에서 '모든'을 다섯 번씩이나 사용한 것은 다분히 의도적인 것 같다. 이미 "인사"에서 밝힌 것처럼, '다섯'은 은혜의 수이기 때문이다. '아버지'와 '형제'가 각각 다섯 번씩 나온 사실은 이미 밝혀졌다. 그뿐 아니라 4장밖에 한 되는 골로새서에서 '다섯'이 사용되는 용례가 여러 번 나온다.

교회를 뜻하는 '몸'도 다섯 번 나온다 (골 1:18, 24, 2:17, 19, 3:15). 하나님의 은혜가 아니면 어떻게 죄인들이 성도가 되었으며, 어떻게 그 성도들이 모여서 교회를 일굴 수 있었겠는가? 바울 사도를 통해 그리스도 예수를 알게 된 에바브라가 그의 고향인 골로새에 가서 복음을 전하다니, 하나님의 은혜가 아니면 전혀 가능하지 않았다. 그뿐 아니라 그들이 교회를 일구어 골로새의 교회가 탄생했다니, 이 어찌 하나님의 은혜가 아니겠는가?

바울 사도가 '땅에 있는 지체를 죽이라'고 하면서 열거한 죄들도 다섯 가지였는데, '곧 음란과 부정과 사욕과 악한 정욕과 탐심'이었다 (골 3:5). 골로새의 그리스도인들에게 땅에 있던 지체가 이처럼 다섯 가지뿐이겠는가? 바울 사도가 로마서에서 열거한 땅에 있는 지체가 자그마치 21가지나 된다 (롬 1:29-31). 그런데 골로새의 그리스도인들에게 다섯 가지만 열거한 것은 '다섯'을 드러내기 위한 바울 사도의 의도라고밖에 볼 수 없을 것이다.

그렇게 소극적인 죄들을 다섯 가지 나열했는데, 그것만이 아니었다. 그는 적극적인 성결한 삶을 강조하면서도 역시 다섯 가지를 나열했다. "그러므로 너희는 하나님이 택하사 거룩하고 사랑받는 자처럼 긍휼과 자비와 겸손과 온유와 오래 참음을 옷 입고"(골 3:12). 과거에 자행했던 '땅의 지체들'은 없애고 (un-learning), 현재에는 새로운 모습이 되라는 충고이다 (re-learning). 그리스도인들은 탈교육과 재교육을 동시에 수행할 수 있는 위대한 사람들이다.

바울 사도는 그의 기도에서 '모든'을 다섯 번 사용하면서 하나님의 은혜를 염두에 두었음이 틀림없을 것이다. 하나님의 은혜가 아니면 어떻게 '하나님의 뜻'을 알아서 모든 일에 그분을 기쁘시게 할 수 있겠는가? 하나님의 은혜가 아니면 어떻게 '하나님을 아는 것에 자라서' 그분의 능력을 힘입으며, 어려움을 기쁨으로 견딜 수 있겠는가? 하나님의 은혜가 아니면 어떻게 그들이 장차 기업을 얻을 수 있게 된 사실에 감사할 수 있겠는가?

바울 사도는 과거의 '분함과 노여움과 악의와 비방과 너희 입의 부끄러운 말'을 버리라고도 충고했는데, 그 내용도 역시 다섯 가지이다 (골 3:8). 그러니까 바울 사도는 이 짧은 골로새서에서 "다섯"을 일곱 번이나 사용한 셈이다. "모든", "몸", "아버지", "아들"이 다섯 번씩 나온 것 외에도 과거의 나쁜 습관들과 지체들도 각각 다섯 가지씩 열거했는가 하면, 그리스도인다운 삶의 방법도 다섯 가지였다. 틀림없이 하나님의 은혜를 강조하기 위해서였을 것이다.

# 4. "그가 우리를!"

"그가 우리를 흑암의 권세에서 건져내사,

그의 사랑의 아들의 나라로 옮기셨으니,

그 아들 안에서 우리가 속량 곧 죄 사함을 얻었도다"

(골로새서 1:13-14)

이 부분이 바울 사도의 기도에 포함되어야 한다는 사람들도 없잖
아 있다. 그 주장도 타당성이 있으나, 본서에서는 그 내용을 기도와
상관없이 별도로 다룰 것이다. 하나님이 당신의 아들을 통해 일구
신 구원의 역사이기 때문이다. 간단하지만 깊은 뜻을 가진 본문을
다음과 같이 네 가지 제목으로 접근해 보자: 1) "우리", 2) "건짐",
3) "옮김", 4) "얻음". 이런 제목들은 "우리"를 제외하고는 모두 역
동적인 행동을 강조하고 있다.

## 1) "우리"

골로새서 1장 1~12절에는 "우리"와 "너희"가 반복적으로 나오
는데, "우리"는 바울 사도와 함께 편지를 기록한 디모데를 가리킨
다. 반면, "너희"는 골로새의 그리스도인들을 가리킨다. 그런데 한
글성경에서 12절의 말씀에 나오는 "우리"는 헬라어성경에 의하면
"너희"이다. 그러니까 1~12절에는 "우리"가 6번 나오고, "너희"
는 14번 나오는 셈이다. 편지를 보내며 기도하는 주체는 "우리"이
나, 그 편지와 기도를 받는 대상은 "너희", 곧 골로새의 그리스도인

들이다.

결국, 헬라어성경에 의하면 '우리로 하여금…'이 아니라, "너희로 하여금 빛 가운데서 성도의 기업의 부분을 얻기에 합당하게 하신 아버지께 감사하게 하시기를 원하노라"이다. 그런데 바울 사도가 하나님의 아들을 "너희"에게 소개하면서 느닷없이 "너희"를 "우리"로 바꾼 이유라도 있는가? 하나님의 말씀이 '성령의 감동하심을 받은 사람들이 하나님께 받아 말한 것이기에', 그런 작은 변화도 역시 하나님의 허락하에서 이루어졌다 (벧후 1:21).

"우리"는 "너희"에게 인사도 하고, "너희"를 인해 감사도 하고, "너희"를 위해 기도하였다. 그런데 바울 사도는 예수 그리스도를 소개하면서 '우리를 흑암의 권세에서 건져내신' 분이라고 하면서, 갑자기 "너희"를 "우리"로 바꾸면서 자신을 포함했다. 이제부터 예수 그리스도를 소개할 터인데, 그분의 가장 중요한 사역은 두말할 필요도 없이 구원의 역사였다. 그분이 일구신 구원을 언급하면서 자신을 포함하지 않을 수 없었기 때문이다.

그 이유는 간단했다! 바울은 그리스도인들을 박해하고, 죽임을 승인하고, 앞장서서 그들을 투옥한 사람이었다. 더 많은 그리스도인을 포획하기 위해 다메섹으로 가던 살기가 등등하던 바울에게 주님이 나타나셨다. 그 순간에 바울은 고꾸라졌고, 회개했고, 그리스도 예수의 구원을 경험했다. 그처럼 놀라운 변화를 그는 잠시라도 잊은 적이 없었다. 그는 골로새서의 그리스도인들뿐 아니라 자신을 구원하신 예수 그리스도를 소개하기 위해 "너희"를 "우리"로 바꾸었다.

## 2) "건짐"

바울 사도는 자신과 골로새의 그리스도인들을 구원해 주신 하나님의 아들을 소개하면서 "구원하다"는 동사를 사용하지 않고 "건져내다"를 사용했는데, 특별한 이유라도 있는가? 바울 사도가 "구원하다"라고 표현할 때는 예외 없이 영적 구원을 강조했다 (엡 1:13, 2:5, 8 등). 반면, 영적 구원을 포함해서 여러 가지의 위험으로부터 구원을 강조하기 위해서는 "건져내다"인 루오마이(ρύομαι)를 사용했다.

"건져내는" 분은 하나님이시고 그 대상은 언제나 사람이다. 그런데 그 근거를 알아보기 위해서는 필연적으로 구약성경에서 사용된 "건져내다"를 참고하지 않을 수 없다. 실제로 신약성경에서 "건져내다"를 사용할 때는 대부분 구약성경의 내용을 인용하든지 아니면 함축한 것이다. 신약성경에 나오는 15번 중 9번이나 구약성경을 의지했다 (마 27:43, 마 27:43, 눅 1:4, 롬 11:26, 고후 1:10-3번, 살후 3:2, 딤후 3:11, 4:17: 밑줄 친 부분은 '구원하다' 로 번역됨).

전능하시고 사랑 많으신 하나님은 이스라엘 백성을 애굽에서 건져내시겠다고 약속하신 대로 건져내셨다. "그러므로 이스라엘 자손에게 말하기를 나는 여호와라; 내가 애굽 사람의 무거운 짐 밑에서 너희를 빼내며 그들의 노역에서 *너희*를 건지며 편 팔과 여러 큰 심판들로써 너희를 속량하여, 너희를 내 백성으로 삼고 나는 너희의 하나님이 되리니 나는 애굽 사람의 무거운 짐 밑에서 너희를 빼낸 너희의 하나님 여호와인 줄 너희가 알지라" (출 6:6-7).

이 말씀에서 "건져내다"는 영적 구원은 물론 육체적인 구원도 포함했다. 그뿐 아니라 이스라엘 백성을 애굽에서 건져낼 수 있는 분은 전능하신 하나님 이외에는 아무도 있을 수 없었다. 그 외에도 이스라엘 백성이 미디안의 종이 되었을 때, 하나님은 기드온을 통해 그 백성을 미디안의 손에서 건져내셨다 (삿 8:34). 그 하나님은 이스라엘 백성을 앗수르의 손에서 건져내셨을 뿐 아니라 (미 5:6), 훗날 바벨론의 손에서도 건져내셨다 (미 4:10).

구약성경에 정통한 바울 사도는 의도적으로 "구원하다"는 동사 대신에 "건져내다"를 사용하므로, 자신은 물론 골로새의 그리스도인들이 하나님에 의하여 영적으로나 육적으로 건져냄을 받은 사실을 강조했다. "그가 우리를 흑암의 권세에서 *건져내사* 그의 사랑의 아들의 나라로 옮기셨으니" (골 1:13). 이 말씀에서 '그가'는 다른 분이 아닌 하나님이신데, 그분은 사랑과 지혜와 능력으로 '우리', 곧 바울 자신과 골로새의 그리스도인들을 건져내셨다는 것이다.

그렇다면 무엇으로부터 건져내셨는가? '흑암의 권세'에서 건져내셨다! 본래 권세는 하나님에게만 있는 것이었으나, 하나님의 허용으로 그 권세가 사탄에게 잠시 주어졌다. 사탄의 말이다: "이 모든 *권위*와 그 영광을 내가 네게 주리라; 이것은 내게 넘겨 준 것이므로 내가 원하는 자에게 주노라" (눅 4:6). 사탄은 그의 권세를 활용하여 바울로 어두움에서 헤매게 하였는데, 그로 율법 속에서 허우적대며 빠져나오지 못하게 하였다.

그러나 다른 분이 아닌 그 하나님이 그를 그 어두움의 권세에서 "건져내셨다". 마찬가지로 골로새의 그리스도인들도 죄와 악이라는 흑암의 권세 밑에서 허덕였으나, 하나님이 그들도 그런 어두움의 권세로부터 건져내셨다. 그렇게 하나님의 은혜와 능력으로 건져넴을 받은 바울은 사도가 되어 형제자매가 된 골로새의 그리스도 인들에게 사랑이 넘치는 편지를 보낸 것이다. 하나님의 개입이 없었다면 결단코 가능하지 않은 역사였다.

## 3) "옮김"

하나님이 골로새의 그리스도인들을 건져내신 목적도 분명했는데, 그것은 하나님이 사랑하시는 아들, 곧 예수 그리스도의 나라로 옮기시기 위함이었다. 바울 사도의 묘사이다. '그의 사랑의 아들의 나라로 *옮기셨으니*.' '옮기다'는 문자적으로는 장소를 옮기는 것을 뜻하나, 영적으로는 생명에서 죽음으로 옮기는 것을 뜻한다. 그것을 뒤집으면 죽음에서 생명으로 옮긴다는 것을 뜻할 수 있다. 그런 옮김은 육신적으로는 가능하지 않으나 영적으로는 가능하다.

바울과 골로새의 그리스도인들은 영적으로 죽었었으나, 하나님의 은혜와 능력으로 살아났다. 그들에게 있을 수 있는 가장 크고도 위대한 옮김이었다. 그 옮김을 바울 사도는 이렇게 묘사했다: '그의 사랑의 아들의 나라로 *옮기셨으니*.' 하나님이 당신이 사랑하시는 아들의 나라로 그들을 옮기셨다는 것이다. 바울 사도는 의도적으로 '아들의 나라'를 언급하므로, 엄청난 '흑암의 권세'에서 대조적으로 그보다 훨씬 큰 권세인 '아들의 나라'로 옮겼다고 했다.

하나님은 그 '아들의 나라'의 통치자가 예수 그리스도라는 것을 암시하셨다. 그분은 말할 수 없는 능력을 행하시어, 수많은 사람을 '흑암의 권세'에서 건져내셨다. 그분은 수많은 병자도 고치시고, 귀신 들린 자들을 치유하시고, 죄들을 용서하시면서 '흑암의 권세'를 깨뜨리셨다. 그것으로 끝이 아니라, 어느 날 완전한 통치를 위한 완전한 '나라'를 이루실 것이다. 그런 까닭에 '옮기다'와 '건져내다'라는 동사는 종말론적인 의미도 내포하고 있다.

마지막 때 하나님의 아들 예수 그리스도가 그분의 나라를 완성하시면, '흑암의 권세'는 견디지 못하고 지옥으로 던져질 것이다 (계 20:10). 그런 '나라'를 차곡차곡 이루시기 위하여 하나님은 여전히 '흑암의 권세' 밑에서 신음하는 뭇 영혼들을 건져내서 그분의 '사랑의 아들의 나라로 *옮기시고*' 있는 것이다. 그 가운데는 바울과 디모데도 있고, 그리고 에바브라를 통해 건져냄을 받은 골로새의 그리스도인들도 있었다.

## 4) "얻음"

"건짐"과 "옮김"의 역사는 '그 아들 안에서' 가능했는데, 그 이유는 '우리가 속량 곧 죄 사함을 *얻었기*' 때문이다. 바울은 물론 골로새 사람들은 죄에 코가 꿰어 끌려다니는 비참한 삶을 살았었다. 그런데 바울은 물론 그들도 '죄 사함을 얻게' 되었다. 그들의 생애에서 이것만큼 큰 은혜를 달리 어디에서 얻을 수 있었겠는가? '죄 사함'이 가능하기 위해서는 그들의 죗값을 그들이 치르든지 아니면 누가 치러주어야만 했다.

두말할 필요도 없이 골로새 사람들이나 바울은 그들의 죗값을 치를 수 없었다. 그들이 그 값을 치르려고 애쓰면 애쓸수록 그 죄에 더 깊이 빠져들어 가기만 했다. 마치 밑바닥이 없는 수렁에 빠져서 허우적거리며 더 깊이 빠져들어 가는 것처럼 말이다. 모든 죄 가운데 가장 깊은 죄는 그들을 창조하시고 구속하신 하나님을 등지고 사는 것인데, 그 죄를 해결해 줄 수 있는 분은 역시 하나님뿐이다.

하나님은 당신의 엄청난 지혜로 그 해결책을 위해 당신의 아들을 희생시키셨는데, 그것은 죄인들을 향한 하나님의 크고도 깊은 사랑이었다. 하나님은 그 아들이 마침내 바울과 골로새의 사람들과 같은 죄인들을 위해 십자가에서 피를 흘리며 죽게 하셨다. 그러나 그게 끝이 아니었다! 하나님은 능력으로 그 아들을 죽음에서 다시 살리셨다. 하나님의 사랑과 지혜와 능력이 함께 하지 않았다면 절대로 불가능한 '죄 사함'이 가능해졌다.

바울 사도는 그 사실을 간단명료하게 선언했다: "그 아들 안에서 우리가 속량 곧 죄 사함을 얻었도다!" '우리'의 죗값이 치러졌다는 말이다. 그 결과 '우리'가 '죄 사함을 얻었다'는 선언이다. 바울이나 골로새 그리스도인들에게 그처럼 큰 '얻음'이라는 선물이 안겨졌다! 그 비밀은 '속량'이라는 단어에 들어있는데, 영어로는 redemption 이다. 속량의 뜻은 '값을 치르다'이다. 하나님의 아들이 죄의 값을 치르기 위해 십자가에서 피를 흘리셨다!

바울 사도의 증언이다: "우리는 그리스도 안에서 그의 은혜의 풍성함을 따라 그의 피로 말미암아 속량 곧 죄 사함을 받았느니라"(엡 1:7). 그분의 죗값인 피 때문에 '우리가 죄 사함을 얻었다!' '죄 사함을 얻었다'는 것은 죄의 굴레에서 벗어나서 자유인이 되었다는 말이기도 하다. 헬라어인 '죄 사함'(아페시스--ἄφεσις)은 '자유를 주다'라는 뜻도 들어있다. 누가복음 4장 18절에서 2번 나오는 '자유를 주다'는 '죄 사함'과 같은 단어이다.

그렇게 속량 된 그리스도인들은 율법의 저주에서도 해방되었는데, 죄의 값인 피 때문에 가능한 해방이었다. 바울 사도의 해석을 들어보자. "그리스도께서 우리를 위하여 저주를 받은 바 되사 율법의 저주에서 우리를 속량하셨으니, 기록된 바 나무에 달린 자마다 저주 아래에 있는 자라 하였음이라" (갈 3:13). 그렇다! 예수 그리스도의 속량으로 인해 '우리'는 율법을 통해 '죄 사함을 얻으려는' 저주에서 해방된 것이다. 이미 '죄 사함을 얻었기' 때문이다!

# 5. 초월의 그리스도

"그는 보이지 아니하는 하나님의 형상이시요
모든 피조물보다 먼저 나신 이시니, 만물이 그에게서 창조되되
하늘과 땅에서 보이는 것들과 보이지 않는 것들과
혹은 왕권들이나 주권들이나 통치자들이나 권세들이나 만물이
다 그로 말미암고 그를 위하여 창조되었고, 또한 그가 만물보다 먼저
계시고 만물이 그 안에 함께 섰느니라. 그는 몸인 교회의 머리시라;
그가 근본이시요 죽은 자들 가운데서 먼저 나신 이시니,
이는 친히 만물의 으뜸이 되려 하심이요"

(골로새서 1:15-18)

앞장에서 바울 사도는 하나님의 아들을 언급하면서, '아들의 나라'와 '아들의 속량'을 포함했다. 도대체 그 아들이 누구이시기에 그처럼 엄청난 일을 하셨는지 설명할 필요가 있었다. 바울 사도는 이 장에서 1) "하나님의 형상", 2) 창조주, 3) "교회의 머리", 4) "먼저 나신 이"라는 네 가지 특성으로 그 아들이 누구이신지를 소개한다. 한마디로 말해서, 그분은 "초월의 그리스도"이시다. 이 장에서는 그 네 가지 특성에 대해 알아보자.

## 1) "하나님의 형상"

우리를 '아들의 나라로 옮기셨고' 그 '아들 안에서 우리가 속량 곧 죄 사함을 얻게' 하신 분은 무엇보다도 '보이지 아니하는 하나님의

형상'이시었다. '하나님의 형상'은 하나님의 형상대로 지음을 받은 아담을 연상시키고도 남는다. "하나님이 이르시되, '*우리의 형상을 따라* 우리의 모양대로 우리가 사람을 만들고 그들로 바다의 물고기와 하늘의 새와 가축과 온 땅과 땅에 기는 모든 것을 다스리게 하자'" (창 1:26).

하나님이 아담을 당신의 형상을 따라 지으신 목적 중 하나는 하나님이 창조하신 모든 피조물을 그에게 맡겨서 그로 그것들을 다스리게 하기 위함이었다. 달리 말하면, 비록 하나님이 창조하셨지만, 당신이 직접 다스리지 않고 당신을 대리하는 아담에게 위임하시기 위해서였다. 마찬가지로, 당신의 아들이 '하나님의 형상'이신 목적도 모든 피조물을 다스리게 하시기 위함이었다. 그분의 다스림은 한발 더 나아가서 그분이 창조하신 교회도 포함되었다.

그런 귀한 목적을 위해 하나님은 아담을 첫 인간으로 창조하셨다. 그보다 훨씬 더 고귀한 목적을 위해 하나님의 아들이 '모든 피조물보다 먼저 나시었다.' 그처럼 귀한 목적을 위임받은 아담과 아들은 하나님과 어떤 관계였는지 알아보자. 하나님이 창조하신 아담은 당연히 창조주와 피조물의 관계가 되었으며, 그 관계에서 하나님은 그와 대화하시고 그에게 당신의 목적과 뜻을 알려주셨다.

'하나님의 형상'이신 예수 그리스도는 아담과는 달리 아버지와 아들의 관계였다. 그 관계는 여러 가지 사실을 함축하는데, 먼저 그 아들이 하나님처럼 영원 전부터 존재하신 분이시다. 그분은 '모든 피조물보다 먼저 나셨으며', '창세 전부터 하나님과 공존하신' 분이다 (요 17:5). 달리 말하면 그분은 하나님이시다! 사도 요한은 그분을 하나님으로 소개했다: "본래 하나님을 본 사람이 없으되, 아버지 품 속에 있는 독생하신 *하나님*이 나타내셨느니라" (요 1:18).

이 말씀에 의하면, 그 아들이 바로 하나님이시라는 것이다. 그렇다면 왜 그 아들이 이 세상에 나타나셨는가? 그것은 '보이지 아니하는 하나님'을 사람들에게 알리기 위해서였다. 그분은 일찍이 이렇게 말씀하신 바 있었다. '나를 본 자는 아버지를 보았거늘 어찌하여 아버지를 보이라 하느냐?' (요 14:9). 그렇다! '보이지 아니하는 하나님'을 알리기 위해 보이는 하나님으로 이 세상에 오신 것이다.

그 아들이 '하나님의 형상'이시라는 것을 어떻게 아는가? 그분의 '말과 일'로 알 수 있다. 누가의 증언이다: '나사렛 예수의 일이니, 그는 하나님과 모든 백성 앞에서 *말과 일*에 능하신 선지자이거늘' (눅 24:19). 그분은 하나님이 아니라면 절대로 할 수 없는 수많은 기적과 놀라운 가르침을 베푸셨다. 그분의 증언이다. "만일 내가 내 아버지의 일을 행하지 아니하거든 나를 믿지 말려니와, 내가 행하거든 나를 믿지 아니할지라도 그 일은 믿으라" (요 10:37-38).

그 아들이 '하나님의 형상'이시라는 것은 다스림과 영존 외에 그분이 하나님의 상속자라는 뜻도 포함한다. 하늘과 땅의 모든 기업의 상속자이신데, 그분은 그 상속자의 신분을 그분의 '속량 곧 죄 사함을 얻은' 모든 그리스도인에게도 나누어주셨다. 그들이 그렇게 죄 사함을 받을 때 그들도 하나님의 자녀가 되었기 때문이다 (요 1:12). 그때부터 그들도 그분의 형상을 닮아가는 존귀한 그리스도인들이 된 것이다.

바울 사도는 그렇게 닮아가도록 성령이 역사하신다고 이렇게 증언했다. "우리가 다 수건을 벗은 얼굴로 거울을 보는 것 같이 주의 영광을 보매, *그와 같은 형상*으로 변화하여 영광에서 영광에 이르니 곧 주의 영으로 말미암음이니라"(고후 3:18). 그렇게 닮아가는 그리스도인들이 그분이 재림하실 때 그분과 같이 완전한 형상을 입을 것이다. 그런 까닭에 '하나님의 형상'으로 변화하는 역사는 현재의 일이지만, 동시에 종말론적인 미래의 역사를 포함한다.

## 2) 창조주

바울 사도가 골로새의 그리스도인들에게 소개하는 그리스도는 하나님의 형상이자 동시에 창조주이시다. 하나님의 형상인 그리스도는 현재와 미래를 다스리시는 분으로, 시간을 초월하는 분이시다. 한발 더 나아가서 그분은 창조주이시다. 비록 그분이 '모든 피조물보다 먼저 나신 이'라고 묘사되었지만, 그 묘사는 이미 언급한 것처럼 결단코 피조물이라는 의미가 아니다. 그분이 창조주시라는 사실을 바울 사도는 다음과 같이 힘 있게 증언했다.

"만물이 그에게서 창조되되 하늘과 땅에서 보이는 것들과 보이지 않는 것들과 혹은 왕권들이나 주권들이나 통치자들이나 권세들이나 만물이 다 그로 말미암고 그를 위하여 창조되었고, 또한 그가 만물보다 먼저 계시고 만물이 그 안에 함께 섰느니라"(골 1:16-17). 바울 사도가 이 말을 하면서 강조하고 싶었던 표현은 두말할 필요도 없이 '만물'이다. 이 두 절과 18절에서 '만물'을 다섯 번이나 사용했으니 말이다.

골로새서의 기도에 나오는 단어 '모든'처럼, 여기에 나오는 '만물'도 똑같이 *파스*(πᾶς)이다. 그 아들이 어떻게 만물을 창조하셨는지

보자. 첫 번째 '만물'에서는 하늘과 땅에 있는 모든 것을 포함해서, 이 세상의 모든 지배자--'왕권들이나 주권들이나 통치자들이나 권세자들'—도 역시 하나님의 아들에 의하여 창조되었다는 사실을 강조한다. 그분의 창조는 너무나 위대해서 눈에 '보이는 것들과 보이지 않는 것들' 모두가 그분에 의하여 창조되었다는 것이다.

본래 하나님이 삼라만상을 창조하셨는데, 그분의 아들도 함께 창조하셨다는 것이다. 그분이 하나님과 동등한 분이라는 놀라운 선언이다. 바울 사도만 그렇게 선언한 것이 아니었다. 히브리서의 저자도 같은 선언을 했다. "이 모든 날 마지막에는 아들을 통하여 우리에게 말씀하셨으니 이 아들을 만유의 상속자로 세우시고 또 *그로 말미암아 모든 세계를 지으셨느니라*" (히 1:2). 구약성경의 시편 기자도 똑같이 선언했다 (시 33:6, 104:30).

두 번째 '만물'도 못지않게 중요한데, 두 가지 사실을 강조하기 때문이다. '만물이 다 그로 말미암고 그를 위하여 창조되었고.' '그를 위하여 창조되었다'는 것은 창조의 목적을 묘사한 것인데, 모든 피조물이 그분을 위해 존재한다는 것이다. 심지어는 천사들이나 아무리 높은 사람일지라도 그분을 위해 존재한다는 것이다. 궁극적으로는 사탄과 그 졸개들조차 그분의 구원이라는 능력을 드러내기 위한 도구에 불과하다는 것이다.

'만물이 다 그로 말미암고'라는 묘사는 만물이 그분에 의해서 창조되었을 뿐 아니라, 그분에 의해서 지탱하고 있다는 것이다. 창조주가 아니라면 누가 그분에 의해 창조된 만물을 지탱할 수 있겠는가? 히브리서 저자는 그분이 만물을 지탱하시는 분으로 소개했다. "이는 하나님의 영광의 광채시요 그 본체의 형상이시라; 그의 능력의 말씀으로 *만물을 붙드시며* 죄를 정결하게 하는 일을 하시고 높은 곳에 계신 지극히 크신 이의 우편에 앉으셨느니라" (히 1:2).

세 번째의 '만물'은 그 만물보다 그분이 '먼저 계시다'고 하면서 그분이 모든 창조물 이전에 계신 분으로서 만물을 창조하셨다는 것이다. 그러니까 그분이 '만물'을 창조하시면서부터 '만물'이 탄생하였고, 그때부터 세상이 존재하게 되었다. 다시 말해서, 그때부터 세상에 시간이 생기게 되었다. '만물'이 창조되기 전에는 하늘과 땅도 없었고, 시간도 없었고, 인간도 없는 영원뿐이었다.

네 번째 '만물'은 '만물이 그 안에 함께 섰느니라'로 묘사되었다. 그렇다! 그분이 거룩한 매개인 말씀과 성령으로 만물을 창조하셨다. 만물이 그분을 위해 창조되었을 뿐 아니라, 그 만물이 '그 안에 함께 서' 있는 것이다. 그 표현은 이 세상과 우주가 그분 안에서 운행되고 있다는 뜻이다. 그분이야말로 모든 생명의 원리가 되신다. 그분이 없다면 세상과 우주는 흐트러져서 끝장이 날 것이나, 그분으로 인해 모든 것이 존재하는데 사람도 역시 예외는 아니다.

다섯 번째 그리스도는 '만물의 으뜸'으로 소개된다. '으뜸'이란 단어는 '우두머리', '첫째', '근본'의 의미이다. 그 말은 하나님의 아들이 우선이며 근본이라는 것이다. 그 이유도 바울 사도는 두 가지로 제시했는데, 하나는 그분이 만물보다 먼저 계시고, 또 하나는 '죽은 자들 가운데 먼저 나신 분'이시기 때문이다. 앞으로 더 자세히 언급하겠지만, 그분은 최초로 죽은 자들 가운데서 살아나신 분이시다. 과연 그분은 '만물의 으뜸이시다!'

## 3) "교회의 머리"

"교회의 머리"라는 칭호는 골로새 이전에 기록한 바울 사도의 서
신--로마서, 고린도전후서, 갈라디아서, 데살로니가전후서--에
서는 나오지 않았는데, 로마 감옥에서 기록한 옥중서신--에베소
서, 빌립보서, 골로새서, 빌레몬서--에서 처음 나온다. 그중에서
도 유독 골로새서와 에베소서에서만 제법 자세히 나온다 (엡 1:22,
4:15, 5:23). 에베소서에서 그분을 교회의 머리로 묘사한 이유는 그
서신이 이상적인 교회를 제시하고 있기 때문이다.

골로새서에서 예수 그리스도를 "교회의 머리"라고 묘사한 이유는
그 교회로 파고드는 잘못된 가르침을 차단하기 위함이었을 것이다.
달리 말하면, 바울 사도는 잘못된 가르침을 바로잡기 위해 그분을
"교회의 머리"로 소개했다. 일차적으로는 바울 사도가 가르치기 위
해 사용한 칭호이며, 이차적으로는 그분과 교회의 관계를 깊이 깨
달은 결과이다. 그 결과 그 칭호를 골로새서 다음에 기록된 에베소
서에서는 더 많이 사용하게 되었다.

바울 사도는 예수 그리스도의 죽음과 부활이라는 복음을 위해 일
생을 초개처럼 불태우다 마침내 로마의 감옥이란 상황에 들어가서
그동안 그가 세운 교회들을 깊이 회상하고 있었을 것이다. 그러면
서 그분과 교회의 관계를 구체적으로 깨달으면서, 몸을 위해 예수
그리스도가 하시는 사역을 두 가지로 요약했다. 무엇보다 그 교회
는 그분의 통치를 받고 있다는 사실이다. 그분의 통치를 받지 않는
다면, 그 교회는 더는 그 머리에 붙은 몸이 아니다.

바울 사도는 이미 교회를 그리스도의 몸으로 깨닫고 그렇게 소개

한 적이 있었다 (롬 12:5, 고전 12:27). 그런데 그 몸이 건강하고 튼튼하게 자라야 하는데, 그것도 역시 머리의 몫이었다. 바울 사도의 확인이다. "…온 몸이 머리로 말미암아 마디와 힘줄로 공급함을 받고 연합하여 하나님이 *자라게 하시므로* 자라느니라" (골 2:19). 그렇다! 머리에서 공급하지 않으면, 그 몸은 자라기는커녕 죽을 수밖에 없다.

바울 사도가 더 높은 차원에서 "교회의 머리"라고 예수 그리스도를 소개하므로, 그의 교회에 대한 설명이 완전하게 된 것이다. 그 이유는 간단하다! 머리 없는 몸이 있을 수 없고, 몸 없는 머리도 있을 수 없기 때문이다. 물론 머리와 몸이 똑같이 중요하지만, 그래도 머리가 더 중요하다. 바울 사도는 그 사실을 확인하기 위하여 이렇게 덧붙였다: "그가 근본이시요, 죽은 자들 가운데서 먼저 나신이시니…".

예수 그리스도가 "교회의 머리"이신 가장 중요한 이유는 그분이 '죽은 자들 가운데서 먼저 나셨기' 때문이다. 그분이 십자가에서 피 흘리며 죽었다가 다시 살아나신 목적은 크게 두 가지인데, 하나는 죄인의 죄를 사하시기 위해서이고 또 하나는 교회를 일구기 위해서다. 죄를 용서받은 그리스도인들은 필연적으로 교회에서 함께 모여서 위로 하나님께 예배도 드리고, 아래로 서로 사랑하면서 교제를 나누게 된다.

만일 예수 그리스도가 구속의 죽음을 맛보셨지만, '죽은 자들 가운데서 나시지' 않았다면 어떤 죄인도 구원받을 수 없었으며, 따라서 교회도 탄생하지 못했을 것이다. 바울 사도의 확증이다: "그러나 이제 그리스도께서 죽은 *자 가운데서 다시 살아나사 잠자는 자들*

의 첫 열매가 되셨도다"(고전 15:20). 그분은 죗값으로 피를 흘리며 죽었다가 죄인들과 교회를 위하여 부활의 첫 열매가 되셨기에 당연히 "몸인 교회의 머리"이시다.

### 4) "먼저 나신 이"

"초월의 그리스도"를 드러내는 다른 표현은 두 번씩이나 사용된 "먼저 나신 이"이다. 15절에서는 '모든 피조물보다 먼저 나신 이시고', 18절에서는 '죽은 자들 가운데서 먼저 나신 이시다.' 그렇게 두 번 나오는 '먼저 나신 이'란 표현은 같지만, 그 내용은 하늘과 땅이 다른 것처럼 다르다. '먼저 나신 이'는 구태여 영어로 바꾸면 the firstborn이다. 그 단어를 직역하면 '장자'이다. 특히 이스라엘 가정에서 장자는 중요하기에 아버지로부터 많은 사랑을 받았다.

그런 사실을 극명하게 알려주는 것은 하나님이 아브라함에게 그 아들을 바치라고 하면서 하신 말씀에서 엿볼 수 있다. "여호와께서 이르시되 네 아들 네 *사랑하는* 독자 이삭을 데리고 모리아 땅으로 가서 내가 네게 일러 준 한 산 거기서 그를 번제로 드리라"(창 22:2). 이삭은 아브라함의 아들이지만 동시에 사랑하는 아들이었다. 얼마나 사랑했으면 하나님도 '네 사랑하는 독자 이삭'이라고 하셨겠는가?

바울 사도가 두 번씩 사용한 '먼저 나신 이'는 두말할 필요도 없이 예수 그리스도이시다. 그분은 하나님의 독생자이신데, '먼저 나신 이'라고 하므로 하나님이 가장 사랑하시는 장자라는 사실을 강조했다. 그런데 처음의 '먼저 나신 이'는 창조물과 연관되어 있고, 나중의 '먼저 나신 이'는 부활과 연관되어 있다. 그런 이유로 '먼저 나신

이'라는 표현은 똑같이 예수 그리스도를 가리키나 그 의미는 사뭇 다르다.

처음의 '먼저 나신 이'의 의미를 알아보기 위해 구약성경의 말씀을 인용해보자. "내가 또 그를 *장자로 삼고* 세상 왕들에게 지존자가 되게 하며, 그를 위하여 나의 인자함을 영원히 지키고 그와 맺은 나의 언약을 굳게 세우며, 또 그의 후손을 영구하게 하여 그의 왕위를 하늘의 날과 같게 하리로다"(시 89:27-29). 위에서 언급한 것처럼, 이 말씀에서 '장자'는 '먼저 나신 이'인데, 아들에 대한 놀라운 예언이기도 하다.

그 예언에 의하면, '먼저 나신 이'는 모든 왕을 다스리는 지존자이시다. '모든 왕'은 세상의 왕들을 가리키기도 하나, '그 아들의 나라'와 연관해서 보면 그들은 모든 그리스도인이다. 그리스도 예수가 그들을 '나라와 제사장과 왕으로' 삼으셨기 때문이다. 천사들의 찬송을 인용해보자. "그들[그리스도인들]로 우리 하나님 앞에서 나라와 제사장들을 삼으셨으니, 그들이 땅에서 왕 노릇 하리로다"(계 5:10).

천년왕국에서 왕인 모든 그리스도인은 '만왕의 왕이시오, 만주의 주'이신 예수 그리스도를 섬길 것이다(계 17:14, 19:16). 그분은 마침내 예언의 성취대로 지존자가 되실 것이다. 그분의 왕위는 '하늘의 날'이 뜻하는 것처럼, 끝없이 영원할 것이다. 그런 약속은 하나님이 친히 하셨기에 반드시 때가 되면 성취될 것이다. '먼저 나신 이'인 예수 그리스도는 마침내 만물뿐 아니라, 천하를 다스리실 것이다. 얼마나 놀라운 '먼저 나신 이'신가?

두 번째 '먼저 나신 이'도 역시 그리스도 예수이시다. 그러나 만물을 다스리시는 분이 아니라 '죽은 자들 가운데서 먼저 나신 이'시다. 바울 사도는 그분의 부활을 가리키면서 이렇게 언급한 적이 있다. "그러나 이제 그리스도께서 죽은 자 가운데서 다시 살아나사 잠자는 자들의 첫 열매가 되셨도다" (고전 15:20). '첫 열매'는 '먼저 나신 이'를 가리킨다. 죄인들을 위해 구속의 죽음이 성취되었다는 증거로 그분은 '먼저 나신 이'가 되셨다.

바울 사도는 그의 말을 이렇게 이어갔다. "그러나 각각 자기 차례대로 되니 먼저는 첫 열매인 그리스도요, 다음에는 그가 강림하실 때에 그리스도에게 속한 자요, 그 후에는 마지막이니 그가 모든 통치와 모든 권세와 능력을 멸하시고 나라를 아버지 하나님께 바칠 때라" (고전 15:23-24). 이 말씀에서 '그리스도에게 속한 자'는 두 종류의 그리스도인인데, 하나는 이미 죽은 자들이고 또 하나는 살아서 그분의 재림을 맞이할 자들이다 (살전 4:16-17).

그렇게 '죽은 자들 가운데서 먼저 나신' 예수 그리스도는 '몸인 교회의 머리'이시다. '머리'이신 그분은 부활하시어 '몸'을 일구셨을 뿐 아니라, 그 '몸'을 통치하신다. 그뿐 아니라, 그분은 그 '몸'이 튼튼하게 자라도록 밤낮으로 기도하시며 돌보신다. 바울 사도가 다른 서신에서 설명한 대로이다. "…죽으실 뿐 아니라 다시 살아나신 이는 그리스도 예수시니, 그는 하나님 우편에 계신 자요 우리를 위하여 간구하시는 자시니라" (롬 8:34).

그렇다! '먼저 나신 이'는 "초월의 그리스도"로서 하나님 우편에 앉으셔서 그리스도인들과 교회를 위해 기도하시며 통치하신다. 그뿐 아니라, 그분은 "초월의 그리스도"로서 마침내 하나님의 사랑을 마음껏 받으면서 높고 높은 '지존자'가 되어 그분의 나라와 만물을 통치하실 것이다. 바울 사도가 이처럼 깊은 가르침을 골로새의 그리스도인들에게 베푼 이유는 에바브라가 그만큼 깊이 가르쳤다는 확신 때문이었을 것이다.

# 6. "내재의 그리스도"

"아버지께서는 모든 충만으로 예수 안에 거하게 하시고,

그의 십자가의 피로 화평을 이루사,

만물 곧 땅에 있는 것들이나 하늘에 있는 것들이 그로 말미암아

자기와 화목하게 되기를 기뻐하심이라.

전에 악한 행실로 멀리 떠나 마음으로 원수가 되었던 너희를

이제는 그의 육체의 죽음으로 말미암아 화목하게 하사

너희를 거룩하고 흠 없고 책망할 것이 없는 자로 그 앞에 세우고자

하셨으니, 만일 너희가 믿음에 거하고 터 위에 굳게 서서

너희 들은 바 복음의 소망에서 흔들리지 아니하면 그리하리라.

이 복음은 천하 만민에게 전파된 바요,

나 바울은 이 복음의 일꾼이 되었노라"

(골로새서 1:19-23)


앞장에서는 "초월의 그리스도"를 소개했는데, 그분은 피조물 속에 파묻혀 있을 수 없는 초월의 분이다. 그러나 동시에 그분은 피조물인 인간 속에 들어오셔서 그 인간과 함께하신 분이다. 이 장의 제목인 "내재의 그리스도"에서 내재內在는 창조주가 피조물의 세계에 임하신다는 뜻으로, 편재遍在(immanence)라고도 한다. 이 장에서는 내재하시는 그리스도의 특성 가운데 1) "충만", 2) "화평", 3) "화목", 4) "거룩"에 대해 알아보고자 한다.

## 1) "충만"

"충만"의 의미를 알기 위해 우선 바울 사도가 그 단어를 포함한 구절을 인용해보자. "아버지께서는 모든 *충만*으로 예수 안에 거하게 하시고". 이 말씀은 하나님 아버지가 당신의 아들 예수 그리스도 안에 "충만"하게 거하게 하신다는 뜻이다. '거하다'(카토이케오——κατοικέω)는 한시적인 체류가 아니라 장기적인 거주를 뜻하기에, 예수 그리스도의 생애는 처음부터 끝까지 "충만"으로 가득한 분, 곧 하나님이 함께하시는 분이셨다.

"충만"은 자연스럽게 구약성경의 성막과 성전을 연상시킨다. 모세가 성막을 완성했을 때 하나님의 영광이 그곳에 충만하게 임했기 때문이다. "구름이 회막에 덮이고 여호와의 영광이 성막에 *충만하매*, 모세가 회막에 들어갈 수 없었으니 이는 구름이 회막 위에 덮이고 여호와의 영광이 성막에 *충만함이었으며*" (출 40:34-35). 그 후 솔로몬이 성전을 완성했을 때도 역시 하나님의 영광이 그 성전에 *충만하게* 임했다 (왕상 8:11).

그러나 그러한 "충만"은 한시적이었다. 성전이 세워지므로 성막의 역할이 끝났기 때문이고, 성전은 바벨론에 의하여 파괴되었기 때문이다. 그처럼 한시적인 "충만" 대신에 영원한 "충만"이 나타났는데, 곧 예수 그리스도가 성육신하셨을 때였다. "말씀이 육신이 되어 우리 가운데 거하시매 우리가 그의 영광을 보니 아버지의 독생자의 영광이요 은혜와 진리가 *충만하더라*" (요 1:14). 그렇게 충만하게 임하신 그리스도가 바로 "내재의 그리스도"이시었다.

바울 사도는 그리스도의 내재를 시간과도 연결했다. "*때가 차매*

하나님이 그 아들을 보내사 여자에게서 나게 하시고 율법 아래에 나게 하신 것은 율법 아래에 있는 자들을 속량하시고 우리로 아들의 명분을 얻게 하려 하심이라" (갈 4:4-5). 이 말씀에서 '때가 차매'는 헬라어에서 "충만"과 같은 단어로 플레로마(πλήρωμα)이다. 충분히 시간이 지났기에 결산할 때가 되었다는 뜻이다. 그런 이유로 "충만"은 종말적인 심판도 함축하고 있다.

"충만"으로 임하신 그분이 하신 말씀이 그 사실을 뒷받침한다. "또 인자됨으로 말미암아 심판하는 권한을 주셨느니라. 이를 놀랍게 여기지 말라; 무덤 속에 있는 자가 다 그의 음성을 들을 때가 오나니, 선한 일을 행한 자는 생명의 부활로, 악한 일을 행한 자는 심판의 부활로 나오리라" (요 5:27-29). 그렇다! 그분의 '내재'는 많은 사람에게는 '아들의 명분을 얻게 하는' 은혜이었으나, 다른 한편 많은 사람에게는 심판의 표징이었다.

그 이유는 분명하다! 그분 안에는 하나님의 신성이 충만했기 때문이다 (골 2:9). 골로새서 1장 15절~22절에 포함된 하나님의 신성은 내재하신 예수 그리스도의 십자가와 죽음과 부활에서 찾을 수 있다. 하나님의 신성이 충만하지 않았다면, 어떻게 인류를 위해 피를 흘리며 십자가에서 죽으실 수 있으며, 또 어떻게 죽은 자들 가운데서 다시 살아나실 수 있었겠는가? 과연 그분은 '은혜와 진리'가 충만하신 "내재의 그리스도"이시었다.

## 2) "화평"

그렇게 "충만"으로 세상에 임하신 예수 그리스도는, 본문에 포함한 대로, 세 가지 엄청난 역사를 일구셨는데, 곧 "화평", "화목" 및 "거룩"이다. 왜 그런 것들이 엄청난 역사였는지 차례로 알아보자. 우선 "화평"에 대해 알아보기 위해 20절을 다시 인용해보자. "그의 십자가의 피로 *화평*을 이루사, 만물 곧 땅에 있는 것들이나 하늘에 있는 것들이 그로 말미암아 자기와 화목하게 되기를 기뻐하심이라".

'만물…이 그로 말미암아 자기와 화목하게 된다'는 묘사는 역설적으로는 '만물 곧 땅에 있는 것들이나 하늘에 있는 것들이' 화목하지 않은 상태에 있었다는 사실을 전제로 한다. 그것들은 창조주의 뜻에 어긋난 상태에 있었기에 혼돈과 어두움에 존재하였다. 본래 하나님이 그것들을 창조하셨을 때는 모두 "화평"한 상태에 있었는데, 그 상태가 인간의 반항으로 인해 흩어져 버렸다. 인간에게 맡겨진 만물도 그 인간에게 반항하는 것처럼 되어버렸다.

"화평"이 깨어지면서 인간은 그 "화평"을 갈구하기 시작했다. 구약성경에 따르면, 이스라엘 백성은 "화평"을 얼마나 갈구했는지, 그 화평을 얻기 위해 무엇이든지 했다. 그들은 서로 만날 때와 헤어질 때 "화평"을 빌었다. 그들은 나라를 성공적으로 세운 후, 수도의 이름도 예루살렘으로 명명했는데, 그 뜻은 '화평의 도시'The City of Peace이다. 그러나 그 도시의 역사를 보면 화평과는 거리가 먼 갈등과 싸움의 중심지였다.

다윗은 어려서 부모로부터 천대를 받았으며, 청년이 되어서는 목숨을 위해 도망을 다녔으며, 왕이 되어서는 전쟁의 중심인물이 되었다. 화평을 갈구하는 그의 마음은 클 수밖에 없었다. 그가 아들을 여럿 두었는데, 그중 "화평"으로 두 아들의 이름을 지었는데, 바로 솔로몬과 압살롬이었다. 솔로몬은 히브리어로 화평인 샬롬이며,

압살롬은 '화평의 아버지'라는 뜻이다. 그렇다면 솔로몬과 압살롬은 진정으로 화평의 사람이었는가?

솔로몬은 그의 통치 40년 중 20년을 왕궁과 성전 건축에 치중하여 많은 백성에게 부역하도록 했고, 따라서 화평과는 거리가 먼 왕이 되었다. 다윗이 그토록 사랑했던 압살롬은 그의 형인 암논을 죽였고, 나중에는 부친을 배반하고 전쟁하다가 죽음을 맞이했다. 결국, 그들도 진정한 의미에서 "화평"을 알지도 못하면서 "화평"의 이름으로 살다가 불행하게 죽은 사람들이었다. "화평"은 인간이 갈구한다고 오지 않는 것이 분명하다.

인간의 반항과 죄의 문제가 해결되지 않는 한 진정한 "화평"은 가능하지 않기 때문이다. 그 문제들을 해결하기 위하여 하나님은 그 아들을 세상에 보내셨는데, 바로 "내재의 그리스도"이시다. 그분은 첫 인간의 반항과 죄가 마치 당신의 책임인 것처럼, 그것들을 위해서 심판을 받으셨는데, 그것이 바로 십자가의 죽음이었다. 그 죽음을 바울 사도는 이 장의 본문에서 '피'라는 단어로 대신했다. 그렇다! 그분의 죽음은 인간과 만물이 "화평"을 누리게 하기 위함이었다.

본문을 다시 인용해보자. "그의 십자가의 피로 *화평*을 이루사…." 그렇다! 그리스도 예수가 십자가에서 피를 흘리심으로 "화평"이 왔다. 그런데 왜 그 피를 통해 죄를 용서받은 그리스도인들이 각종의 문제와 갈등에 시달리고 있는가? 그분의 피가 "화평"을 가져오지 못했는가? 물론 가져왔으나 제한적이다! 하나님이 새 하늘과 새 땅을 다시 창조하여 죄가 없는 세상을 이루실 때 완전한 "화평"이 올 것이다. 그런 까닭에 "화평"은 종말론적인 의미도 포함한다.

## 3) "화목"

인간이 "화평"을 누리려면 적어도 세 가지 측면에서 좋은 관계를 유지해야 한다. 첫째는 하나님과의 관계이며, 둘째는 다른 사람들과의 관계이며, 셋째는 자연과의 관계이다. 이미 언급한 대로, 인간이 불순종하여 하나님에게 반항하는 순간 화평을 잃었다. 그 이유는 너무나 분명한데, 관계가 깨어졌기 때문이다. 하나님과의 관계가 깨어져서 인간은 하나님과 원수가 되었다. 바울 사도의 선언이다. "곧 우리가 [하나님과] 원수 되었을 때…"(롬 5:10a).

하나님과 관계가 깨어지면 자연히 다른 사람과의 관계도 깨어지게 마련이다. 그렇게 하나님과의 관계가 깨어진 아담과 하와는 서로를 비난하기 시작했다 (창 3:12-13). 그들의 아들 가인은 동생을 들판에서 쳐 죽였다 (창 4:8). 그 이후 인간의 역사는 반목과 싸움의 연속이었다. 그뿐 아니라 인생의 목적을 물질에 두기 시작하면서 자연을 무자비하게 착취하기 시작했다. 자연도 그런 행위에 복수라도 하듯, 인간을 여러 가지 측면에서 공격하기 시작했다.

하나님은 인간에게 삼라만상을 정복하고 다스리라고 명령하셨는데, 그 명령은 착취하라는 것이 아니라 돌보며 공존하라는 은혜의 말씀이었다 (창 1:28-29). 그러나 자연과의 관계가 깨어진 인간이 착취를 일삼으면서 기후의 변화를 가져왔고, 그런 변화는 엘니뇨와 라니냐와 같은 자연의 역풍으로 수많은 사람이 죽어가며, 경제적으로나 사회적으로 말할 수 없는 재해를 일으키고 있다.

그런 현상을 바꾸기 위하여 개입하신 분이 있는데, 그분이 바로 "내재의 그리스도"이시다. 그분은 깨어진 관계를 회복하여 반목을 화목으로 바꾸기 위하여 깨어진 세상에 임하셨다. 그리고 십자가에서 깨어지심으로 깨어진 관계를 바로잡으셨다. 바울 사도의 증언이다: "그의 십자가의 피로 화평을 이루사, 만물 곧 땅에 있는 것들이나 하늘에 있는 것들이 그로 말미암아 자기와 *화목하게* 되기를 기뻐하심이라" (골 1:20).

'땅에 있는 것들이나 하늘에 있는 것들'이 화목하게 된다는 것은 깨어진 관계가 회복된다는 뜻이다. 다시 말해서, 하나님이 처음 하늘과 땅을 창조하셨을 때처럼, 화평과 질서를 회복하게 된다는 말이다. 두말할 필요도 없이, 그와 같은 화평과 질서는 하나님이 새 하늘과 새 땅을 다시 창조하실 때 완전히 성취될 것이다. 그러니까 "내재의 그리스도"가 십자가의 피로 화평을 이루시면서 시작된 화목은 마지막 때에 완성되는 종말론적인 뜻도 포함한다.

자연계의 화목도 중요하나, 역시 가장 중요한 것은 하나님의 형상대로 창조된 인간이다. 인간은 불순종과 반항으로 하나님과 원수가 되었으나, "내재의 그리스도"가 죽으심으로 하나님과 화목하게 되었다. 바울 사도의 증언을 다시 들어보자. "전에 악한 행실로 멀리 떠나 마음으로 원수가 되었던 너희를 이제는 그의 육체의 죽음으로 말미암아 *화목하게* 하사…" (골 1:21-22a). 하나님과 분리되었던 '너희'가 이제는 '그리스도 안'으로 들어온 것이다 (엡 1:12).

바울 사도는 이 말씀에서 중요한 표현을 사용했는데, 곧 '전에… 이제는'이다. 이 표현은 과거와 현재의 대조인데, 바울 사도만큼 그 대조가 분명한 사람도 많지는 않을 것이다. 그는 '전에' 율법에 푹 빠져있었으나, '이제는' 은혜에 푹 빠졌다. '전에' 그리스도인들을 악랄하게 박해했으나, '이제는' 그리스도를 열정적으로 전하고 있다. 그의 경험처럼 골로새의 그리스도인들도 '전에' 그리스도와 원수였는데, '이제는' 그분과 화목한 삶을 누리고 있다.

### 4) "거룩"

"내재의 그리스도"는 왜 골로새의 그리스도인들을 위해 십자가에서 피를 흘리며 죽으면서까지 그들에게 화평과 화목을 허락하셨는가? 그분은 아무 목적도 없이 그렇게 희생을 감수하셨을 리가 없지 않은가? 물론 목적이 있는데, 그것은 그들을 '거룩한' 백성으로 삼겠다는 것이다. 하나님이 이스라엘 백성에게 출애굽을 허락하신 목적처럼 말이다. 그 백성에게 하나님은 말씀하셨다, "너희가 내게 대하여 제사장 나라가 되며 *거룩한 백성이 되리라*" (출 19:6).

바울 사도의 확언을 인용해보자. "이제는 그의 육체의 죽음으로 말미암아 화목하게 하사 너희를 *거룩하고 흠 없고 책망할 것이 없는 자*로 그 앞에 세우고자 하셨으니" (골 1:22). 흥미롭게도 '거룩하고 흠 없고 책망할 것이 없는 자'라는 삼중적인 목적은 골로새 그리스도인들의 과거 행적과 대조적이다: '악한 행실로 멀리 떠난 마음으로 원수가 되었던 너희를….' 마음은 하나님을 멀리 떠나 있었으며, 따라서 그들의 행실은 악했으며, 결국 하나님과 원수였다.

그런데 이제는 '거룩하고', '흠 없고', '책망할 것이 없는' 자가 되었다. 이런 변화야말로 "내재의 그리스도"가 십자가에서 피를 흘리며 죽지 않으셨다면 절대로 가능하지 않은 것이었다. 그분이 그렇게 처참하게 죽지 않으셨다면, 어떻게 그들이 "화평"을 누리며, 불꽃 같은 눈으로 그들의 마음을 살피시는 하나님과 어떻게 "화목"할 수 있겠는가? 그런 변화의 삶은 한마디로 주변의 불신자들과는 다르게 되었다는 것을 말해준다.

그들을 '거룩하게' 그리고 '그 앞에 세우고자 하셨기' 때문에 죽으셨다. '거룩하다'는 말은 세상으로부터 구별된 후 다시 세상으로 들어가서 그들의 '거룩한', 곧 다른 삶을 보여준다는 뜻이다. 먼저 세상으로부터(from the world) 분리되어야 한다. 그렇지 않다면 그들은 다시 세상으로(to the world) 들어가서 다른 삶을 보여줄 수 없다. 바울 사도가 세상으로부터 3년간 동떨어져 살다가 다시 세상으로 들어간 것처럼 말이다 (갈 1:17-19).

바울 사도는 골로새의 그리스도인들이 '거룩하게' 사는 방법도 알려주었다. "만일 너희가 믿음에 거하고, 터 위에 굳게 서서, 너희들은 바 복음의 소망에서 흔들리지 아니하면, 그리하리라" (골 1:23a). 그들은 '믿음에 거하고', '터 위에 굳게 서고', '소망에 흔들리지 아니하는' 삶을 살아야 한다. 먼저 그들이 예수 그리스도를 믿음으로 구원받았는데, 그 믿음을 저버리지 않고 끝까지 지켜야 한다. '거하다'는 '흔들리지 않고 견디어내다'의 뜻이기 때문이다.

그다음 '터 위에 굳게 서야'하는데, '터'는 바탕을 뜻하기에 예수 그리스도를 가리킬 수도 있고 (엡 2:22), '선지자들과 사도들의 가르침'일 수도 있다 (엡 2:20). 여하튼 그들이 그 '터' 위에 굳게 서야 한다. 그 '터'가 어떤 폭풍우에도 흔들리지 않을 만큼 견고한 것처럼, 그 위에 있는 골로새의 그리스도인들도 '굳게 서야' 한다. 비록 그 '터'가 견고하고 튼튼하지만, 그 위에 서 있는 골로새의 그리스도인들이 굳게 서지 않으면 거룩해질 수 없기 때문이다.

세 번째로 그들은 거룩해지기 위해서 그들이 '들은 바 복음의 소망에서 흔들리지 않아야' 한다. 그 이유는 간단하다! 복음만큼 확실한 것은 없기 때문이다. 그들도 복음을 듣고 구원을 경험하여, 거룩한 삶을 이어가노라면 어느 날 주님이 재림하실 때 그분과 영원한 생명을 누리게 된다는 큰 소망이 주어졌다. 믿음이 과거에 주어진 은혜라면, 소망은 미래에 주어질 은혜이다. 과거와 미래를 연결해 주는 것은 두말할 필요도 없이 현재이다.

그들의 현재 삶이 과거와 미래를 연결해 준다. 현재에 거룩한 삶을 살면, 믿음을 통한 과거의 구원도 확실한 것이다. 그들의 거룩은 미래의 소망과도 연결된다. 그들이 현재에 거룩한 삶을 살지 않으면, 어떻게 미래에 주님을 만나서 함께 영생을 누릴 수 있다는 것을 알 수 있는가? 그렇다! "내재의 그리스도"는 그들로 '거룩하고 흠 없고 책망할 것이 없는 자로 세우기' 위해 십자가에서 죽으셨다. 그처럼 놀라운 복음을 위해 바울 사도는 그의 삶을 불태웠다.

# 7. 그리스도의 일꾼

"나는 이제 너희를 위하여 받는 괴로움을 기뻐하고,

그리스도의 남은 고난을 그의 몸된 교회를 위하여 내 육체에 채우노라.

내가 교회의 일꾼 된 것은 하나님이 너희를 위하여 내게 주신 직분을 따라

하나님의 말씀을 이루려 함이니라.

이 비밀은 만세와 만대로부터 감추어졌던 것인데

이제는 그의 성도들에게 나타났고,

하나님이 그들로 하여금 이 비밀의 영광이

이방인 가운데 얼마나 풍성한지를 알게 하려 하심이라.

이 비밀은 너희 안에 계신 그리스도시니 곧 영광의 소망이니라.

우리가 그를 전파하여 각 사람을 권하고 모든 지혜로 각 사람을 가르침은

각 사람을 그리스도 안에서 완전한 자로 세우려 함이니,

이를 위하여 나도 내 속에서 능력으로

역사하시는 이의 역사를 따라 힘을 다하여 수고하노라"

(골로새서 1:24-29)

바울 사도는 자신을 가리켜서 '복음의 일꾼'이라고 명명백백하게 천명했다 (골 1:23). 그뿐 아니라, 그가 복음 전파를 위해 혼신을 다 바친 결과도 언급했다. '이 복음은 천하 만민에게 전파된 바요!' 골로새의 그리스도인들이 에바브라를 통해 복음을 들었으나, 실제로는 바울 사도가 전한 복음이었다. 에바브라도 그를 통해 복음을 듣고 전했기 때문이다. 이 장에서 1) 바울의 "괴로움", 2) 바울의 "직분", 3) 바울의 "비밀", 4) 바울의 "수고"를 차례로 알아보자.

## 1) 바울의 "괴로움"

"바울 사도"는 많은 것을 연상시킨다. 우선, 그는 능력의 종이었다. 그를 통해 많은 능력이 나타났기 때문이다. 바나바와 함께 첫 번째 전도 여행부터 그에게 능력이 나타났다. 그들이 바보에서 총독에게 복음을 전할 때 그 수하에 있는 마술사가 방해했다. 바울은 즉시 심판을 선언하자, 그 마술사는 눈이 멀어버렸다 (행 13:11). 그 이후 바울 사도는 병자들을 고치며 죽은 자도 살리는 등 많은 능력을 행했다.

그다음 그는 말씀의 종이었다. 그가 부활하신 예수 그리스도를 만난 후 그는 아라비아 사막에서 3년을 지냈는데, 그때 셋째 하늘로 들려져서 '말로 표현할 수 없는 말'을 들었다 (고후 12:4). 그는 시시때때로 하나님의 말씀을 들은 대로 행동했는데, 아시아로 향하던 그를 하나님은 막으시고 다른 길로 인도하셨다 (행 16:6). 무엇보다도 그는 성령으로 감동되어 신약성경 27권 중 13권이나 저술하는 말씀의 종이었다.

다음으로 그는 '능력'과 '말씀'의 종이었지만, 동시에 "괴로움"의 종, 곧 "고난"의 종이었다. 헬라어에서 "괴로움"과 "고난"은 같은 단어(파데마, πάθημα)로, 그가 받은 육체적·정신적 고난을 강조한 것임이 분명하다. 그는 어떤 사도 못지않게 많은 고난을 받았다. 그는 주저하지 않고 그가 당한 고난을 여러 번 기록했다 (행 16:23, 고전 4:9-13, 고후 6:4-5). 그중에서도 매우 상세하게 그가 당한 고난을 열거한 편지는 고린도후서에서였는데, 알아보자.

"내가 수고를 넘치도록 하고 옥에 갇히기도 더 많이 하고
매도 수없이 맞고 여러 번 죽을 뻔하였으니,
유대인들에게 사십에서 하나 감한 매를 다섯 번 맞았으며,
세 번 태장으로 맞고 한 번 돌로 맞고 세 번 파선하고
일 주야를 깊은 바다에서 지냈으며, 여러 번 여행하면서
강의 위험과 강도의 위험과 동족의 위험과 이방인의 위험과
시내의 위험과 광야의 위험과 바다의 위험과
거짓 형제 중의 위험을 당하고, 또 수고하며 애쓰고
여러 번 자지 못하고 주리며 목마르고 여러 번 굶고 춥고 헐벗었노라"

(고후 11:23-27).

바울 사도의 정신적 고난도 매우 심각했는데, 그의 간증을 들어
보자. "이 외의 일은 고사하고 아직도 날마다 내 속에 눌리는 일이
있으니 곧 모든 교회를 위하여 염려하는 것이라. 누가 약하면 내가
약하지 아니하며, 누가 실족하게 되면 내가 애타지 아니하더냐?"
(고후 11:28-29). 그가 그처럼 많은 고난을 감수한 이유는 복음을 전
하기 위해서였는데, 그렇게 전해서 일구어진 교회를 위하여 그는
애써 기도하면서 애타는 마음을 품고 있었다.

골로새교회도 역시 그의 마음에 담겨 있었다. 그가 직접 전도하
지 않았지만, 그의 분신과 같은 에바브라가 전해서 일구어진 교회
였다. 바울 사도는 골로새교회를 포함한 모든 교회를 "위하여 받는
괴로움을 기뻐하며, 그리스도의 남은 고난을 그의 몸된 교회를 위
하여 내 육체에 채우노라"라고 선언했다. 예수 그리스도가 뭇 영혼
의 구원을 위해 고난을 받으셨는데, 영적으로 그와 유사한 고난을

감수한 바울은 영적으로 예수 그리스도처럼 된 것이다.

이 시점에서 '그리스도의 남은 고난'에 대해 알아보자. 예수 그리스도는 이미 십자가에서 모든 고난을 감수하면서 돌아가시고 승천하셨는데, 왜 '그리스도의 남은 고난'이라고 바울 사도는 묘사했는가? 그 묘사는 그리스도의 몸 된 교회를 염두에 둔 것이다. 비록 머리이신 그리스도는 고난을 완전히 감당하셨지만, 그분의 몸인 교회와 그 교회를 이루고 있는 지체들이 받는 고난은 결국 '그리스도의 고난'이며, 그 고난을 '그리스도의 남은 고난'이라고 표현했다.

그런데 바울 사도는 '너희를 위하여 받는 괴로움을 기뻐했다'고 했다. 어떻게 그처럼 극한 고난을 기뻐할 수 있는가? 그 이유도 분명한데, 무엇보다도 고난 중에 능력이 나타나기 때문이다. 그의 간증을 더 들어보자. "나에게 이르시기를 내 은혜가 네게 족하도다; 이는 내 능력이 약한 데서 온전하여짐이라 하신지라. 그러므로 도리어 크게 기뻐함으로 나의 여러 약한 것들에 대하여 자랑하리니 이는 그리스도의 능력이 내게 머물게 하려 함이라"(고후 12:9).

그의 몸에 있는 '가시, 곧 사탄의 사자'를 품고 살게 하신 주님의 목적은 너무나 분명했는데, 그분의 능력이 바울 사도에게 머물게 하기 위함이었다. 그에게 머문 능력으로 그는 복음을 편만하게 전할 수 있었다. 그가 빌립보 감옥에 갇혔을 때 나타난 능력으로 인해 간수와 그의 모든 식구가 구원받은 역사는 한 실례에 지나지 않는다. '복음의 일꾼'인 바울 사도가 그처럼 영혼들이 구원받는 것을 보면서, 고난의 가치를 더 깊이 깨달았을 것이다.

실제로 바울 사도가 구원받은 후 아나니아를 통해 부르심을 받았을 때, 그는 필연적으로 고난과 함께한다고 주님은 분명히 말씀하셨다. "주께서 이르시되, '가라! 이 사람은 내 이름을 이방인과 임금들과 이스라엘 자손들에게 *전하기 위하여* 택한 나의 그릇이라. 그가 내 이름을 위하여 얼마나 *고난을 받아야* 할 것을 내가 그에게 보이리라'" (행 9:15-16). 그러니까 바울이 사도와 전도자로 부르심을 받을 때 고난을 피할 수 없다는 것이었다.

바울 사도가 '괴로움'을 기뻐한 세 번째 이유가 있는데, 그것은 앞으로 경험할 영광 때문이다. 바울 사도의 말을 들어보자. "자녀이면 또한 상속자 곧 하나님의 상속자요 그리스도와 함께한 상속자니, 우리가 그와 함께 *영광을 받기 위하여* 고난도 함께 받아야 할 것이니라. 생각하건대 현재의 고난은 장차 우리에게 나타날 영광과 비교할 수 없도다" (롬 8:17-18). 어차피 시들어 버릴 육체가 복음 때문에 고난으로 시들지만, 그는 영원한 몸을 갖게 될 것이다.

## 2) 바울의 "직분"

바울 사도는 골로새서에서 "직분"과 "일꾼"이란 단어를 6번 사용했는데, 헬라어에 의하면 5번만 같은 어원語原이다. 다른 1번은 25절의 '직분'인데, '책무', '관리' 등의 뜻인 오이코노미아(οἰκονομία)이다. 나머지 5번 중 4번은 '일꾼, 종, 사역자'의 뜻인 *디아코노스* (διάκονος: 골 1:7, 23, 25, 4:7)를, 1번은 '직분, 섬김, 사역'의 뜻인 *디아코니아*(διάκονία)를 각각 사용했다 (골 4:17). 이 두 단어는 같은 어원에서 탄생하였기에 같은 뜻을 갖는다.

"기도"의 장에서 언급한 것처럼, 그가 같은 뜻의 단어를 5번이나 사용한 것은 틀림없이 은혜를 강조하기 위함이었을 것이다. 하나님의 은혜가 아니었다면 어떻게 구원을 받아 하나님의 종이요 그리스도 예수의 사도가 되었겠는가? 그의 증언이다: "그러나 내가 나 된 것은 하나님의 은혜로 된 것이니, 내게 주신 그의 은혜가 헛되지 아니하여 내가 모든 사도보다 더 많이 수고하였으나, 내가 한 것이 아니요 오직 나와 함께 하신 하나님의 *은혜로라*" (고전 15:10).

바울 사도가 하나님의 은혜를 강조한 것은 그의 과거 때문이었을 것이다. 그는 교회와 교인들을 악질적으로 박해하며 못살게 굴던 못된 사람이었다. 그는 자신을 '죄인 중에 내가 괴수'라고 할 만큼 흉악한 죄인이었으나 (딤전 1:15), 말할 수 없는 하나님의 긍휼과 은혜로 구원을 받았을 뿐 아니라 '복음의 일꾼'이 되었다. 그의 간증이다: "이 복음을 위하여 그의 능력이 역사하시는 대로 내게 주신 *하나님의 은혜의 선물을 따라 내가 일꾼이 되었노라*" (엡 3:7).

그는 단순한 일꾼이 아니라, 이방인을 위한 일꾼이었다. "모든 성도 중에 지극히 작은 자보다 더 작은 나에게 이 은혜를 주신 것은 측량할 수 없는 그리스도의 풍성함을 *이방인에게 전하게 하시고*" (엡 3:8). 그의 간증을 더 들어보자. "이 은혜는 곧 나로 *이방인을 위하여 그리스도 예수의 일꾼이 되어* 하나님의 복음의 제사장 직분을 하게 하사 이방인을 제물로 드리는 것이 성령 안에서 거룩하게 되어 받으실 만하게 하려 하심이라" (롬 15:16).

그렇다! 바울 사도는 특히 이방인에게 복음을 전하도록 부르심을 받았다. 그런 이유로 그는 조금도 주저하지 않고 자신을 '복음의 일꾼'이라고 소개했고, 또 그의 복음 전파를 통해 '천하 만민'이 복음을 들었다고 언급했다 (골 1:23). 그뿐 아니라, 그렇게 복음을 전파하므로 '하나님의 말씀'이 이루어지게 했다. (그런데 25절의 '교회의 일꾼'이란 표현에서 헬라어성경에는 '교회'가 없는데도, 한글로 번역될 때 왜 추가되었는지는 알 수 없다.)

과연 바울은 은혜의 일꾼이요, 이방인을 위한 '복음의 제사장'이 었다. 그런데 그처럼 큰 인물이 골로새서에서 아킵보도 자기와 같은 '직분'을 받았다고 하면서 동등한 위치에 올려놓았다 (골 4:17). 그뿐 아니라, 에바브라와 두기고도 자기와 똑같이 '일꾼'이 되었다고 선언했다 (골 1:7, 4:7). 과연 바울은 다른 종들을 높일 줄 아는 겸손한 종이며, 동시에 하나님이 허락하신 은혜의 선물이 누구에게 주어졌든지 똑같이 귀하다는 것을 깊이 인식한 겸손한 사도였다.

### 3) 바울의 "비밀"

바울 사도는 하나님의 섭리와 계획에 따라 "복음의 일꾼"이 되어 "하나님의 말씀을 이루었다" (골 1:25). '하나님의 말씀을 이루었다'는 표현은 바울 사도가 하나님의 부르심을 받은 대로 그에게 맡겨진 '하나님의 말씀'을 순종하면서 전했고, 그렇게 할 때 하나님은 약속 대로 결실을 보게 하셨다는 뜻이다. 비록 바울 사도가 "복음의 일꾼"으로 충성을 다했지만, 그를 부르시고 사용하시고 열매를 맺게 하신 분은 하나님이시라는 바울 사도의 간접적인 고백이었다.

그렇다면 하나님이 바울 사도에게 맡기신 '하나님의 말씀'은 구체적으로 무엇이었는가? 그는 그 말씀을 '비밀'이라고 다음 두 절에서 강조했는데, '비밀'이란 말을 세 번씩이나 반복했다. "이 *비밀*은 만세와 만대로부터 감추어졌던 것인데 이제는 그의 성도들에게 나타났고, 하나님이 그들로 하여금 이 *비밀*의 영광이 이방인 가운데 얼마나 풍성한지를 알게 하려 하심이라; 이 *비밀*은 너희 안에 계신 그리스도시니 곧 영광의 소망이니라" (골 1:26-27).

이 말씀에 들어있는 "비밀"은 과거와 현재와 미래를 포함하고 있다. '만세와 만대로부터 감추어졌던 것'은 영원 전부터 있었던 과거의 비밀을 가리키는데, 당시에는 그 내용이 알려지지 않았다. 만일 그 내용을 사람들이 알았다면 바울 사도는 감추어졌다고 하지 않았을 것이다. 그렇다고 그 비밀의 내용이 없었던 것도 아니었다. 만일 내용이 없었다면, 영원히 알려질 수 없는, 그야말로 비밀이었을 것이다.

두말할 필요도 없이 그 "비밀"에는 풍성하고도 넘쳐나는 내용이 들어있었는데, 마침내 때가 되자 그 "비밀"이 알려지기 시작했다. '이제는 그의 성도들에게 나타났고'에서 '이제는'은 현재를 가리킨다. 마침내 그 비밀이 '성도들에게 나타났는데', 하나님이 그 "비밀"을 성도들에게 알려주신 것이다. 그러니까 그 "비밀"은 하나님의 계획이자 지혜로서, 하나님이 친히 알려주시지 않으면 어떤 사람도 알 수 없는 그런 "비밀"이었다.

일단 알려진 이후에는 "비밀"이 아니었다. 바울 사도는 한 마디로 그 "비밀"이 그리스도라고 아무도 오해할 수 없도록 분명히 묘사했다. '…이 비밀은…그리스도시니!' 그런데 그 "비밀"이 성도들에게 나타났다고 했는데, 그 이유도 분명하다. 그들이 그들을 위해 십자가에서 피를 흘리며 죽으셨다가 다시 사신 예수 그리스도를 믿고 영접할 때, 그분이 그들 안에 임하셨기 때문이다.

성도들이 믿음으로 깨달은 "비밀"이 바로 예수 그리스도였다. 그런데 그 "비밀"은 '비밀의 영광'인데, 그 이유는 그리스도 예수를 통해 유대인이 구원받았을 뿐 아니라, 유대인이 그처럼 무시하던 이방인도 구원받았기 때문이다. 이제는 상황이 바뀌어서 구원받은 이방인의 수가 그들에게 복음을 전해준 유대인보다 훨씬 많고, 크고, 넓고, 깊게 되었다. '비밀의 영광'이 이방인 가운데서 '풍성하게' 된 것이다.

그처럼 '풍성하게' 일구어진 것이 바로 이방인교회였다. 이방인으로 이루어진 교회는 세상 각처에서 우후죽순처럼 돋아났는데, 그 가운데 하나가 바로 이 편지를 받는 골로새의 교회였다. 골로새의 그리스도인들이 이처럼 비밀스러운 사실을 알게 되면서 얼마나 큰 감격에 사로잡혔겠는가! 그 교회도 영원 전부터 숨겨졌던 하나님의 "비밀" 가운데 하나라니, 그리고 마침내 실현된 "비밀"이라니, 얼마나 감격했겠는가!

골로새의 그리스도인들을 더 놀라게 한 것은 그 "비밀"은 미래에 더 펼쳐지리라는 사실 때문이었다. '비밀은…그리스도시니 곧 영광의 소망이니라'는 표현에는 미래를 함축하는 단어가 둘이나 들어있는데, 곧 '영광'과 '소망'이다. 그리스도는 영광 자체이시기에 그분의 성육신을 '영광'이라고 했다 (눅 2:14, 요 1:14). 그분의 삶과 사역도 영광이었으나 (요 17:4), 그분의 영광이 완전히 드러날 때는 역시 그분이 다시 세상에 오시는 재림 때이다.

바울 사도는 그 사실을 골로새의 그리스도인들에게 이렇게 알려주었다. "우리 생명이신 그리스도께서 나타나실 그 때에 너희도 그와 함께 영광 중에 나타나리라" (골 3:4). 그분의 재림은 그분에게만 영광이 아니라, 골로새의 그리스도인들에게도 영광이라는 말이다. 비록 현재에는 골로새교회가 작고 미미한 것 같지만, 그때에는 그들도 그리스도처럼 변화될 것이다. 얼마나 큰 영광이고, 또 신비로운 비밀인가!

'소망'도 역시 미래를 뜻하는 단어이다. 골로새의 그리스도인들에게 엄청난 소망이 있는데, 그것은 그들도 그리스도처럼 변화된다는 사실이다. 그들은 그리스도와 함께한 '상속자'가 될 것이며 (롬 8:17), 그분과 더불어 그들을 박해하던 세상 사람들을 심판할 것이다 (마 19:28). 이처럼 엄청난 미래를 하나님은 만대 전부터 "비밀"로 하셨으나, 마침내 당신의 아들 예수 그리스도를 통해 모든 과거와 현재와 미래의 "비밀"을 골로새교회에 알려주셨다.

이제 바울 사도가 "비밀"을 세 번씩 반복한 이유가 분명히 드러났다. 첫 번째 "비밀"은 과거의 숨겨진 비밀이었다. 그러나 그 "비밀"이 나타났는데, 곧 예수 그리스도이시었다. 그 "비밀"은 현재의 비밀로서, 그리스도 예수로 인해 유대인과 이방인 가운데서 성도들이 생겨났다. 더 나아가 그 "비밀"은 미래의 '영광'과 '소망'도 함축하고 있다. 물론 그 "비밀"은 미래의 비밀로서 영광과 소망이 풍성한 비밀이다. 얼마나 놀라운 "비밀"인가!

## 4) 바울의 "수고"

바울 사도는 '힘을 다하여 수고'를 마다하지 않았다. 무엇 때문에 그렇게 "수고"를 아끼지 않았는가? 예수 그리스도의 뜻을 이루기 위함이었는데, 그분의 뜻을 다시 보자. "…그의 육체의 죽음으로 말미암아 화목하게 하사, 너희를 거룩하고 흠 없고 책망할 것이 없는 자로 그 앞에 세우고자 하셨으니" (골 1:22). 너무나 분명한 그분의 뜻은 골로새의 그리스도인들을 '거룩하고 흠 없고 책망할 것이 없는 자로 그 앞에 *세우는*' 것이었다.

바울 사도도 그분처럼 골로새의 그리스도인들을 '그리스도 안에서 완전한 자로 *세우기*' 위해서 수고했다. 그런데 그들이 '완전한 자로 세워지기 위해서는' 무엇보다도 죄를 용서받고 거듭나야 한다. 그렇게 거듭날 때 그들 안에 내주하시는 성령의 도움으로 '완전'을 향해 나아갈 수 있기 때문이다. 바울 사도에게서 복음을 듣고 배운 에바브라도 같은 마음으로 그들이 '완전하게' 되어 굳건히 서기를 위해 간절히 기도했다 (골 4:12).

바울 사도는 그들을 완전한 자로 세우기 위한 첫 단계를 이렇게 간단명료하게 선언했다: '우리가 그를 전파하여….' 왜 그는 지금까지 '나의 괴로움'과 '나의 직분'을 제시하다가 갑자기 '우리가 그를 전파하여'라고 하면서 '나'를 '우리'로 바꾸었는가? 그 이유는 분명한데, 골로새에서 복음을 전한 사람이 에바브로였기 때문이다. 바울 사도는 위대한 전도자였지만, 절대로 혼자서는 그 복음을 '천하 만민에게 전파할 수' 없었다 (골 1:23).

골로새의 그리스도인들을 '완전한 자'로 변화시키기 위해 '그리스도'를 전해야 하지만, 그것은 시작에 지나지 않는다. 그 후에 반드시 양육이 따라야 하는데, 바울 사도는 그 양육을 두 단어로 요약했다: '권함과 가르침.' '그를 전파하여' 골로새 사람들을 그리스도인으로 삼는 사역은 엄청나게 중요하나, 그것은 순간의 역사이다. 물론 그 전부터 그들이 들은 것도 사실이고, 에바브라를 통해 들은 것도 사실이다. 그러나 그들이 믿고 영접하는 것은 순간적이다.

그때부터 해산의 수고 못지않은 수고가 따르지 않으면 그들은 결단코 '완전해질' 수 없다. 마치 아이를 해산한 엄마가 그 아이를 위해 그보다 몇십 배, 아니 몇백 배 수고하지 않으면 안 되는 것처럼 말이다. 바울 사도도 그 사실을 이렇게 표현한 적이 있었다. "나의 자녀들아 너희 속에 그리스도의 형상을 이루기까지 다시 너희를 위하여 해산하는 수고를 하노니"(갈 4:19). 바울 사도는 골로새의 그리스도인들을 위해 그와 같은 "수고"를 마다하지 않았다.

그런데 바울 사도는 '완전한 자로 세울 사람들을 언급하면서 '각'이란 단어를 세 번씩이나 사용했다. '각 사람을 권하고 모든 지혜로 각 사람을 가르침은 각 사람을 그리스도 안에서 완전한 자로 세우려 함이니.' 세 번씩 사용된 '각'은 골로새의 교회를 뭉뚱그려서 모두를 함께 말하는 것이 아니라, 그 교회를 이루고 있는 개인들, 곧 한 사람 한 사람을 강조하기 위함이다. 그렇다! 신앙의 성숙은 각 사람의 몫이며, 그리할 때 교회도 자연히 성장한다.

그처럼 위대한 바울 사도가 골로새의 그리스도인들 한 사람 한 사람을 '완전한 자로 세우기' 위해 "수고"한다는 것은 인간적으로는 불가능하다. 그러므로 그는 '나도 내 속에서 능력으로 역사하시는 이의 역사를 따라' 수고한다고 했다. 그 능력은 부활의 능력이요, 사울을 바울로 변화시킨 성령의 능력이요, 그로 이방인의 사도가 되게 하신 성령의 능력이다. 그런 능력을 의지해서 그리스도인들을 위해 '힘을 다하여 수고한' 바울 사도는 위대한 양육자이다.

# 존귀해진 그리스도

# 1. "그리스도, 하나님의 비밀"

"내가 너희와 라오디게아에 있는 자들과 무릇 내 육신의 얼굴을
보지 못한 자들을 위하여 얼마나 힘쓰는지를 *너희가 알기를 원하노니*,
이는 그들로 마음에 위안을 받고 사랑 안에서 연합하여 확실한 이해의
모든 풍성함과 하나님의 *비밀*인 그리스도를 깨닫게 하려 함이니,
그 안에는 지혜와 지식의 모든 보화가 감추어져 있느니라.
내가 이것을 말함은 아무도 *교묘한 말*로 너희를 속이지 못하게 하려 함이니,
이는 내가 육신으로는 떠나 있으나 심령으로는 너희와 함께 있어
너희가 질서 있게 행함과 그리스도를 믿는
너희 믿음이 굳건한 것을 기쁘게 *봄이라*"

(골로새서 2:1-5)

바울 사도는 감옥에서 에바브라를 통해 골로새교회에 관한 소식
을 들었다. 크게 두 가지였는데, 적극적으로는 그 교회가 굳건히 성
장하고 있다는 기쁜 소식이며, 소극적으로는 그 교회를 흔들려는
세력이 침투하고 있다는 나쁜 소식이다. 그 소식에 대한 반응으로
1장에서는 그리스도를 소개했고, 2장에서는 그 그리스도를 여러
각도에서 제시했다. 바울 사도는 2장의 서두에서 1) "앎", 2) "하나
님의 비밀", 3) "교묘한 말", 4) "봄"을 차례로 설명했다.

## 1) "앎"

바울 사도는 골로새의 그리스도인들이 '알기를 원하노니'라고 하

면서, 그들이 꼭 알아야 할 것이 있다고 힘주어서 말했다. 그는 종종 그의 서신을 받는 사람들이 그냥 넘기지 말고 반드시 알고 그들의 삶에 적용하기를 바라는 내용을 전할 때 그런 표현을 사용했다. 예를 들면, 그가 빌립보교회에 보낸 편지 서두에서도 그랬다. "형제들아 내가 당한 일이 도리어 복음 전파에 진전이 된 줄을 너희가 *알기를 원하노라*"(빌 1:12).

바울 사도가 복음을 전하다가 로마 감옥에 갇히자, 많은 사람이 벌떼같이 일어나서 그가 못다 전한 복음을 전했다. 그런 사실을 전해 들은 바울 사도는 그의 투옥 때문에 혼자 전하던 복음이 많은 사람에 의해 전해진 사실로 인해 '기뻐하고 기뻐했다'(빌 1:18). 다메섹으로 가던 길에서 그를 만나서 구원해 주신 예수 그리스도를 전하는 것만이 그 인생의 목적이 되었고, 그가 투옥되면서라도 그 목적이 이루어지는 것 때문에 기뻐했다.

바울 사도는 고린도 그리스도인들에게도 서신을 보내면서 중요한 내용을 알아야 한다고 반복했다. "형제들아 나는 너희가 *알지 못하기를 원하지 아니하노니*, 우리 조상들이 다 구름 아래에 있고 바다 가운데로 지나며"(고전 10:1). "그러나 나는 너희가 *알기를 원하노니*, 각 남자의 머리는 그리스도요 여자의 머리는 남자요 그리스도의 머리는 하나님이시라"(고전 11:3). "형제들아, 신령한 것에 대하여 나는 너희가 *알지 못하기를 원하지 아니하노니*"(고전 12:1).

바울 사도가 골로새의 그리스도인들이 알아야 할 중요한 내용은 무엇이었는가? 그것은 그가 그들을 위하여 '힘쓰고 있다'는 사실이다. 그 사실을 알아보기 위해 본문을 인용해보자. "내가 너희와 라오디게아에 있는 자들과 무릇 내 육신의 얼굴을 보지 못한 자들을 위하여 *얼마나 힘쓰는지*를 너희가 알기를 원하노니"(골 2:1).
바울 사도는 골로새와 라오디게아와 히에라볼리는 물론 그 외에
도 직접 대면한 적이 없는 그리스도인들을 위해 힘쓰고 있다는 것
이다.

바울 사도는 무척이나 '힘쓰고 있는데' 무엇을 위해 그렇게 '힘쓰
고 있었는가?' 두 가지를 위해 '힘쓰고 있음'이 확실한데, 하나는 복
음의 진작을 위해서이다. 이미 언급한 대로 그는 복음을 가능한 많
은 사람에게 전하려고 낮이고 밤이고, 온갖 박해를 받으면서, 심지
어는 투옥을 몇 번씩이나 감수하면서, 복음 전파에 힘썼다.

둘은 그들을 위해 기도에 '힘쓰고 있었을' 것이다. 바울 사도는 복
음과 기도가 서로 떼래야 뗄 수 없는 동전의 양면과 같은 것을 너무
나 잘 알고 있었다. 그가 복음을 전할 수 있도록 기도해달라고 한
것을 보아도 분명하다. "또한 우리를 위하여 *기도하되* 하나님이 전
도할 문을 우리에게 열어 주사 *그리스도의 비밀을 말하게 하시기를
구하라*; 내가 이 일 때문에 매임을 당하였노라"(골 4:3).

바울 사도는 골로새의 그리스도인들을 위하여 구체적인 기도의
내용을 이미 진술한 바 있다 (골 1:9-12). 그런데 다시 골로새의 그
리스도인들을 위해 크게 힘쓰고 있다는 사실을 그들도 알게 함으
로, 그들과의 관계를 직접적인 것으로 격상시키고 있었다. 지금까
지는 에바브라를 통해 간접적으로 소식을 들었지만, 이제부터는
'내'가 잘 아는 '너희'에게 '나'의 마음, 곧 내가 너희를 위해 많이 힘
쓰고 있다는 사실을 알려주면서 직접적인 관계로 들어갔다.

## 2) "하나님의 비밀"

바울 사도가 골로새의 그리스도인들을 위해 그처럼 힘쓴 목적도 분명한데, 그것은 그들이 '하나님의 비밀인 그리스도를 깨닫게 하기' 위함이었다. 그들은 이미 예수 그리스도를 믿고 성도들, 곧 바울의 형제들이 된 존귀한 신앙인들이었다 (골 1:2). 그처럼 그리스도 예수를 통해 구원받은 그들에게 바울 사도는 '하나님의 비밀인 그리스도를 깨달아'야 한다는 것이다. 믿을 때 깨달은 그리스도에 머물러 있지 말고, 그분을 더 깊이 깨달으라는 권면이다.

골로새의 사람들이 과거에 믿음을 갖게 된 것도 그리스도 때문이고, 현재에 서로 사랑하는 것도 그리스도 때문이고, 미래에 그들이 영광 가운데 변화할 것도 역시 그리스도 때문이다 (골 1:4-5). 다시 말해서, 그들의 삶과 신앙의 중심은 언제나 그리스도라는 것이다. 과거에 구원을 허락하신 그리스도로 안주하지 말고, 그분을 더 깨달아 보다 깊은 관계로 들어가라는 것이다. 그렇지 않으면 어떻게 미래의 영광을 확신할 수 있겠는가?

그리스도는 믿음을 허락하신 분이지만, 동시에 사랑과 소망을 안겨주시는 분이시다. 그런 이유로 히브리서 저자는 "믿음의 주요 또 온전하게 하시는 이인 예수를 바라보자!"라고 권면했다 (히 12:2a). 그분만이 과거에 믿음을 시작하게 하셨을 뿐 아니라, 그 믿음을 온전하게 하시는 분이시라는 것이다. '온전하게 한다'는 것은 현재는 물론 미래를 아우르는 약속이다. 현재에 거룩한 삶을 살 수 있는 능력을 주시며, 미래에 그분처럼 변화시키실 분이시라는 뜻이다.

히브리서 저자는 그 이유도 부연해서 설명했다. "그는 그 앞에 있는 기쁨을 위하여 십자가를 참으사 부끄러움을 개의치 아니하시더니 하나님 보좌 우편에 앉으셨느니라"(히 12:2b). 그리스도가 십자가에서 죽으심으로 믿음이 생성되었다. 그뿐 아니라, 그리스도가 '하나님 보좌 우편에서' 골로새의 그리스도인들을 위해 기도하시고 계신다. 그분의 기도 때문에 그들은 거룩하게 살 수 있게 되었을 뿐 아니라, 그분이 다시 오실 때 만날 수 있게 된 것이다.

그렇게 그리스도를 깨닫게 되면, 자연스럽게 그들의 마음이 위안을 받아 강해진다. 그뿐 아니라, 그들은 서로 사랑하면서 연합하게 된다. 그러니까 연합, 곧 한마음 한뜻으로 똘똘 뭉치는 것은 조직이나 행사 때문이 아니라, 그리스도를 깊이 깨달아야 가능하다는 것이다. 그렇게 하나가 될 때 그들에게 주어지는 또 다른 은혜는 '이해'를 잘 해서 잘잘못을 날카롭게 구분할 수 있게 된다는 것이다. 그리스도를 깨닫는 은혜는 이루 말할 수 없이 많다.

바울 사도가 '너희가 알기를 원한' 목적은 '…마음에 위안을 받고 사랑 안에서 연합하여…그리스도를 깨닫게 하려 함이다.' 그 목적에는 세 가지 중요한 것이 포함되어 있는데, 곧 '위안'과 '연합'과 '그리스도'이다. '마음의 위안'은 성령의 내주로 주어지는 것이며, 그렇게 될 때 '너희'는 사랑 안에서 연합하게 된다. 동시에 '하나님의 비밀인 그리스도를 깨닫게 된다.' 위에 계신 '그리스도'가 내적으로 '위안'을 허락하시며, 외적으로는 '사랑'을 허용하시기 때문이다.

바울 사도는 그리스도를 깨닫는 것이 중요한 이유도 설명하는데, 그 이유를 들어보자. "그 안에는 지혜와 지식의 모든 보화가 감추어져 있느니라"(골 2:3). 달리 설명하면, 그리스도를 깨달으면 엄청난 지혜와 지식도 함께 갖게 된다는 뜻이다. 이미 언급한 바 있지만,

골로새교회를 흔들려고 침투하는 작자들이 있었다. 그들은 '지혜와 지식'을 앞세운 영지주의자들일 수도 있고, 율법의 '지혜와 지식'으로 하나님에게 나아가야 한다는 유대인들일 수도 있다.

그러나 바울 사도는 그리스도 안에 '지혜와 지식의 모든 보화가 감추어져 있느니라'고 가르쳤다. 그 가르침에서 '감추어져 있다'는 표현은 이미 알려진 비밀이기에 '숨겨졌다'의 뜻이 아니라, '저장되었다'는 뜻이다. 그러므로 '하나님의 비밀인 그리스도를 깨달으면' 내적으로 풍성한 삶을 누릴 뿐 아니라, 외적으로 그들을 무너뜨리려고 오는 잘못된 가르침을 분별해서 물리칠 수 있다는 것이다. 그분 안에는 '지혜와 지식의 모든 보화'가 저장되어 있기 때문이다.


## 3) "교묘한 말"

골로새의 그리스도인들이 그처럼 삼중적--'위안'과 '연합'과 '그리스도'--으로 무장될 때, 외부에서 몰려오는 잘못된 가르침으로부터 스스로 방어할 수 있게 된다. 그리스도인들과 교회들을 무너뜨리려는 세력은 어제나 오늘이나 항상 있게 마련인데, 그 이유는 '흑암의 권세' 때문이다 (골 1:13). 그리스도인들을 하나님에게 빼앗긴 '흑암의 권세'는 수단 방법을 가리지 않고 그들을 공략하여, 그들로 자중지란自中之亂에 빠지도록 발버둥 치고 있다.

바울 사도가 그들을 영적으로 무장시킨 목적을 알아보기 위해 그가 전한 내용을 다시 인용해보자. "내가 이것을 말함은 아무도 *교묘한 말로 너희를 속이지* 못하게 하려 함이니" (골 2:4). 바울 사도는 큰 사랑과 깊은 기도로 골로새의 그리스도인들을 무장시키기를 원했는데, 그 목적은 그들이 '흑암의 권세'에 속지 않게 하기 위해서였다. 그런데 그 말씀에는 두 가지 부정적인 단어가 나오는데, 곧 '교묘한 말'과 '속이다'이다.

그 두 단어의 공통점은 입을 사용한다는 것이다. 입을 빌리지 않고서는 '교묘한 말'을 할 수 없으며, 역시 입을 사용하지 않고는 '속일' 수 없다. 실제로 헬라어에 의하면, '교묘한 말'에서 '말'은 "연설", "말", "말하기", "언어" 등을 뜻하는 *로기아*(λογία)이다. 로기아는 요한복음 1장에 나오는 "말씀", 곧 *로고스*(λόγος)와 밀접한 단어이다. 입을 열어야 말이 되는데, 그 말로 그리스도를 높일 수도 있고 반대할 수도 있다.

바울 사도는 그 '말'에 '그럴듯한', '허울 좋은', '겉만 번드르르한'의 뜻인 '교묘한'(피다노로기아-πιθανολογία)이란 수식어를 덧붙였다. '교묘한 말'로 그럴듯하게 예수 그리스도를 변형해서 골로새의 그리스도인들로 그분에게서 멀어지게 하려는 것이다. 그렇지만 바울 사도는 지금까지 많은 거짓 선지자들과 부딪치면서 그들의 방법을 파악하고 있었다. '광명의 천사'로 가장하는 그들이 '교묘한 말'로 골로새교회에 접근할 것에 대해 준비를 시켰다 (고후 11:14).

'속이다'도 헬라어에서는 두 단어가 합쳐서 구성이 되었는데, 곧 *파라*(반대의)와 *로기조마이*(변증하다)의 합성어인 *파라로기조마이*(παραλογίζομαι)이다. 그 뜻은 잘못된 변증으로 진리와 반대되는 결론을 내리게 한다는 의미이다. 결국, '속이다'는 잘못된 변증을 통해 사람들을 예수 그리스도에게서 멀어지도록 유도한다는 뜻이다. 골로새의 그리스도인들로 예수 그리스도의 이름으로 예수님을 떠나가고 거부하게 하는 거짓말이다.

'교묘한 말'로 그리스도인들을 속이는 변증에는 철학이 있는데, 인간의 삶에 대한 근본 원리라는 논리로 그들에게 접근한다. 변증에는 과학도 있는데, 인간과 사물을 지적으로 분석하고 탐구하는 논리로 그들에게 접근한다. 그뿐 아니라 변증에는 종교도 있는데, 초월에 대한 추구와 논리로 그들에게 접근한다. 물론 그것들은 학문 세계에서 공헌도 많이 했지만, '교묘한 말'로 예수 그리스도를 대적하면 '속임'이 되는 것이다.

'흑암의 권세'는 갖가지 '교묘한 말'로 그런 것들이 영원한 진리인 것처럼 그리스도인들을 속인다. 골로새의 그리스도인들이 믿는 진리는 예수 그리스도이신데, 그분은 '만대로부터 감추어졌다가…성도들에게 나타나신' 분이다' (골 1:26). '나타나다'는 인간이 스스로 알 수 없던 그리스도를 하나님이 계시로 알려주셨기에 그분은 영원히 변치 않는 진리라는 뜻을 함축한다. '흑암의 권세'가 늘 변화무쌍한 '교묘한 말'로 '속이는' 것과는 근본적으로 다르다.

### 4) "봄"

바울 사도가 골로새의 그리스도인들에게 이 편지를 보낼 때 그는 로마 감옥에 있었다. 로마로부터 골로새까지의 거리는 자그마치 2,000여km나 되었다. 그런데 바울 사도는 그처럼 먼 거리를 뛰어넘어 그들과 함께 있다고 했는데, 그의 말을 직접 들어보자. '이는 내가 육신으로는 떠나 있으나 심령으로는 너희와 함께 있어…' (골 2:5a). 이 표현에서 바울 사도의 의중은 무엇이었나? 다음과 같은 몇 가지 사실을 엿볼 수 있다.

첫째, 바울 사도는 골로새의 그리스도인들과 더는 에바브라와 같은 중개자를 통해 아는 사이가 아니었다. 다시 말해서, 바울 사도는 그들을 인격적으로 너무나 잘 알고 있었다. 그 결과 그가 마치 그들을 대면해서 알았던 것처럼, 그리고 지금도 대면해서 말하고 있는 것처럼, 가까운 사이라는 표현이다. 바울 사도는 그리스도 안에 있는 형제자매들과 깊은 사랑의 교제를 늘 나누었기에, 골로새의 그리스도인들을 그런 교제로 끌어들였다.

둘째, 바울 사도는 그에게 주어진 능력과 권위 때문에 그렇게 말할 수 있었다. 그런 표현은 이번이 처음은 아니었다. "내가 실로 몸으로는 *떠나 있으나 영으로는 함께 있어서 거기 있는 것 같이 이런 일 행한 자를 이미 판단하였노라. 주 예수의 이름으로 너희가 내 영과 함께 모여서 우리 주 예수의 능력으로 이런 자를 사탄에게 내주었으니, 이는 육신은 멸하고 영은 주 예수의 날에 구원을 받게 하려 함이라*"(고후 5:3-5).

바울 사도는 고린도교회에 성적인 문제가 있다는 소식을 듣고 그 문제를 해결했는데, 직접 가지 않고 그의 영적 능력과 권위로 해결했다. 그가 '몸은 떠나 있으나 영으로는 함께 있어서'라는 표현은 골로새서 2장 5절의 말씀과 똑같은 것이었다. 물론 골로새의 그리스도인들을, 바울 사도는 고린도 교인들을 심판한 것처럼 심판하지 않고, 그 대신 칭찬을 아끼지 않았다. 바울 사도는 '영으로' 심판도 할 수 있고 칭찬도 할 수 있는 영적 권위를 가진 능력의 종이었다.

셋째, 그런 표현을 통해 바울 사도는 골로새의 그리스도인들이 깊은 삼각관계에 들어가 있다는 놀라운 사실을 간접적으로 전한 것이다. 그들이 예수 그리스도를 믿고 영접할 때 그분은 성령으로 그들 안에 들어가셨다. 그렇지 않다면 그들은 그리스도인들이 아니다! 바울 사도의 증언이다. "만일 너희 속에 하나님의 영이 거하시면 너희가 육신에 있지 아니하고 영에 있나니, 누구든지 그리스도의 영이 없으면 그리스도의 사람이 아니라" (롬 8:9).

그뿐 아니라, 그들은 그리스도 안에 거하게 되었다. 다시 말해서, 그들과 그리스도가 영적으로 하나가 되었다는 말이다. 그분의 가르침을 인용하면 분명해진다. "그 날에는 내가 아버지 안에, 너희가 내 안에, 내가 너희 안에 있는 것을 너희가 알리라" (요 14:20). 하나님 아버지와 그 아들이 하나가 된 것처럼, 골로새의 그리스도인들은 주님과 하나가 되었는데, 그것은 그들이 그리스도 안에 거하고, 그리스도가 그들 안에 거하시므로 가능하게 되었다.

두말할 필요도 없이, 바울 사도도 그리스도 예수와 하나가 되었다. 그분이 바울 안에, 그리고 바울이 그분 안에, 거하기 때문이다. 결국, 골로새의 그리스도인들과 바울 사도는 성령 안에서 하나가 된 것이다. 둘 다 예수 그리스도 안에 거하기 때문이다. 얼마나 놀라운 삼각관계인가! 그리스도 안에서 형제자매가 된 골로새의 그리스도인들이 그처럼 위대한 사도와 하나가 되다니! 그렇지 않다면 어떻게 '성령으로는 너희와 함께 있을' 수 있었겠는가?

바울 사도가 마치 골로새에 가서 그들과 대면한 것처럼 묘사한 단어가 또 있는데, 그것은 "봄"이다. 어떻게 그렇게 멀리 떨어져 있는 바울 사도가 골로새의 그리스도인들을 눈으로 직접 볼 수 있겠는가? 그것도 그냥 보는 것이 아니라, '기쁘게 봄이라.' 그런 묘사는 다른 어떤 그리스도인은 할 수 없는 것으로, 바울 사도는 골로새의 그리스도인들 속에 들어가서 그들과 사랑의 대화를 나누면서 '기쁘게 봄이라'고 말하는 것 같다.

그렇다면 무엇을 '기쁘게 보았단' 말인가? 두 가지인데, 그 두 가지를 알아보기 위해 바울 사도의 말을 인용하자. '너희가 *질서 있게 행함*과 그리스도를 믿는 너희 믿음이 *굳건한 것*을 기쁘게 봄이라.' 이 말씀에서 바울 사도가 기쁘게 본 것은 '질서'와 '굳건함'이다. 헬라어로는 두 단어가 다 명사형으로, 그 시대의 군대 용어였다. '질서 있게 행함'에서 원래 '행함'은 원어에 없는데, 한글성경에서 덧붙였다.

전자는 마치 군대가 '질서'를 지키면서 행진하는 모습을 연상시키며, '굳건함'은 진을 치고 있는 모습을 연상시킨다. 십중팔구 바울 사도는 골로새의 그리스도인들이 그런 '질서'와 '굳건함'을 보면서 출애굽 후 젖과 꿀이 흐르는 가나안 땅을 향해 행군하는 이스라엘 백성을 염두에 두었을지도 모른다. 그처럼 많은 사람이 행군할 때 그들이 '질서'를 지키지 않았다면, 틀림없이 그들은 올바르게 행군하지 못한 오합지졸로 전락했을 것이다 (민 10장).

이스라엘 백성은 진을 칠 때도 적이 쳐들어올 수 없도록 '굳건하게' 했다 (민 9:15-23). 그들이 40년 동안 광야를 지나면서 자그마치 41번이나 그렇게 굳건하게 진을 쳤다 (민 33장). 그런데 골로새의 그리스도인들도 그와 같이 '질서'와 '굳건함'을 유지했다는 것이다. 그들은 '그리스도를 믿는 너희 믿음이 굳건했고', 그런 모습을 보고 바울 사도는 기쁨이 충만했다는 것이다. 골로새의 그리스도인들은 '교묘한 말로 그들을 속이려는' '흑암의 권세'를 이겨내었다.

## 2. "그리스도 안에서"

"그러므로 너희가 그리스도 예수를 주로 받았으니,

그 안에서 행하되,

그 안에 뿌리를 박으며 세움을 받아

교훈을 받은 대로 믿음에 굳게 서서 감사함을 넘치게 하라"

(골로새서 2:6-7)

골로새서 2장 6~7절은 지금까지 바울 사도가 가르친 내용의 요약이며, 동시에 앞으로 골로새의 그리스도인들을 공격하는 세력들에 대해 대항할 수 있는 근거이다. 그 세력들의 공격 내용은 철학과 거짓된 가르침과 천사 숭배로 접근했다. 본문의 내용을 분석하기 위하여 다음과 같은 제목으로 접근해 보자. 1) "그 안에서", 2) "뿌리를 박으며", 3) "세움을 받아", 4) "감사함". 이 제목들은 단순하게 여겨질 수 있으나, 그것들이 품은 내용은 단순하지만은 않다.

### 1) "그 안에서"

'그 안에서 행하라'는 '예수 그리스도 안에서' 행하라는 권면이며, 바울 사도는 골로새의 그리스도인들에게 그 방법도 알려주었는데, 곧 '그리스도 예수를 주로 받은' 대로 행하라는 것이다. 그분은 일련의 과정을 거쳐서 주라고 불리셨는데, 그 과정을 보기 위해서 예수 그리스도라는 이름을 알아보자. '예수'는 인간의 죄를 위해 십자가에서 죽으신 분의 인성<sup>人性</sup>을 강조한다. 그렇게 죽으시므로 '예수'는 세상의 구주로 일컬어지기 시작했다 (마 1:21).

'그리스도'는 예수가 죽은 지 삼 일만에 다시 사신 놀라운 역사를 시사하는 이름으로, 그분의 신성神性을 강조한다. 그분이 부활하지 않으셨다면, 결코 "기름 부음"을 받아서 선지자와 제사장과 왕이 되실 수 없었을 것이다. 그러니까 골로새의 그리스도인들은 그들을 위해 피를 흘리며 죽었다가 다시 사신 그리스도 예수를 믿고 성도들이 되었다. 이제는 승천하셔서 그들은 물론 삼라만상을 다스리시는 '주'가 되셨는데, 그들이 그분을 '주로 받았다'는 것이다.

그렇게 주님으로 받아들인 골로새의 그리스도인들에게 '그 안에서 행하라'고 바울 사도는 권면했는데, 그렇게 행하는 방법도 세세하게 알려주었다. 그 방법은 "그 안에 뿌리를 박으며 세움을 받아 교훈을 받은 대로 믿음에 굳게 서서 감사함을 넘치게 하"는 것이었다 (골 2:7). 그 방법은 나중에 살펴보기로 하고, 지금은 '그 안에서', 곧 '그리스도 안에서'가 함축하고 있는 의미 몇 가지를 알아보자.

바울 사도는 '그리스도 안에서'라는 표현을 즐겨 사용했는데, 거기에 담긴 몇 가지 의미 때문이었을 것이다 (골 1:2, 28). 그는 '그 안에서'라는 표현을 네 번이나 했는데, '그리스도 안에서'를 '그 안에서'로 바꾼 것이다 (골 2:6, 10, 11, 12). 또 네 번은 '주 안에서'라고 표현했다 (골 3:18, 20, 4:7, 17). 그 외에도 '그 아들 안에서'와 '성령 안에서'로 표현했다 (골 1:14, 8). 결국, '그 안에서'는 모두 12번 사용되었는데, 그 뜻을 알기 위해 에베소서 1장과 비교해보자.

에베소서 1장에서 '그리스도 안에서'를 일곱 번 사용했는데 (엡 1:3, 4, 7, 9, 10, 12, 20), 그 외에도 '그 안에서'를 세 번 (엡 1:11, 13-2번), 그리고 '사랑하는 자 안에서'와 '주 예수 안에서'를 각각 한 번씩 사용하므로, 골로새서와 마찬가지로 12번 사용했다. 골로새서와 에베소서에 들어있는 '그리스도 안에서'는 똑같이 세 가지 시제(時制)가 들어있는데, 곧 과거와 현재와 미래이다. 그 시제는 모두 그리스도와 그리스도인들과 연관되어 있다.

먼저, 과거에 관한 '그리스도 안에서'를 알아보자. "그 아들 안에서 우리가 속량 곧 죄 사함을 얻었도다"(골 1:14). 에베소서에도 같은 맥락에서 풀었는데, 다른 것은 그리스도의 사역이 구체적으로 묘사된 것이다. "우리는 그리스도 안에서 그의 은혜의 풍성함을 따라 그의 피로 말미암아 속량 곧 죄 사함을 받았느니라"(엡 1:7). 그분의 피를 통하여 죄를 용서받아서 놀랍게 변화된 사실을 '그리스도 안에서'라고 표현했는데, 그 역사는 과거에 믿은 결과이다.

다음, 현재에 관한 '그리스도 안에서'를 알아보자. "그러므로 너희가 그리스도 예수를 주로 받았으니, 그 안에서 행하되"(골 2:6). 이 말씀에서 앞의 부분, 곧 '그리스도 예수를 주로 받았으니'는 신앙을 의미하고, 뒤의 부분, 곧 '그 안에서 행하되'는 행위를 가리킨다. 예수 그리스도를 믿은 골로새의 그리스도인들은 그 믿음에 부합하는 행위가 따라야 한다. 그러니까 신앙과 행위는 분리할 수 없다. 과거에 시작된 신앙은 현재의 행위로 연결되어야 한다.

끝으로, 미래에 관한 '그리스도 안에서'를 알아보자. "너희가 세례로 그리스도와 함께 장사되고 또 죽은 자들 가운데서 그를 일으키신 하나님의 역사를 믿음으로 말미암아 그 안에서 함께 일으키심을 받았느니라"(골 2:12). 골로새의 그리스도인들이 그분의 죽음과 부활로 인해 '그 안에서 함께 일으키심을 받았다'는 것이다. 이 말씀에서 '일으키심'은 새로운 삶, 곧 부활의 삶을 가리키지만, 동시에 승천하여 하나님 우편에 자리한 삶도 함축한다.

　　바울 사도의 선포를 들어보자. "또 함께 일으키사 그리스도 예수 안에서 함께 하늘에 앉히시니" (엡 2:6). 그리스도인들이 그리스도와 함께 하늘에 올라갔다는 놀라운 선포인데, 그곳에서 영원히 앉아있지는 않을 것이다. 때가 되면 그들은 그리스도와 함께 재림하게 되어 있기 때문이다. "우리 생명이신 그리스도께서 나타나실 그 때에 너희도 그와 함께 영광 중에 나타나리라" (골 3:4). 두말할 필요도 없이, 재림은 미래의 사건이다.

　　세 가지의 시제를 품고 있는 '그리스도 안에서'의 뜻도 세 가지이다. 첫째는 속량을 받아서 '그리스도 안'으로 들어가므로, 인생의 목적이 완전히 바뀌었다는 뜻이다. 둘째는 과거에 전혀 모르던 사람들을 '그리스도 안에서' 사랑하게 되었다는 뜻이다. 인생을 살아가는 방법이 혁명적으로 바뀌었다는 말이다. 셋째는 '그리스도 안에서' 그들이 그리스도와 함께 하나님 우편에 있다가 어느 날 그분과 함께 재림하므로, 그들의 종착지가 그리스도와 같아졌다는 뜻이다.

## 2) "뿌리를 박으며"

　　골로새의 그리스도인들이 십자가에서 피를 흘리고 죽으신 '예수'를 그들의 구주로 받아들였다. 그들이 그분을 구주로 받아들인 것은 동시에 다시 사신 '그리스도'를 받아들인 것이다. 그 결과 그들의 죄가 사해져서 의롭게 되었다 (롬 4:25). 그들은 한발 더 나아가서, 그리스도 예수를 그들의 '주'로 받아들였다. 그들은 이제 더는 자신들의 뜻대로 살지 않고 그들의 '주'의 뜻대로 살겠다는 신앙의 결단으로, 자진해서 그분의 종이 되겠다는 말이다.

바울 사도의 권면을 다시 인용해보자. "그러므로 너희가 그리스도 예수를 주로 받았으니 그 안에서 행하되"(골 2:6). 골로새의 그리스도인들이 그분을 주로 받아들인 순간부터는 자신들을 위한 삶이 아니라, 그분의 뜻과 지시대로 사는 영광스러운 삶이 된 것이다. 그때부터 그들은 '그 안에서' 생각하고 행동하는 등, 주님께 초점이 맞춘 삶을 살아야 한다는 것이다. 바울 사도의 간단명료한 권면이다. '그 안에서 행하되…!'

이미 언급한 대로, 바울 사도는 주 안에서 행하는 방법을 세 가지로 알려주었다. 첫째는 '그 안에서 뿌리를 박는' 것이며, 둘째는 '그 안에서 세움을 받는' 것이며, 셋째는 그렇게 뿌리를 박고 세움을 받으면서 '교훈을 받은 대로 믿음에 굳게 서서 감사함을 넘치게 하라'는 것이다. '뿌리를 박는' 것은 '아래'를 연상시키며, '세움을 받는' 것은 반대로 '위'를 가리킨다. '감사함을 넘치게 하라'는 '안', 곧 마음에서 감사가 솟아난다는 표현이다.

'뿌리를 박는다'는 묘사는 이식移植된 나무를 연상시킨다. 이식된 나무가 튼튼하게 자리를 잡아서 자라려면 뿌리를 튼튼하게 박아야 한다. 그렇지 않으면 이식된 나무는 조만간 생명을 잃게 된다. 그러나 뿌리를 잘 박은 나무는 새로운 환경에 적응하면서 힘차게 자랄 것이다. 그리고 그 뿌리가 깊게 그리고 넓게 퍼진 만큼 그 나무는 위와 옆으로 퍼져나갈 것이다. 마침내 그 나무를 이식한 주인에게 기쁨이 될 것이다.

바울 사도는 골로새의 그리스도인들에게 '그 안에' 뿌리를 박으라고 하면서, 그 뿌리를 잘 내리고 힘차게 자라게 하는 분이 예수 그리스도라는 것도 알려주었다. 그렇지 않다면 '그 안에서' 뿌리를 박으라고 하지 않았을 것이다. 나무의 뿌리가 잘 박히기 위해 좋은 땅이 필요한 것처럼, 골로새의 그리스도인들이 박은 뿌리는 어떤 땅보다도 좋았다. 그 이유는 분명한데, 예수 그리스도가 '땅'이시며, 그들이 그 '땅'에 뿌리를 박기 때문이다.

골로새의 그리스도인들도 나무처럼 이식되었다. 그들은 세상에 뿌리를 박고 있었는데, 그 세상에서 파내어 예수 그리스도라는 땅으로 이식되었다. 이식된 나무의 뿌리가 잘 박히기 위해서는 흙도 좋아야 하고, 물과 비료 같은 것들이 적절하게 공급되어야 한다. 그런데 그 그리스도인들이 예수 그리스도에게 이식되었기에 아무리 주변 환경이 나빠도, 그리고 어떤 해충이 덤벼들어도 끄떡없는 것이다. 가장 좋은 땅에 뿌리를 박았기 때문이다.

## 3) "세움을 받아"

골로새의 그리스도인들은 그들의 구주이신 예수 그리스도에게 뿌리처럼 박혔기에, 위로 힘차게 '세움을 받을' 수 있었다. 그런데 뿌리를 박는 이식은 한 번만 있는 일회적一回的인 일이다. 일단 박히면 더는 보이지 않는데, 땅속에 박혔기 때문이다. 반면, '세움을 받는다'는 것은 가시적이며 지속적이어야 한다. 쉽게 설명하기 위해 건물을 비유로 들어보자. 건물은 기초가 튼튼한 것만큼 위로 올라갈 수 있다.

놀랍게도 헬라어에 의하면, '뿌리를 박아'의 시제는 과거인데, '세움을 받아'는 현재이다. 헬라어의 현재형은 반복적이며 지속적인 행위를 나타낸다. 그러니까, 골로새의 그리스도인들이 예수 그리스도를 구주로 믿고 영접한 것은 과거의 행위이며 일회적인 사건이다. 그러나 그 이후 그들이 '세움을 받아'야 하는데, 그것은 계속해서 위로 올라가야 한다는 것을 가리킨다. 그리고 그들은 튼튼히 박힌 뿌리로 인해 그렇게 올라갈 수 있게 된 것이다.

바울 사도는 그 뿌리가 내린 곳을 '터'라고 하면서 제법 상세히 묘사한 적이 있는데, 그 말씀을 인용해보자. "내게 주신 하나님의 은혜를 따라 내가 지혜로운 건축자와 같이 *터*를 닦아 두매, 다른 이가 그 위에 세우나 그러나 각각 어떻게 그 위에 세울까를 조심할지니라. 이 닦아 둔 것 외에 능히 다른 터를 닦아 둘 자가 없으니 이 터는 곧 *예수 그리스도라*" (고전 3:10-11). 두말할 필요도 없이, 예수 그리스도보다 더 굳건한 터는 있을 수 없다.

그러므로 골로새의 그리스도인들은 위로 끊임없이 올라갈 수 있었다. 바울 사도는 그것을 '자라다'라고 했는데, 그것은 성장한다는 말이다. "나는 심었고 아볼로는 물을 주었으되 오직 하나님께서 *자라나게* 하셨나니, 그런즉 심는 이나 물 주는 이는 아무 것도 아니로되 오직 *자라게* 하시는 이는 하나님뿐이니라" (고전 3:6-7). 골로새의 그리스도인들도 그렇게 끊임없이 '세움을 받아' 자랐는데, 그것도 역시 하나님이 허락하신 은혜였다.

골로새의 그리스도인들이 그처럼 위로 '세움을 받는데'에 중요한 사실이 한 가지 더 있다. 그것은 건물이 올라가려면 그 건물의 재료인 돌들이 서로 옹기종기 뭉쳐야 한다. 돌 하나라도 삐져나가면 안 된다. 마찬가지로, 골로새의 그리스도인들도 서로 옹기종기 뭉쳐서 위에서 끌어주고 밑에서 바쳐주어야 한다. 모두 한마음 한뜻이 되어 서로 사랑으로 뭉쳐질 때 그들은 끊임없이 '세움을 받아' 튼튼한 건물이 되어가는 것이다.

## 4) "감사함"

골로새의 그리스도인들이 나무처럼 아래로 뿌리를 박고 건물처럼 위로 올라갈 때, 그들의 마음에는 감사함이 넘칠 수밖에 없다. 그렇지 않다면 바울 사도는 이렇게 권면하지 않았을 것이다: '교훈을 받은 대로 믿음에 굳게 서서 감사함을 넘치게 하라.' '교훈을 받은 대로'는 그들이 그들의 영적 아버지인 에바브라에게서 듣고 배운 대로라는 뜻이다, 돌감람나무였던 그들이 참감람나무 뿌리의 진액을 받아 자라고 있었는데, 그 매개는 믿음이었다.

그들은 넘치도록 감사하지 않을 수 없었다. 참감람나무의 가지가 꺾이지 않았다면, 그 나무에 접붙임을 받을 수 없었다. 그뿐 아니라, 그들은 참감람나무의 진액을 참감람나무와 똑같이 받아서 성장할 수 있었다. 바울 사도의 확언이다. "또한 가지 얼마가 꺾이었는데 돌감람나무인 네가 그들 중에 접붙임이 되어 참감람나무 뿌리의 진액을 함께 받는 자가 되었은즉" (롬 11:17). 이방인이었던 그들이 유대인과 함께 하나님의 권속이 되었다는 말이다 (엡 2:16-19).

'감사함을 넘치게 하라'고 권면한 바울 사도는 그렇게 감사의 마음으로 살면서 사역했음이 틀림없다. 그렇지 않다면 4장밖에 되지 않는, 그리고 95절밖에 되지 않는 그처럼 짧은 골로새서에서 '감사'라는 말을 7번이나 사용하지 않았을 것이다 (골 1:3, 12, 2:7, 3:15, 16, 17, 4:2). 이미 설명한 대로, 그는 무엇보다도 복음 때문에 감사했는데, 그 복음이 아니었다면 자신은 말할 것도 없고 골로새의 사람들도 그리스도 예수의 사람들이 되지 못했을 것이다.

골로새의 그리스도인들은 그들을 위하여 과거에 예수 그리스도를 구주로 보내주신 하나님 아버지께 감사하고 또 감사했다 (골 1:3). 그뿐 아니라 현재에는 무엇을 하든지 예수 그리스도를 힘입어서 승리의 삶을 누릴 수 있게 되었음에 대해서도 감사했다 (골 3:15-16). 미래에 하늘나라에서 기업을 얻을 수 있도록 허락하신 하나님 아버지께 감사했다 (골 2:12). 그들은 예수 그리스도를 구주로 영접한 순간부터 감사로 점철되는 삶을 살게 되었다.

# 3. "그리스도의 우위"

"누가 철학과 헛된 속임수로 너희를 사로잡을까 주의하라;

이것은 사람의 전통과 세상의 초등학문을 따름이요,

그리스도를 따름이 아니니라. 그 안에는 신성의 모든 충만이

육체로 거하시고, 너희도 그 안에서 충만하여졌으니,

그는 모든 통치자와 권세의 머리시라"

(골로새서 2:8-10)

바울 사도는 골로새의 그리스도인들을 넘어뜨리려고 침투하는 '흑암의 권세', 곧 잘못된 가르침과 거짓 구주를 물리칠 수 있도록 영적으로 준비시켰다. 이제는 그들이 그런 '흑암의 권세'를 구체적으로 알아야 할 만큼 준비가 되었으므로, 바울 사도는 그것들에 대해 알려주기 시작했다. 동시에 그들의 참 구주이신 예수 그리스도를 더 깊이 소개했다. 그 내용을 알아보기 위해 다음의 제목으로 접근해보자: 1) "철학", 2) "따름", 3) "육체", 4) "너희".

## 1) "철학"

철학은 영어로 philosophy인데, 헬라어 필로소피아(φιλοσοφία)에서 유래했다. 그런데 그것은 두 단어, 곧 사랑의 뜻인 필로와 지혜의 뜻인 소피아의 합성어이다. 그러니까 한 마디로 철학은 '지혜의 사랑'이라는 뜻이다. '지혜'는 크게 분류하면 인간의 지혜와 하나님의 지혜가 있다. 인간은 이성과 경험과 통찰력으로 지혜를 얻는

데, 그것이 바로 인간의 지혜이다. 그러나 하나님의 지혜는 그런 것들로는 절대로 얻을 수 없다.

바울 사도는 그 두 가지 지혜를 대조하면서 인간의 지혜로 하나님을 만날 수 없다고 너무나 분명하게 설명했다. "지혜 있는 자가 어디 있느냐? 선비가 어디 있느냐? 이 세대에 변론가가 어디 있느냐? 하나님께서 이 세상의 지혜를 미련하게 하신 것이 아니냐? 하나님의 지혜에 있어서는 이 세상이 자기 지혜로 하나님을 알지 못하므로, 하나님께서 전도의 미련한 것으로 믿는 자들을 구원하시기를 기뻐하셨도다"(고전 1:20-21).

바울 사도는 골로새의 그리스도인들에게 엄중하게 경고하면서 인간의 지혜인 철학을 먼저 언급했다. "누가 철학과 헛된 속임수로 너희를 사로잡을까 주의하라; 이것은 사람의 전통과 세상의 초등학문을 따름이요, 그리스도를 따름이 아니니라"(골 2:8). 그가 언급한 '철학'은 인간의 지혜를 통해 하나님에게 나아갈 수 있다는 속임수이다. 누구든지 그런 철학에 속으면 그 사람은 비참해지는데, 그 이유는 그런 속임수에 '사로잡히기' 때문이다.

바울 사도는 전쟁 포로를 연상시키는 '사로잡다'라는 단어를 사용하므로, 철학이 그리스도인들을 전리품처럼 사로잡아서 종으로 삼는다는 사실을 강조하고 있다. 그렇게 사로잡힌 사람들은 하나님의 지혜와는 전혀 상관없는 인간의 지혜에 빠져서 헤어 나오지 못한다. 그들은 '헛된 속임수'에 빠지기 때문이다. 진리인 것 같으나 거짓이며, 내용이 있는 것 같으나 속이 빈 껍질에 지나지 않는다. 그렇게 잘못된 가르침이 그들의 삶과 운명을 결정하게 한다는 것이다.

바울 사도는 그런 가짜 철학의 근거를 두 가지로 제시했는데, 하나는 '사람의 전통'이며 다른 하나는 '세상의 초등학문'이다. 바울 사도가 '사람의 전통'이라고 꼭 집어서 묘사한 것은 그 당시 진짜같이 보이는 인간이 만든 가짜 철학이 넘쳐나고 있었기 때문이다. 그들 가운데는 바리새인의 철학, 사두개인의 철학 및 에세네파의 철학 등이 횡행하고 있었는데, 그것들은 모두 모세의 가르침을 따른다고 하면서 '속임수'로 사람들을 잘못 이끌어가고 있었다.

그런데 그런 철학이 마치 진리인 것처럼 '사람의 전통'이 되어버렸다. 언젠가부터 전해져 내려오는 전통은 사람들이 따져보지도 않고 받아들이는 경향이 있다. 예수님의 시대에도 마찬가지였다! 그렇게 전수된 전통을 통해서 진리를 찾으려고 많은 유대인이 그 전통을 지킬 뿐 아니라 후대에 전하려고 애쓰면서 참 진리이신 예수 그리스도를 놓쳐버렸다. 바울 사도는 골로새의 그리스도인들이 그런 전통에 현혹되지 않도록 경고하였다.

'세상의 초등학문'은 그 근거가 세상이라는 사실을 강조하기 위해 '세상의'라는 형용사를 앞세웠다. '세상의 초등학문'은 하늘의 지혜와는 전혀 다르다. 그러니까 '세상의 초등학문'은 하나님과 전혀 관계없는, 영적이 아니라 물리적이다. 물리적이 아니라고 주장한다면, 고작 정신적이거나 심리적일 것이다. 그러나 그런 것들도 역시 하나님의 지혜와는 거리가 멀다. 얼마나 많은 사람이 그런 '세상의 초등학문'에 빠져서 허우적거리고 있는가?

## 2) "따름"

이 장의 본문에서 '따름'이란 단어가 두 번 나오는데, 직접 인용해보자. "…이것은 사람의 전통과 세상의 초등학문을 *따름*이요, 그리스도를 따름이 아니니라." 이 말씀에 의하면, 그리스도인들도 세상의 초등학문을 '따를' 수도 있고, 아니면 그리스도를 '따를' 수도 있다는 것이다. 선택의 중요성을 알려주는 '따름'이다. 한순간의 잘못된 선택으로 인생의 구렁텅이에 빠진 사람들이 얼마나 많은지 어떻게 다 알 수 있겠는가?

신앙생활에서도 역시 선택은 말할 수 없이 중요하다. 한때는 그리스도를 성심성의껏 따르다가 잘못된 선택으로 신앙이 엉망진창이 되는 경우가 얼마나 많은지 모른다. 그뿐 아니라, 까딱 잘못하면 인간의 노력으로 신앙을 유지하려는 헛된 가르침에 빠지기도 한다. 하나님이 그리스도를 통해 거저 주시는 구원으로 충분하지 않다고 하면서, 인간의 노력으로 구원에 이르라는 것이다. 여기서 더 나아가 이단을 선택하는 어리석은 신앙인도 얼마든지 있다.

'따름'은 헬라어로 전치사 *카타*(κατά)인데, 성경에서 다양하게 번역되었다. 마태복음에서 그 번역의 다양성을 찾아보자. '꿈에'(in a dream-마 2:12); '그 때를 *기준하여*'(according to the time-마 2:16); '너희를 *거슬러*'(against you-마 5:11); '비탈로 내리 달아'(down the steep bank-마 8:32); '믿음 *대로*'(according to your faith-마 9:29, 16:27); '나를 *반대하는 자요*'(against me-마 12:30); '*따로*'(apart-마 14:13, 17:1); '이유가 있으면'(for every cause-마 19:3).

*카타*라는 단순한 전치사가 한글성경에서 그처럼 다양하게 번역된 이유라도 있는가? 그 이유는 분명한데, 한글의 한 단어로는 그 의미를 적절하게 전달할 수 없기 때문이다. 그처럼 상황에 따라 여

러 가지로 표현할 수 있다는 사실은 한글의 우수성을 의미하는지도 모른다. 반면, 헬라어에서는 단어 하나로 여러 상황에 맞게 자유자재로 적용할 수 있는 장점이 있다. 그처럼 여러 가지로 번역되었기에 본문을 이해하고 해석하는 작업을 어렵게 할 수도 있다.

바울 사도가 골로새서 2장 8절에서 두 번 사용한 이 전치사, "따름"은 영어로는 according to나 after에 가장 가깝다. 이 전치사가 '따름'으로 번역된 곳이 한 군데 더 있는데, 디모데전서 1장 11절이다: "이 교훈은 내게 맡기신 바 복되신 하나님의 영광의 복음을 *따름이니라*". 헬라어성경을 직역하면, "내게 맡기신 복되신 하나님의 영광의 복음을 *따라서*"가 된다. 바울 사도는 참 진리와 거짓 진리를 그처럼 간단한 전치사로 구분한 놀라운 저자이다.

## 3) "육체"

예수 그리스도는 영존하시는 분이다. 그분은 과거에도 계셨고, 현재에도 계실 뿐 아니라, 앞으로도 영원히 계실 분이다. 그러므로 그분은 천지와는 다르시다. "그것들은 멸망할 것이나 오직 주는 영존할 것이요; 그것들은 다 옷과 같이 낡아지리니, 의복처럼 갈아입을 것이요 그것들은 옷과 같이 변할 것이나 주는 여전하여 연대가 다함이 없으리라" (히 1:11-12). 히브리서 저자의 결론이다: "예수 그리스도는 어제나 오늘이나 영원토록 동일하시니라" (히 13:8).

그런데, 그렇게 영존하시는 예수 그리스도를 너무나 짧게 살다 죽는 한시적인 인간이 어떻게 다 알 수 있겠는가? 한 마디로 불가능하다! 인간의 철학과 지혜로는 절대로 그분을 다 알 수 없다. 마치 개미가 어떤 방법으로도 인간을 알 수 없는 것과 똑같다. 만일 인간이 개미가 되어 그들 속에 섞여 산다면 개미는 그 인간을 알 수 있을 것이다. 마찬가지로, 예수 그리스도가 인간이 되신다면 인간은 그분을 알 수 있을 것이다.

인간의 역사에서 가장 놀랍고도 절대로 불가능한 사건이 일어났는데, 그것은 그렇게 영존하시던 예수 그리스도가 "육체"를 입으신 것이다. 그것도 어떤 특별한 육체가 아니라, 모든 인간과 똑같은 육체를 가진 인간이 되신 것이다. 이것은 성경 전체에서 가장 획기적인 사건이었다. 그분이 "육체"를 입어 인간이 되신 것을 기점으로 구약성경과 신약성경이 나뉘었다. 구약성경의 많은 예언대로, 그분이 "육체"를 입은 사실을 기록한 것이 바로 신약성경이다.

예수 그리스도가 "육체"가 되신 것을 기점으로 시간도 나뉘었는데, 그분의 탄생 이전을 '주전[BC]', 곧 Before Christ라고 불리고, 그분의 탄생 이후를 '주후[AD]', 곧 Anno Domini라고 부른다. 그분의 "육체"를 힘입으면, 인간의 삶도 180도 바뀐다. 아무리 많은 죄를 가진 죄인이라도 모든 죄가 용서되어 성도, 곧 거룩한 사람이 된다. 가장 극명한 실례는 바울 사도의 변화이다. 박해자가 오히려 그분을 전하는 선포자가 되다니, 얼마나 극적인 변화인가!

예수 그리스도가 "육체"를 입으신 것은 인간에게만 획기적인 것이 아니라, 하나님에게도 역시 획기적이었다. 인간을 창조하신 하나님, 그 하나님을 떠나간 인간을 구원하기를 원하시는 하나님—그 하나님은 마침내 그분과 영원 전부터 함께 하신 예수 그리스도로 "육체"를 입도록 허락하셨다. 그런 놀라운 사건을 그렇게 간단하면서도 심오하게 묘사한 말씀이 있는데, 그 말씀을 보자. "너는 내 아들이라; 오늘 내가 너를 낳았다!" (히 1:5).

이 묘사는 예수 그리스도가 "육체"를 입은 인간이 되게 하셨다는 말씀이다. 그런데 그 "육체"는 반드시 깨어져서 죽어야만 했는데, 그런 방법을 통해서만이 죄인이 구원을 받을 수 있기 때문이다. 그러나 그렇게 죽은 "육체"는 다시 살아났는데, 그렇게 살아난 "육체"를 일컬어서 "너는 내 아들이라; 오늘 너를 낳았다!"고 바울 사도는 선언했다 (행 13:33). 다시 한번 "육체"로 태어난 셈이기 때문이다.

그렇게 다시 살아난 "육체"는 무엇을 하는가? 히브리서 저자의 놀라운 선언을 들어보자. "또한 이와 같이 그리스도께서 대제사장 되심도 스스로 영광을 취하심이 아니요, 오직 말씀하신 이가 그에게 이르시되, '너는 내 아들이니 내가 오늘 너를 낳았다' 하셨고" (히 5:5). 이제 예수 그리스도는 하나님 우편에 앉아서 교회와 그리스도인들을 위해 기도하시는 대제사장의 역할을 감당하시는 "육체"가 된 것이다.

예수 그리스도가 "육체" 때문에 죽음을 맛보셨지만, 그 "육체" 때문에 부활과 승천의 영광을 누리신 것이다. 그런데 그분이 "육체"가 되신 절정은 그분이 다시 세상에 오실 때이다. 그분은 "육체"로 다시 오셔서 '모든 통치자와 권세'를 심판하시고, 십자가에서 깨어진 그 "육체"를 받아들이지 않은 모든 사람을 심판하실 것이다. 비록 세상의 군왕들과 죄인들이 그 "육체"를 십자가에서 깨뜨렸지만, 그때는 그들이 깨어질 차례이다.

시편 기자의 예언을 들어보자. "내가 여호와의 명령을 전하노라; 여호와께서 내게 이르시되, 너는 내 아들이라 오늘 내가 너를 낳았도다! 내게 구하라 내가 이방 나라를 네 유업으로 주리니 네 소유가 땅 끝까지 이르리로다. 네가 철장으로 그들을 깨뜨림이여 질그릇 같이 부수리라 하시도다"(시 2:7-9). 예수 그리스도가 "육체"를 입은 인간이 되셨기에, 마침내 그분은 심판의 주로 우뚝 서게 되실 것이다.

그렇다면, 어떻게 그 "육체"가 그처럼 엄청난 사역을 하실 수 있는가? 골로새서 2장 9절은 그 이유를 다음과 같이 분명히 언급한다. "그 안에는 신성의 모든 충만이 육체로 거하시고". 비록 한계 있는 육체를 입으셨지만, 그 "육체" 안에는 하나님의 신성이 공존하였다. 그것도 단순한 공존이 아니라, '모든 충만'이 그 "육체" 안에 거하셨기에, 그 "육체"는 죽음과 부활 후 대제사장과 심판자가 되시는 것이다.

## 4) "너희"

예수 그리스도가 "육체"를 입으셔서 하신 일이 또 있는데, 그것은 다른 "육체"를 일구신 것이다. "육체"는 달리 번역하면 "몸"이기에, "몸"을 일구셨다고 해도 상관없다. 실제로 예수 그리스도 안에는 '신성의 모든 충만이 육체로 거하시고'에서 '육체로'를 '몸으로'라고 해도 문제 될 것이 없다. '육체'이든 '몸'이든 헬라어에서는 똑같이 소마(σῶμα)이다. 그렇다! 예수 그리스도가 "육체"를 입으신 중요한 목적 중 하나는 다른 "육체"를 일구시는 것이다.

그분은 죄인을 위해 십자가에서 죽었으나 부활하셔서 죄인을 구원하셨다. 그 죄인은 똑같은 경험을 한 다른 '죄인들'과 공통으로 얻은 구원을 서로 간증하며 사랑을 나누기 시작한다. 그들은 자연스럽게 정기적으로 모여 서로 교제하며 그들을 구원해 주신 예수 그리스도에게 감사하며 예배를 드리기 시작한다. 그렇게 모인 공동체가 바로 교회이다. 그 교회가 바로 그분이 이루신 다른 "육체", 곧 "몸"이다.

본문에서 그 "몸"을 뜻하는 단어는 "너희"인데 (골 2:10), "너희"는 골로새교회로 "몸", 곧 "육체"이다. 그 "몸"은 누구의 몸이란 말인가? 물론 예수 그리스도의 몸이다. 그 이유는 너무나 분명한데, 그분은 교회의 머리이시며, 교회는 그분의 몸이기 때문이다. 바울 사도의 확언이다: "또 만물을 그의 발 아래에 복종하게 하시고 그를 만물 위에 교회의 *머리*로 삼으셨느니라. 교회는 그의 몸이니 만물 안에서 만물을 충만하게 하시는 이의 충만함이니라" (엡 1:22-23).

예수 그리스도의 "육체" 안에는 '모든 충만이 거하셨다' (골 2:9). 그렇다면 그분의 몸인 교회도 '그 안에서 충만하여질' 수밖에 없다 (골 2:10). 머리와 몸은 분리될 수 없는 하나이기 때문이다. 그런 사실을 요약하면 다음과 같다: "육체"는 또 다른 "육체"를 일으키셨는데, 두 "육체"는 머리와 몸이다. 그리고 두 "육체"는 똑같이 충만한 신성을 품고 있었다. 그렇지 않다면 바울 사도는 '너희도 그 안에서 충만하여졌으니'라고 표현하지 못했을 것이다.

예수 그리스도로 "육체"를 입게 하신 하나님의 뜻은 영원 전부터 있었다. 그런데 그분이 다른 "육체"를 일으키어 충만하게 하시리라는 약속도 있었다. 그 약속을 인용해보자. "…내가 나의 법을 그들의 속에 두며 그들의 마음에 기록하여, 나는 그들의 하나님이 되고 그들은 내 백성이 될 것이라" (렘 31:33). '나의 법을 그들[하나님의 백성]의 속에 두고 마음에 기록한다'는 것은 충만한 상태를 가리킨다.

어떻게 하나님의 법을 그들 속에 둘 수 있단 말인가? 그 방법도 제시한 선지자가 있었는데, 그의 말도 인용해보자. "또 새 영을 너희 속에 두고 새 마음을 너희에게 주되 너희 육신에서 굳은 마음을 제거하고 부드러운 마음을 줄 것이며, 또 내 영을 너희 속에 두어 너희로 내 율례를 행하게 하리니 너희가 내 규례를 지켜 행할지라" (겔 36:26-27). 그렇다! 그 "육체"에 성령을 기름을 붓듯 부어주셔서 충만하게 하신다는 것이다.

"육체"를 입으신 예수 그리스도는 다른 "육체"를 일으키셨는데, 그 "육체", 곧 교회에 두 가지를 맡기시겠다는 것이다. 하나는 '하나님의 법'이고 또 하나는 '새 영'이다. 이처럼 두 가지를 허락받은 "육체"는 문자 그대로 모든 '신성이 충만한' 것이다. 비록 그리스도인들과 개교회는 시시때때로 여러 가지 문제에 빠질 수 있지만, 그분의 "육체"인 교회는 언제나 충만한 상태에 있다. 그분이 충만하신 것처럼 말이다!

# 4. "그리스도의 할례"

"또 그 안에서 너희가 손으로 하지 아니한 할례를 받았으니,

곧 육의 몸을 벗는 것이요 그리스도의 할례니라.

너희가 세례로 그리스도와 함께 장사되고,

또 죽은 자들 가운데서 그를 일으키신

하나님의 역사를 믿음으로 말미암아

그 안에서 함께 일으키심을 받았느니라"

(골로새서 2:11-12)

바울 사도는 '너희도 그 안에서 충만하여졌으니'라고 선언한 바 있다 (골 2:10). 도대체 '너희'는 어떤 과정을 통해서 그렇게 충만해졌는가? 그 비밀은 '그 안에서'이다. 바울 사도는 2장 3~12절의 짧은 글에서 '그 안에서'를 7번씩이나 사용하면서 강조했다. 그러면 '너희'는 어떻게 '그 안에서' 삶을 살게 되었는가? 그 과정을 살펴보기 위해서 본문을 중심으로 다음의 소제목들로 접근해보자: 1) "할례", 2) "그리스도의 할례", 3) "세례", 4) "세례의 의미".

## 1) "할례"

할례는 남자의 '포피를 베는' 의식인데, 하나님이 아브라함에게 명령하심으로 시작되었다. 하나님은 아브라함에게 '큰 민족을 이루라'고 약속하셨는데, 아브라함과 그 후손은 그 약속이 실현될 때까지 그 약속을 지켜야만 했다 (창 12:2). 그들은 하나님이 그들에게 주

신 약속, 곧 언약을 지키겠다는 마음의 표시로 할례를 받았다. 그러므로, 할례는 언약의 표징$^{sign}$이었다 (창 17:11). 그들이 어디서 무엇을 하든지 그 언약을 상기시키는 흔적이 몸에 있었다.

그렇다면 하나님이 아브라함에게 주신 언약은 구체적으로 무엇이었나? 그 언약은 간단하게 말해서 사람과 땅이었다. 하나님은 아브라함을 갈대아 우르에서 부르셨을 때 그에게 '큰 민족'을 이루게 하시겠다고 약속하셨다. 그 약속이 이루어지기 위해서는 적어도 두 가지가 필요했는데, 하나는 많은 자손이고 또 하나는 그들이 거주할 땅이다. 그런데 하나님은 그 두 가지를 한꺼번에 약속하신 적이 있었다 (창 15장).

아브라함은 그 하나님의 약속을 이루려고 인간적인 방법들을 동원했는데, 첫 번째가 롯이었다. 롯은 자신의 조카였지만, 그 조카를 통해 큰 민족을 이루려는 야심을 가지고 있었다. 그러나 그 계획이 허사로 돌아가자, 다메섹의 엘리에셀을 통해 이루어보려고 했다 (창 15:2). 이를 하나님은 단칼에 거절하신 후 두 가지 약속을 하셨다. 하나는 아브라함의 자손이 별처럼 많이 생길 것이라는 약속이고 (창 15:5), 또 하나는 그들이 거주할 땅을 주겠다는 약속이었다 (창 15:18).

그처럼 놀라운 하나님의 언약을 받은 아브라함은 또다시 그 언약을 인간적인 방법으로 이루려고 했는데, 곧 하갈이 낳은 이스마엘을 통해서였다. 이스마엘은 사라와 상관없는 아들이었지만, 그래도 아브라함을 통해서 낳은 친아들이었다. 그렇지만 그 아들은 약속의 아들이 아니었다. 그렇게 세 번씩이나 인간적인 방법을 동원한 아브라함에게 하나님은 더 강력한 방법으로 그 언약을 지킬 것을 요구하셨는데, 그 방법이 바로 할례였다.

아브라함은 베어진 포피를 보면서 인간의 방법으로는 언약을 이룰 수 없음을 기억하였다. 하나님은 할례와 더불어 그 언약을 이렇게 다시 확인하셨다. "내가 너로 심히 번성하게 하리니, 내가 네게서 민족들이 나게 하며 왕들이 네게로부터 나오리라. 내가 내 언약을 나와 너 및 네 대대 후손 사이에 세워서 영원한 언약을 삼고, 너와 네 후손의 하나님이 되리라. 내가 너와 네 후손에게⋯이 땅 곧 가나안 온 땅을 주어 영원한 기업이 되게 하리라"(창 17:6-8).

하나님이 그처럼 아브라함에게 언약을 주시고 할례를 행하게 하신 이후부터 이스라엘 백성은 할례를 말할 수 없이 중요하게 여겼을 뿐 아니라, 그에 대해 엄청난 긍지를 가지고 있었다. 그들은 생후 8일에 포피를 베는 할례로 인해 그들이 이방인과 구분된다는 자긍심을 가졌다. 다시 말해서, 그들은 이방인들과는 다른 백성, 곧 성별된 백성이라고 자랑했다. 그들은 할례받지 못한 이방인들을 개나 돼지처럼 취급할 지경까지 됐다.

## 2) "그리스도의 할례"

하나님은 아브라함의 후손인 유대인에게 할례받은 백성답게 살아가는 방법도 알려주셨는데, 곧 율법이었다. 유대인은 율법을 지킴으로 의롭게 되려고 온갖 노력을 다했다. 그러나 모든 율법을 항상 지키는 유대인은 있을 수 없었다. 비록 율법을 거의 다 지켰더라도, 실수로 하나만 범하면 모두 범한 것처럼 되었다. 야고보가 진단한 대로였다: "누구든지 온 율법을 지키다가 그 하나를 범하면 모두 범한 자가 되나니"(약 2:10).

바울 사도는 지킬 수 없는 율법을 지켜서 의롭게 되려는 유대인은 저주를 받았다고 언급했다. "무릇 율법 행위에 속한 자들은 *저주* 아래에 있나니, 기록된 바 누구든지 율법 책에 기록된 대로 모든 일을 항상 행하지 아니하는 자는 *저주* 아래에 있는 자라 하였음이라"(갈 3:10). 결국, 유대인은 생후 8일째 되는 날부터 저주 아래에 놓이게 되었는데, 그때 율법의 시작인 할례를 받았기 때문이다. 그때부터 모든 율법을 지켜야 하는 굴레에 묶이게 되었다.

바울 사도는 율법을 지켜야 하는 이유도 분명히 알려주었다. "내가 할례를 받는 각 사람에게 다시 증언하노니, 그는 율법 전체를 행할 의무를 가진 자라"(갈 5:3). 이미 언급한 대로, 모든 율법을 항상 지킬 수 있는 유대인은 결단코 없다. 유대인이 율법을 범하는 순간 할례를 받지 않은 것처럼 된다. 바울 사도의 결론이다: "네가 율법을 행하면 할례가 유익하나, 만일 율법을 범하면 네 할례는 무할례가 되느니라"(롬 2:25).

그렇다! 유대인이 손으로 한 할례는 의는커녕 저주를 안겨주었다. 이제 그들에게 필요한 것은 '손으로 하지 않은 할례'였다. 손으로 행한 할례를 받으면 육체가 심히 아프게 된 것처럼, 그들은 마음의 할례를 받아야 했다. 다시 말해서, 마음의 할례는 마음을 찢는 아픈 상태를 가리키는 영적 할례이다. 그런 마음의 할례만이 가치가 있는 것이다. "오직 이면적 유대인이 유대인이며, *할례는 마음에 할지니, 영에 있고 율법 조문에 있지 아니한 것이라*"(롬 2:29).

육체의 할례를 염두에 두면서 어떤 선지자는 이렇게 외쳤다. "유다인과 예루살렘 주민들아! 너희는 스스로 할례를 행하여 너희 *마*

음 *가죽을 베고* 나 여호와께 속하라; 그리하지 아니하면 너희 악행으로 말미암아 나의 분노가 불 같이 일어나 사르리니, 그것을 끌 자가 없으리라"(렘 4:4). '마음 가죽을 베라'는 말씀은 진정으로 회개하므로, '육의 몸을 벗는 것이다.' 그런 과정을 바울 사도는 한 마디로 '그리스도의 할례'라고 묘사했다.

위에서 언급한 것처럼, 유대인은 할례를 통해 이방인들과 다르게 되었다. 마찬가지로, 골로새의 그리스도인들도 '그리스도의 할례'를 통해 불신자들과 다르게 되었다. 할례가 육신의 고통인 것처럼, 예수 그리스도는 십자가에서 고통을 감수하셨다. 그 고통은 어떤 의미에서는 '그리스도의 할례'였다. 그리스도인들도 자기 십자가를 짊어지고 그분을 따른다면, 그들은 '그리스도의 할례'를 이미 경험했고, 또 삶으로 증언하고 있는 셈이다.

## 3) "세례"

바울 사도는 '너희가 손으로 하지 아니한 할례를 받았으니…'라고 하면서 골로새의 그리스도인들에게 처음으로 할례를 소개했다. 그가 그렇게 한 목적은 *세례*를 소개하기 위함이었다. 그들은 이미 세례를 받고 교회를 이루고 있었는데, 그 세례의 깊은 뜻을 알려주기 위해 할례를 끄집어냈다. 유대인은 이방인과 다르고 또 확실히 구별되게 하는 의식이 할례였다. 할례받는 순간부터 그들은 세상으로부터 분리된 하나님의 백성이었다.

세례도 역시 같은 뜻을 내포하고 있었다. 비록 골로새의 그리스도인들도 세상 사람들과 똑같이 이방인이었으나, 그들을 세상과 구별하게 하는 의식이 세례였다. 그들이 세례를 받아 교회의 일원이 되는 순간부터 이방인이지만 더는 이방인이 아니었다. 육신적으로는 이방인이나 영적으로는 다른 이방인들과 구별된 하나님의 백성이 된 것이다. 유대인을 이방인과 구별하는 의식이 할례라면, 이방인을 다른 이방인과 구별하는 의식이 세례이다.

포피를 베는 할례는 피를 흘리는 아픔을 감수해야 한다. 그런 고통을 생생하게 알려주는 사건이 있었는데, 그것은 하몰의 아들 세겜이 야곱의 딸 디나를 강간했을 때였다. 그들도 할례를 받으면 디나를 주겠다는 약속을 믿고 하몰의 백성이 다 할례를 받자, 큰 고통이 그들에게 임했다. 그리고 야곱의 두 아들 시므온과 레위가 그들을 칼로 쳐죽였다. 그들의 고통 때문에 저항할 수 없었기 때문이었다 (창 34장).

할례는 육체적인 아픔을 안기지만, 세례는 마음의 아픔을 안겨준다. 골로새의 그리스도인들도 틀림없이 그들이 하나님 앞에서 죄인이며, 따라서 심판과 죽음을 피할 수 없게 된 사실을 깨달았을 것이다. 그들은 죄와 심판의 문제로부터 헤어나기 위해 얼마나 심각하게 애통해하며 회개했는지 누가 다 알 수 있겠는가? 물론 사람에 따라 애통의 강도가 다르겠지만, 몇 시간씩 울며 통곡하면서 회개한 사람들도 있었을 것이다.

그런데 할례와 세례를 다 경험한 분이 있는데, 바로 예수 그리스도였다. 그분은 태어난 지 8일 만에 유대의 율법에 따라 할례를 받으셨다. "할례할 팔 일이 되매 그 이름을 예수라 하니, 곧 잉태하기 전에 천사가 일컬은 바러라"(눅 2:21). 그때부터 그분은 이방인과 구분된 유대인이었는데, 그 이름이 예수로 명명된 것은 그분이 '자기 백성을 그들의 죄에서 구원하실 분'이시기 때문이다 (마 1:21). 그분은 그런 사명으로 인생을 시작하셨다.

대략 30년이 흐른 후 그분은 세례 요한으로부터 세례를 받으심으로, 공생애를 세례로 시작하셨다. 그분의 공생애는 두말할 필요도 없이 세상의 구원을 위한 것이었는데, 그 절정은 십자가의 죽음과 부활이었다. 그 당시 세례는 물속에 잠겼다가 나오는 의식이었는데, 그것은 장례와 부활을 상징했다. 그러니까 그분의 공생애는 세례로 시작해서 세례로 끝났다고 할 수 있으며, 또 장례와 부활로 시작해서 장례와 부활로 끝났다고 할 수 있다.

## 4) "세례의 의미"

바울 사도는 그렇게 할례와 세례를 소개한 후, "세례의 의미"를 깊이 알려주기 시작했다. 단도직입적으로 말해서, 세례는 '장사되고…일으킴'이다. '장사하다'는 죽은 자를 무덤에 묻는 행위이다. 골로새의 그리스도인들이 회개하고 예수 그리스도를 믿었을 때, 그들이 인식하든 못하든 상관없이 그들은 '그리스도와 함께 십자가에 못 박힌' 것이다. 달리 말해서, 그들이 지금까지의 모든 죄를 용서받았을 뿐 아니라, 그리스도와 함께 십자가에 못 박힌 것이다.

바울 사도는 그 사실을 다음과 같이 분명하게 표현했다. '내가 그리스도와 함께 십자가에 못 박혔나니, 그런즉 이제는 내가 사는 것이 아니요 오직 내 안에 그리스도께서 사시는 것이라' (갈 2:20a). 그렇다! 예수 그리스도가 십자가에서 그처럼 큰 고통을 받으면서 죽으셨을 때, 그들이 지금까지 범한 죄들만을 위해서 죽지 않으셨다.

그분은 인간의 원죄까지도 짊어지고 십자가에서 죽으셨던 것이다!

예수 그리스도가 그렇게 십자가에서 죽으시자, 아리마대 사람 요셉은 그분의 시체를 무덤으로 옮겨 장사지냈다 (마 27:57-60). 그러나 그렇게 죽으신 지 삼 일 후 살아나셨는데, 그 죽음과 부활은 어김없이 세례였다. 공생애를 시작하실 때 받으신 세례처럼 그분은 실제로 무덤에 장사되셨다가 다시 살아나신 것이다. 세례의 의미는 한마디로 말해서 죽음과 부활인데, 바울 사도는 그 부활을 일으키심이라고 묘사했다.

바울 사도는 한발 더 나아가서 '너희가 세례로 함께 장사되고…그 안에서 함께 일으키심을 받았다'고 선언함으로, 더 깊은 세례의 뜻을 알려주었다. 골로새의 그리스도인들이 세례를 받을 때 '그리스도와 함께 장사되었고', 그들이 부활을 가능하게 하시는 하나님을 믿음으로 '함께 일으키심을 받았다'고 선언했다. 바울 사도가 그렇게 선언할 수 있었던 것은 그들이 예수 그리스도를 구주로 받아들였을 때 그분 안에 들어갔기 때문이다.

바울 사도가 그런 깊은 진리를 확언한 말씀을 인용하자. "무릇 그리스도 예수와 합하여 세례를 받은 우리는 그의 죽으심과 합하여 세례를 받은 줄을 알지 못하느냐? 그러므로 우리가 그의 죽으심과 합하여 세례를 받음으로 그와 함께 *장사되었나니*, 이는 아버지의 영광으로 말미암아 그리스도를 죽은 자 가운데서 *살리심과 같이*, 우리로 또한 새 생명 가운데서 행하게 하려 함이라" (롬 6:3-4). 이제 골로새의 그리스도인들은 '새 생명'을 누리며 살게 된 것이다.

# 5. "그리스도의 승리"

"또 범죄와 육체의 무할례로 죽었던 너희를

하나님이 그와 함께 살리시고,

우리의 모든 죄를 사하시고,

우리를 거스르고 불리하게 하는 법조문으로 쓴

증서를 지우시고 제하여 버리사 십자가에 못 박으시고,

통치자들과 권세들을 무력화하여 드러내어 구경거리로 삼으시고,

십자가로 그들을 이기셨느니라"

(골로새서 2:13-15)

바울 사도는 앞에서 골로새의 그리스도인들이 '그리스도와 함께 장사되고', 또 '그 안에서 함께 일으키심'을 받았다고 선언했다. 그들은 그분과 그처럼 연합하여 하나가 되었다는 사실을 알고 있었는가? 만일 알았다면 그것을 재확인하도록, 몰랐다면 새롭게 알도록, 바울 사도는 가르쳤다. 어떻게 그들이 그렇게 그리스도와 하나가 되었는지 그 과정을 알려주기 시작했는데, 그것을 보기 위해 1) 죽음, 2) 생명, 3) "증서", 4) "십자가"를 차례대로 접근해 보자.

## 1) 죽음

골로새의 그리스도인들이 신앙생활을 영위하는데 '죽음'에 대하여 깊이 깨닫는 것이 매우 중요한가 보다. 그처럼 짧은 서신에서 바울 사도가 '죽음'을 일곱 번씩이나 언급했으니 말이다. 그 '죽음'에

대해 좀 더 자세히 들여다보면, 세 번은 예수 그리스도의 죽음을 강조했다. 다른 세 번은 그리스도인들이 이미 죽었다는 사실을 제시했다. 그리고 나머지 한 번은 바울 사도가 골로새의 그리스도인들에게 현재의 삶에서 죽어야 한다고 명령했다.

먼저, 예수 그리스도의 죽음을 강조한 말씀을 인용해보자. "그는 몸인 교회의 머리시라; 그가 근본이시오 *죽은 자들 가운데서 먼저 나신 이시니*, 이는 친히 만물의 으뜸이 되려 하심이요"(골 1:18). 이 말씀에 의하면, 그분이 죽으셨다가 다시 사신 목적이 두 가지인데, 하나는 '교회의 머리'가 되시기 위함이고, 다른 하나는 '만물의 으뜸'이 되시기 위함이다. 그분이 죽지 않으셨다면 부활도 가능하지 않았고, 교회와 만물을 다스리시는 분이 되지도 못했을 것이다.

예수 그리스도의 죽음이 가져온 결과도 두 가지인데, 말씀으로 확인하자. "이제는 그의 육체의 죽음으로 말미암아 화목하게 하사 너희를 거룩하고 흠 없고 책망할 것이 없는 자로 그 앞에 세우고자 하셨으니"(골 1:22). 그분이 그렇게 죽지 않으셨다면, 골로새 사람들이 하나님과 화목할 수도 없었고 '거룩하고 흠 없는 책망할 것이 없는 자'가 될 수 없었다. 그분의 죽음만이 죄인들을 그렇게 변화된 성도로 만드셨다.

또 다른 역사를 위해 말씀으로 확인하자. "너희가 세례로 그리스도와 함께 장사되고 또 *죽은 자들 가운데서 그를 일으키신* 하나님의 역사를 믿음으로 말미암아 그 안에서 함께 일으키심을 받았느니라"(골 2:12). 골로새의 그리스도인들이 그분을 죽음에서 일으키신 하나님을 믿었기에 그들도 '그 안에서 함께 일으키심을 받았다.' 그분이 죽지 않으셨다면, 그분의 부활은커녕 골로새의 그리스도인들도 부활의 삶을 누리지 못했을 것이다.

그다음, 바울 사도는 골로새의 그리스도인들이 죽었다는 사실도 세 번씩이나 언급했는데, 첫 번째는 그들이 예수 그리스도를 믿기 전에 영적으로 죽었었다는 것이다. "또 범죄와 육체의 무할례로 죽었던 너희를 하나님이 그와 함께 살리시고 우리의 모든 죄를 사하시고"(골 2:13). 비록 그들이 영적으로 죽은 상태에 처했기에 하나님을 알지 못했으나, 그분이 죽은 자들 가운데서 살아나실 때 그들도 살아났다는 것이다.

그렇게 다시 살아난 골로새의 그리스도인들이 다시 죽었다고 바울 사도는 선언했다. "이는 너희가 죽었고 너희 생명이 그리스도와 함께 하나님 안에 감추어졌음이라"(골 3:3). 이번에 언급한 '죽음'은 그들이 믿기 전에 영적으로 죽었던 것과는 다른 '죽음'이다. 이 '죽음'은 그들이 세례를 받을 때 그분과 함께 장사되었다가 '그 안에서 함께 일으키심을 받은' 그런 죽음이다. 이 '죽음'은 그리스도 예수와 연합하여 하나가 되는 '죽음'이다.

마지막으로, 바울 사도는 골로새의 그리스도인들에게 '죽으라'고 명령했는데, 그 명령을 말씀으로 확인하자. "그러므로 땅에 있는 지체를 죽이라; 곧 음란과 부정과 사욕과 악한 정욕과 탐심이니 탐심은 우상 숭배니라"(골 3:5). 그들이 진정으로 그리스도와 함께 죽고 함께 살았다면, 그들의 지체를 죽여야 한다는 명령이다. 그렇게 죽을 때에만이 그들은 '음란과 부정과 사욕과 악한 정욕과 탐심'에 연루되지 않기 때문이다.

이 장의 본문은 골로새의 그리스도인들이 '범죄와 육체의 무할례로 죽었었다'고 했다. 위에서 언급한 것처럼, 그 죽음은 영적 죽음이다. 영적으로 죽었다는 것은 육체가 죽었다는 뜻이 아니다. 비록 육체는 살아있지만, 그 육체 안에 하나님의 영이 거하지 않았다는 것이다. 그런 까닭에 그들은 영이신 하나님과 교제할 수 없었다. 달리 말하면, 그들은 하나님과 아무런 관계도 맺지 못한 단절된 상태에 있었다.

바울 사도는 그렇게 영적으로 죽은 이유와 상태를 묘사했는데, 죽은 이유는 '범죄'였고, 죽은 상태는 '무할례'였다. '범죄'는 하나님의 법을 알면서도 의도적으로 범하는 죄를 의미하는데, 그 시발점은 아담과 하와였다. 그들은 하나님의 금령을 의도적으로 범하면서, 하나님이 경고하신 대로 죽음이라는 심판을 받았다. 그 죽음은 분리를 뜻하는데, 그들 안에 있던 하나님의 영이 그들을 떠나간 것이다.

그 이후 인간은 하나님의 영이 없이 세상에 태어나며, 따라서 영적으로 죽은 상태에서 살아간다. 그런 인간은 아담처럼 끊임없이 하나님의 법을 의도적으로 깨뜨리며 살아간다. 그뿐 아니라, '무할례'의 상태로 살아간다. 그런 인간은 하나님의 언약도 받지 못했고, 죄 때문에 슬퍼하며 아파한 적도 없었다. 그런 인간은 자신을 위해 십자가에서 죽으셨다 다시 사신 예수 그리스도를 알지도 못하고, 그분 앞으로 나아오려고 하지도 않은 처절한 상태에 살고 있었다.

## 2) 생명

그렇게 영적으로 죽은 상태로 살고 있었던 골로새의 죄인들이 생명을 갖게 되었다. 본문에 의하면, 그들은 '하나님이 그[그리스도]

와 함께 살리셨다.' 여기서 '살리다'는 죽음을 전제로 하는 표현이다. 골로새의 그리스도인들은 영적으로 죽었었지만, 하나님이 살리셨다. 그런데 죽음에서 생명으로 넘어가는 과정에서 삼위의 하나님이 역사하셨다. 성자 예수 그리스도가 죽었다가 살아나지 않으셨다면, 결단코 가능하지 않은 역사였다.

하나님의 개입과 역사가 없었다면 역시 가능하지 않았다. 하나님은 장사되어 무덤에 묻힌 예수 그리스도를 살리셨다. 그런데 놀랍게도 그분을 다시 일으키실 때 그분과 함께 골로새의 그리스도인들을 일으키셨다는 것이다. 물론 이 장의 본문에는 성령이 거론되지 않지만, 성령의 역사가 없다면, 그들은 생명을 얻을 수 없었다. 성령은 그들이 '범죄와 무할례로 죽었던' 사실을 알려주셨고, 동시에 예수 그리스도 앞으로 그들을 인도하셨다.

그렇다면 삼위의 하나님이 그처럼 놀라운 역사를 일구셨기에 골로새의 죄인들이 저절로 생명을 얻었는가? 물론 그렇지 않다! 그들도 그런 하나님의 역사에 적극적으로 반응해야 했다. 그들의 반응을 인용해보자: "…또 죽은 자들 가운데서 그[그리스도]를 일으키신 하나님의 역사를 *믿음*으로 말미암아…" 그들의 반응은 한마디로 말해서 *믿음*이었다. 그 믿음 때문에 그들은 생명을 얻은 것이다.

골로새의 그리스도인들이 얻은 생명은 두말할 필요도 없이 영적 생명이며 영원한 생명이다. 그 사실을 확인해준 사도 요한의 말을 인용해보자. "또 증거는 이것이니 하나님이 우리에게 *영생*을 주신 것과 이 *생명*이 그의 아들 안에 있는 그것이니라. 아들이 있는 자에게는 *생명*이 있고, 하나님의 아들이 없는 자에게는 생명이 없느니라"(요일 5:11-12). 영적으로 죽었던 골로새의 그리스도인들이 믿음으로 생명을 얻게 된 것은 전적으로 하나님의 은혜였다.

그런데 그 생명은 성령의 내주로 주어지는데, 그 영은 거룩하신 분이다. 그런 까닭에 성령은 죄가 있는 사람들의 마음에 들어가실 수 없다. 달리 말하면, 골로새의 죄인들이 생명을 얻기 위해서는 깨끗해지지 않으면 안 되는데, 깨끗해지려면 죄가 없어져야 한다. 이 시점에서 바울 사도는 놀라운 고백과 동시에 선언을 다음과 같이 했다: '우리의 모든 죄를 사하시고.' 이것이 왜 고백이자 선언인가?

바울 사도는 지금까지 '너희'가 죽었고, 영적으로 죽은 '너희를 하나님이 그와 함께 살리시고'라고 묘사하다가, 갑자기 '우리의 모든 죄를 사하시고'라고 하면서 '너희'를 '우리'로 바꾸었다. 두말할 필요도 없이 '우리'에는 바울 자신도 포함되어 있었다. 그 이유는 간단하다! 그도 역시 영적으로 죽었던 죄인이었다는 고백이요 선언이었다. 자신이나 골로새의 그리스도인들이나 똑같이 예수 그리스도의 피로 죄 사함을 얻었다는 고백이요 선언이었다.

### 3) "증서"

골로새의 그리스도인들이 그처럼 죄 사함을 받아 부활의 생명에 참여하게 되었는데, 그들이 반드시 알아야 할 중요한 것이 또 있었다. 그것은 다름 아닌 "증서"였다. 증서라는 단어는 손으로 일일이 기록한 법적 문서를 가리킨다. 그것이 법적 문서라는 사실을 강조하기 위해 바울 사도는 '법조문으로 쓴' 이라는 문구를 덧붙였다. '법조문'은 일종의 조례로서, 헬라어로는 *도그마*(δόγμα)이며, 영어로는 decree 또는 edict이다. 간단히 말해서 인간이 변경할 수 없는 조례이다.

법적 문서인 "증서"에는 무엇이 기록되어 있었나? 그 "증서"에는 바울이 예수님과 그리스도인들을 향해 행한 모든 못된 짓들이 기록되어 있었다. 그뿐 아니라, 골로새 사람들의 모든 죄, 곧 우상 숭배와 성적 타락과 다른 사람들을 괴롭힌 모든 행위가 기록되어 있었다 (골 3:5, 8). 한마디로 말해서, 바울과 그들의 모든 죄가 기록된 증서였다. 그리고 마지막 날 심판자이신 하나님 앞에서 그 증서의 내용대로 그들은 심판을 받을 수밖에 없었다.

사도 요한도 그와 유사한 책을 언급했는데, 그것은 '행위의 책'이라고 할 수 있을 것이다. 그의 말을 직접 인용해보자. "또 내가 보니 죽은 자들이 큰 자나 작은 자나 그 보좌 앞에 서 있는데, 책들이 펴 있고 또 다른 책이 펴졌으니 곧 생명책이라; 죽은 자들이 자기 *행위를 따라* 책들에 기록된 대로 심판을 받으니" (계 20:12). 그렇다! 어떤 사람이든 그의 행위에 따른 심판을 피할 수 없다. 바울 사도가 표현한 "증서"는 이처럼 행위가 기록된 책일 것이다.

그 "증서"는 '우리를 거스르고 불리하게' 증언할 것이다. 그렇게 증언할 때 어떤 사람도 그 증언을 거부하는 반론을 펼치지 못할 터인데, 그 증언이 그 사람의 모든 언어와 행위를 드러내기 때문이다. 어떤 사람보다도 본인이 가장 강력한 증인이 될 것이다. 얼마나 무서운 "증서"인가! 그 "증서"에 한 번 기록되면 누구도 변경할 수 없는 영원한 기록이 될 것이다. 조금도 벗어날 구멍이 보이지 않는 절망의 "증서"를 누가 해결할 수 있겠는가?

그런데 그 "증서"의 내용을 지워버린 역사가 일어났다! 인간적으로는 불가능한 일이 일어났는데, 십자가에서 흘리신 예수 그리스도의 피였다. 그분은 당신의 피로 그 "증서"를 지우셨다. 그 "증서"에는 어떤 기록도 남지 않고 깨끗하게 되었다. 그 피는 새까만 증서를 하얗게 변화시키는 능력이 있다. 그분이 직접 하신 말씀이다; "… 이는 큰 환난에서 나오는 자들인데 어린 양의 피에 그 옷을 씻어 *희게* 하였느니라" (계 7:14). 피로 씻어 희게 된 것이다!

그렇게 "증서"를 희게 한 것만으로도 충분할 터인데, 바울 사도는 또 다른 말을 덧붙였다: '제하여 버리사!' 그 뜻은 "증서"에 기록된 내용이 희게 되었을 뿐 아니라 완전히 제거되었다는 것이다. 그 결과 그 "증서"에는 아무것도 눈에 보이지 않게 되었다는 것이다. 이제부터 '새로운 피조물'이 되어 새로운 출발을 하게 된 것이다. 두 번 태어난 것과 같이 전혀 다른 인생을 다시 살기 시작하게 된 것이다.

### 4) "십자가"

본문에 두 번 나오는 "십자가"는 크게 세 가지 역할을 했는데, 첫 번째는 '우리의 모든 죄를 사하시고'이다. 이미 언급한 것처럼, 바울은 물론 골로새 사람들은 모두 죄인이었다. 특히 하나님 앞에서는 어떤 죄도 숨길 수 없는 중한 죄인이었다. 그런데 심판관이신 하나님은 죄인들 대신에 예수 그리스도를 십자가에서 심판하시므로, 그들은 심판을 면할 수 있었다. 그 이유는 너무나 분명한데, 하나님이 그들의 죄를 사해주셨기 때문이다.

"십자가"의 두 번째 역할은 '법조문으로 쓴 증서를 지우시고 제하여 버리사 십자가에 못 박으신' 것이다.' 어떻게 일일이 기록된 그들의 잘못된 언행들이 지워져서 십자가에 못 박힐 수 있는가? 실제로 십자가에서 못 박힌 것은 '증서'가 아니라 예수 그리스도였다. 그러면 왜 증서가 십자가에 못 박혔다고 했는가? 그분이 그 '증서'에 기록된 죄인들의 모든 잘못과 죄악을 짊어지고 심판을 받으셨기 때문이다. 그분이 못 박히실 때 '증서'도 못 박힌 것이다.

"십자가"의 세 번째 역할은 승리였다. 어떤 종류의 승리인지 본문을 인용해서 설명해보자. "통치자들과 권세들을 무력화하여 드러내어 구경거리로 삼으시고 *십자가로 그들을 이기셨느니라*" (골 2:15). '통치자들과 권세들'은 악령들로서 항상 그리스도인들을 무기력하게 만들려고 발버둥 치는 작자들이다. 그뿐 아니라, 그들은 궁극적으로 예수 그리스도를 십자가에 못 박혀 죽이려고 온갖 통로를 통해 음모와 술수를 주저하지 않았다.

그런데 그 싸움은 단번에 역전되었는데, 음모의 절정인 십자가 때문이었다. 예수 그리스도가 십자가에 못 박히심으로 말미암아 그들이 미끼로 사용하던 모든 죄악과 악행이 해결되었기 때문이었다. 십자가에서 흘리신 그분의 피는 그런 죄악과 악행을 대신하여 치러진 값이었다. 십자가에서 그렇게 죗값이 치러지자 '통치자들과 권세들'에 의하여 휘둘리던 죄인들이 죄를 용서받아 자유를 얻을 수 있었다.

"십자가"에서 패군지장敗軍之將, 곧 전투에서 패배한 군대의 장군처럼 보이던 예수 그리스도는 그 십자가로 인해 승리의 깃발을 높이 들 수 있으셨는데, 부활을 통해서였다. 그분은 승리를 쟁취한 장군답게 패배한 '통치자들과 권세들'의 무기를 빼앗아서 '무력화하였'을 뿐 아니라, 많은 사람이 볼 수 있는 '구경거리로 삼으셨다.' 그들은 패장이 겪는 모든 수모를 당하지 않으면 안 되었다.

그런 '구경거리'는 바울 사도의 시대에 종종 있었다. 로마제국의 승전한 장수는 적장을 쇠사슬에 묶고 로마의 거리를 행진했는데, 그 광경을 수많은 군중이 구경했다. 그 행진 끝에 있는 로마의 황제는 그 적장을 죽여서 그의 신에게 제물로 바쳤다. 바울 사도는 그런 광경을 염두에 두고 예수 그리스도의 승리를 자축했음이 분명하다. 물론 '통치자들과 권세들'은 마지막 때의 심판을 받을 때까지는 무력화한 상태로 존재하지만 말이다.

십자가를 통한 "그리스도의 승리"는 놀랍다. 그 승리는 과거와 현재와 미래를 아우르는 초자연적인 승리이다. '우리'가 범한 과거의 모든 죄를 사하다니, 그 사랑이 얼마나 놀라운가! 현재 그리스도인들을 괴롭히며 불신자들을 잘못되게 유도하는 '통치자들과 권세들'을 무력화하다니, 그 능력이 얼마나 놀라운가! 미래, 곧 세상 끝 날 모든 인간이 심판대 앞에 설 때, 그리스도인들이 받아야 할 심판의 "증서"를 십자가에 못 박았다니, 그 은혜가 얼마나 놀라운가!

# 6. "그리스도의 몸"

"그러므로 먹고 마시는 것과 절기나 초하루나 안식일을 이유로
누구든지 너희를 비판하지 못하게 하라.
이것들은 장래 일의 그림자나, 몸은 그리스도의 것이니라.
아무도 꾸며낸 겸손과 천사 숭배를 이유로 너희를 정죄하지 못하게 하라.
그가 그 본 것에 의지하여 그 육신의 생각을 따라 헛되이 과장하고,
머리를 붙들지 아니하는지라.
온 몸이 머리로 말미암아 마디와 힘줄로 공급함을 받고 연합하여
하나님이 자라게 하시므로 자라느니라"

(골로새서 2:16-19)

바울 사도는 앞의 장에서 그리스도 예수가 십자가를 통해 일구신 엄청난 사역과 승리를 힘있게 묘사했다. 그처럼 엄청난 분을 구주와 주님으로 모신 골로새의 그리스도인들은 결코 그분을 떠나서 다른 잘못된 가르침에 현혹되지 말고 꾸준히 성장해야 한다. 앞으로도 계속 그렇게 하려면 잘못된 가르침을 알고 대처해야 한다. 이 장에서 다음과 같이 그 대처법을 살펴볼 것이다: 1) 비판, 2) 정죄, 3) 그리스도의 몸, 4) 자라남.

## 1) 비판

이 장의 본문은 '그러므로'라는 접속사로 시작한다. 그것은 원인과 결과를 연결하는 접속사인데, 원인은 그리스도가 십자가를 통해

이기신 분이라는 것이다. 그분이 이기셨기에, 우리를 "모든 죄에서 사하시고 우리를 거스르고 불리하게 하는…증서를 제하시고, 통치자들과 권세들을 무력화하시면서 그들을 이기셨다". 그 결과, 골로새의 그리스도인들은 그 그리스도를 의지하면서 외부에서 스며드는 잘못된 가르침에 흔들리지 말고, 그분 안에서 자라가야 한다.

골로새의 그리스도인들은 '흑암의 권세' 아래 있다가 그리스도 예수로 인해 거기에서 벗어나 그분의 나라로 옮겨진 사람들이었다 (골 1:13). 그러나 그 '흑암의 권세'는 틈만 생기면 그들을 무기력하게 만들어서 쓸모없는 그리스도인이 되게 하려고 호시탐탐 노리고 있었다. 바울 사도는 그들에게 '흑암의 권세'에 대해 이미 구체적으로 경고한 바 있었는데, 곧 '철학과 헛된 속임수'요 (골 2:8), '통치자들과 권세들'이었다 (골 2:15).

바울 사도는 그들을 공격해오는 세력을 구체적으로 설명했는데, 두 가지 방법을 통해서라는 것이었다. 하나는 육적인 공격이고, 또 하나는 영적인 공격이었다. 먼저, 육적 공격을 보기 위해 본문의 말씀 가운데 일부를 다시 인용하자. "그러므로 먹고 마시는 것과 절기나 초하루나 안식일을 이유로 누구든지 너희를 *비판하지 못하게 하라*" (골 2:16). 이 말씀에 의하면, 육적 공격은 두 가지인데, 하나는 음식이고 또 하나는 날짜에 관한 것이었다.

음식은 인간의 생존에 없어서는 안 될 만큼 중요하다. 이들 '흑암의 권세'가 음식 문제로 골로새의 그리스도인들을 공격한 것은 매우 의미심장하다. 그 이유는 간단하다! 음식은 하루도 거를 수 없는 것인데, 그 음식에 손을 대었다는 것은 그들의 일상생활을 지배하겠다는 음흉한 뜻이 숨겨져 있었다. 음식을 가지고 어떻게 공격했는지 알 수 없으나, 먹을 수 있는 것과 먹을 수 없는 것을 구분하는 그들의 지시를 따르라고 강요했는지 모른다.

바울 사도는 음식에 관해 목회자인 디모데에게 분명하게 가르쳐 주었는데, 그 말씀을 인용해보자. "혼인을 금하고 어떤 음식물은 먹지 말라고 할 터이나, 음식물은 하나님이 지으신 바니 믿는 자들과 진리를 아는 자들이 감사함으로 받을 것이니라. 하나님께서 지으신 모든 것이 선하매 감사함으로 받으면 버릴 것이 없나니, 하나님의 말씀과 기도로 거룩하여짐이라"(딤전 4:3-5). 음식에 대한 분명한 그의 가르침은 '흑암의 권세'의 가르침과는 전혀 달랐다.

'흑암의 권세'는 날짜에 대해서도 여러 가지 규칙을 만든 것 같다. '절기나 초하루나 안식일'은 유대인들이 전통적으로 지키는 것들이므로, 틀림없이 유대교를 신봉하는 '흑암의 권세'가 그런 것들을 지켜야 한다고 했을 것이다. 그러니까 음식은 유대교인이 아닌 자들이 휘두르는 속임수였고, 날짜들은 유대인들이 휘두르는 속임수였다. 아니면 그 두 가지를 혼합해서 접근한 속임수였는지 모른다. 여하튼 그 결과는 금욕적인 신앙생활이었을 것이다.

그 당시에는 금욕주의자들이 제법 많았는데, 그들이 접근하는 첫 번째 방편은 언제나 음식이었다. 어떤 음식을 먹으면 몸이 더러워져서 하나님 앞으로 나아올 수 없다는 속임수도 있었을 것이다. 안식일에는 몸을 괴롭히는 것이 하나님의 뜻이라고 하면서 성경도 인용했을 것이다 (레 16:29). 한발 더 나아가서 그런 작자들은 그렇게 하지 않는 골로새의 그리스도인들을 비판하고 심판했을 것이다. 마치 그들의 가르침이 절대적인 기준인 것처럼 말이다.

그런 작자들은 그들의 가르침을 다음의 논리로 주장했을 것이다:

영혼을 깨끗하게 보존하기 위해서는 음식을 가려먹어야 한다. 특히 고기를 즐기면 영혼이 변화되지 않는다. 안식일이나 그 외에도 금식하면 하나님을 더 잘 섬길 수 있을 뿐 아니라, 하나님께 가까이 나아가서 계시를 받을 수 있다. 그런 주장을 하면서 날카롭게 비판까지 겸하니, 정상적인 그리스도인들도 쉽게 흔들릴 수 있었다. 이런 상황에서 그들을 보호하고자 바울 사도가 개입했다.

## 2) 정죄

골로새의 그리스도인들을 '흑암의 권세'가 어떻게 영적으로 공격했는지 알아보기 위해 본문에서 그와 관련된 말씀을 다시 인용하자. "아무도 꾸며낸 겸손과 천사 숭배를 이유로 너희를 *정죄하지 못하게 하라*"(골 2:18a). 이 말씀에서 '너희를 정죄하지 못하게 하라'는 앞에서 '너희를 비판하지 못하게 하라'처럼 '흑암의 권세'가 골로새의 그리스도인들을 심판한다는 뜻이다. 다른 점이 있다면, '정죄하다'는 '비판하다'보다 훨씬 강도가 세다는 사실이다.

'정죄하다'를 현대의 야구에 비유해서 설명할 수 있을 것이다. 야구선수가 공을 잘 치고 한 바퀴 돌아서 홈으로 뛰어들어왔다. 그런데 그 마지막 순간에 주심이 아웃을 선언하면, 그 선수가 지금까지 열심히 치고 달린 모든 수고가 헛되고 만다. 마찬가지로, 골로새의 그리스도인들이 예수 그리스도를 구주로 영접한 후 그분의 말씀에 따라 열심히 달려왔다. 그런데 '겸손과 천사 숭배'로 정죄를 받을 때, 마지막 순간에 주님의 심판을 받게 된다.

'흑암의 권세'가 그들을 그렇게 '정죄하면서', 그런 정죄에 빠지지 않으려면 '겸손과 천사 숭배'에 몰두해야 한다고 속인다. '꾸며낸 겸손'은 다분히 인위적으로 만든 거짓된 겸손이다. 정말 겸손하려면 그리스도의 영이 그들 속에 들어와서 돕지 않으면 안 된다. 그리스도인들에게는 참 겸손의 본보기가 있는데, 그분은 두말할 필요도 없이 예수 그리스도이시다. 그분은 본래 하나님이시었으나, 죄인처럼 십자가에서 죽으셨다 (빌 2:5-8).

'흑암의 권세'는 한발 더 나아가서 천사를 숭배해야 그런 정죄에 빠지지 않는다고 가르쳤다. 인간이 높고 높은 절대자 하나님에게 직접 접근할 수 없으므로, 천사에게 먼저 나아가야 한다는 가르침이다. 천사에게 숭배하기 위해서는 그들이 세운 잡다한 규율을 지켜야 한다고 가르쳤을 것이다. 그 당시 횡행하는 헬라식 금욕주의와 유대식 천사 숭배를 결합한 혼합된 가르침이 틀림없다. 그들의 규례를 지키지 않으면 상급은커녕 정죄에 빠지게 된다는 위협이다.

'흑암의 권세'에 의하여 움직이는 작자들은 영적 세계를 직접 보았다고 하면서 ('그가 그 본 것에 의지하여') 골로새의 그리스도인들에게 접근하니 쉽게 미혹될 수 있었다. 그들은 직접 보았다고 주장하면서 '그 육신의 생각을 따라 헛되이 과장한다.' 과장하는 이유는 골로새의 그리스도인들을 속이기 위함이다. 그 작자들은 '육신을 따라 육신의 일'을 하는데, '육신의 생각은 사망이며, 육신의 생각은 하나님과 원수가 되는 것'을 아는지 모르겠다 (롬 8:5-7).

## 3) 그리스도의 몸

바울 사도는 예수 그리스도가 교회의 머리이시며, 몸은 교회라고 아무도 오해할 수 없도록 분명히 묘사했는데, 그의 말을 다시 인용해보자: "그[예수 그리스도]는 몸인 교회의 머리시라"(골 1:18a). 이 장의 본문에서도 그와 유사한 표현을 했는데, 그 표현도 인용해보자: "이것들은 장래 일의 그림자이나, 몸은 그리스도의 것이니라"(골 2:17). 그런데 여기에서는 단순히 머리와 몸의 관계만을 표현한 것 같지는 않다.

이 말씀에서 '이것들'은 앞 절에서 열거한 것들인데, 곧 '먹고 마시는 것'과 '절기나 초하루나 안식일'이다. 바울 사도에 의하면, '이것들'은 그림자이다. 그런데 '그림자'가 생기려면, 실체가 있어야 한다. 예를 들면, 나무라는 실체가 있어야 그 나무의 그림자가 생긴다. 그렇다면 '이것들'의 실체는 무엇인가? 바울 사도는 그 실체가 바로 '그리스도의 몸'이라고 단도직입적으로 묘사했다.

'그림자'와 '몸'이 함축하고 있는 뜻은 무엇인가? '먹고 마시는 일'과 '절기나 초하루나 안식일'은 실체가 아니다. 그런 것들은 인간이 만든 규율에 따라 인간이 지키는 '그림자'에 지나지 않는다. 그런 것들을 지킴으로 구원받을 수도 없고, 또 거룩하게 살 수도 없다. '그림자' 자체는 어떤 형상이나 실체가 아니기에, 그런 것들을 지키는 것은 마치 '그림자'를 밟는 것과 똑같이 헛된 수고라는 것이다.

그런데 오히려 '그림자'를 지키는 작자들이 골로새의 그리스도인들을 비판하고 정죄한다는 것이다. '그림자'의 실체는 '몸'인데, 누구의 몸이냐 하면 '그리스도의 몸'이다. 그런 이유로 인해 예수 그리스도를 통해 몸, 곧 교회를 구성하고 있는 지체가 된 골로새의 그리스도인들이 오히려 그 '그림자'의 실체이다. 어떻게 '실체'가 '그림자'를 따라가며, 그 '그림자'로부터 비판과 정죄를 받을 수 있는가?

바울 사도는 '그림자'에 수식어를 붙여서 '장래 일의 그림자'라고 했는데, '장래 일'은 두 가지 의미를 함축하고 있었다. 첫째는 구약 성경 때부터 '먹고 마시는 일'과 '절기나 초하루나 안식일'은 세월이 흘러서, 다시 말해서 '장래에' 예수 그리스도가 십자가의 구속적 죽음과 부활을 통해 당신의 '몸'을 일으키심으로 그 '그림자'는 끝났다는 것이다. 둘째는 그분이 재림하셔서 그 '몸'을 완성하시므로 그 '그림자'가 끝나게 된다는 것이다.

바울 사도는 의도적으로 '그림자'와 '몸'을 대조한 것 같다. 그런 대조법은 헬라에서 시작되었는데, 성경 해석의 근간이 되기에 본문과 상관없이 그 의도를 개진해보자. 소크라테스Socrates의 제자인 플라톤Plato은 이성reason으로 접근할 수 있는 초월적 이상the ideal을 강조했다. 반면, 플라톤의 제자인 아리스토텔레스Aristotle는 관찰과 경험으로 얻어지는 지식을 강조했다. 그러니까 플라톤은 위의 것을, 아리스토텔레스는 아래 것을 추구했다.

이 장의 본문에서 플라톤에 의하면 '몸'이 실제reality이다. 결국, 바울 사도는 어떤 면에서 플라톤의 접근방식으로 '몸'이 아닌 일체는 '그림자'로 묘사했던 것 같다. 바울 사도 이후 성경 해석의 두 근간은 결국 이상적인 접근이냐 아니면 경험적인 접근이냐의 문제였다. 특히 이 두 가지 접근법은 서양 신학의 뼈대가 되었다고 해도 지나친 말이 아니다. 그렇게 해서 이론적인 신학과 실천적인 신학이 태동하였다고 할 수 있을 것이다.

## 4) 자라남

바울 사도는 이미 골로새의 그리스도인들이 '온 천하에서도 열매를 맺어 자라는도다'라고 칭찬한 바 있는데 (골 1:6), 다시 한번 그들이 자라고 있다고 묘사했다. 그의 묘사를 다시 인용해보자. "머리를 붙들지 아니하는지라; 온 몸이 머리로 말미암아 마디와 힘줄로 공급함을 받고 연합하여 하나님이 자라게 하시므로 자라느니라" (골 2:19). '꾸며낸 겸손과 천사 숭배자'들은 머리이신 예수 그리스도를 붙들고 있지 않은데, 실제로 그분과 아무 관계도 없기 때문이다.

바울 사도는 골로새의 그리스도인들이 자라고 있다는 사실을 인간의 몸에 빗대어 설명했다. 몸은 머리에서 분배하는 공급을 통해 자라는데, 그 몸이 자라게 하시는 분은 하나님이시다. 그런데 바울 사도는 머리에서 주는 공급이 '마디와 힘줄'을 통해 흘러내린다고 설명했다. 인간의 몸 구석구석에 퍼져 있는 '마디와 힘줄'이 없다면 머리의 공급은 전달되지 못할 것이며, 그렇게 되면 자라기는커녕 삐쩍 마르다가 마침내 죽어버릴 것이다.

그렇다면 교회의 '마디와 힘줄'은 어떤 그리스도인들인가? 그들은 하나님으로부터 은혜의 선물을 받은 사람들이다. 그 은혜의 선물은 한마디로 말하면 은사이다. 결국, '마디와 힘줄', 곧 은사를 받은 그리스도인을 각자의 자리에 설정하시는 분도 역시 하나님이신데, 교회 성장에서 은사는 말할 수 없이 중요하기에 삼위의 하나님이 직접 하사하신다 (고전 12장). 성령과 그리스도와 하나님이 교회의 성장을 위해 여러 가지 은사를 골고루 나누어주신다는 말이다.

혹자는 입을 사용하는 은사를 받는데, 설교나 가르침이나 권면

등이다. 혹자는 손을 사용하는 은사를 받는데, 구제나 심방이나 갖가지 섬김이다. 혹자는 기적의 은사를 받는데, 믿음이나 영을 분별함이나 신유나 방언과 통역 등이다. 바울 사도는 모든 은사가 교회 성장에 필요하지만, '연합'해야 한다고 강조한다. 다시 말해서, 한마음 한뜻이 되어 하나님이 허락하신 은사를 감사하며 사용해야 한다. 그렇지 않으면 그 은사로 교회가 어지러워질 수 있기 때문이다.

골로새의 그리스도인들이 이처럼 각자에게 주어진 각기 다른 은사를 '연합해서' 사용할 수 있도록 가르치고, 훈련하며, 감독하는 사람이 필요한데, 그 역할을 바울 사도가 맡았다. 그의 증언을 다시 들어보자. "우리가 그를 전파하여 각 사람을 권하고 모든 지혜로 각 사람을 가르침은 각 사람을 그리스도 안에서 완전한 자로 세우려 함이니, 이를 위하여 나도 내 속에서 능력으로 역사하시는 이의 역사를 따라 힘을 다하여 수고하노라"(골 1:28-29).

# 7. "그리스도와 함께 죽다"

"너희가 세상의 초등학문에서 그리스도와 함께 죽었거든,

어찌하여 세상에 사는 것과 같이 규례에 순종하느냐?

(곧 붙잡지도 말고 맛보지도 말고 만지지도 말라 하는 것이니,

이 모든 것은 한때 쓰이고는 없어지리라)

사람의 명령과 가르침을 따르느냐?

이런 것들은 자의적 숭배와 겸손과

몸을 괴롭게 하는 데는 지혜 있는 모양이나,

오직 육체 따르는 것을 금하는 데는 조금도 유익이 없느니라"

(골로새서 2:20-23)

바울 사도는 앞장에서 '먹고 마시는 것과 절기나 초하루나 안식
일'을 지켜야 한다는 가르침은 속임수에 지나지 않는다고 하면서,
그런 것들은 '그림자'일뿐이라고 했다. 그런 것들은 '육신의 생각'에
서 나온 헛된 것이라고도 했다. 한발 더 나아가서, 그런 것들은 '세
상의 초등학문'에 지나지 않는다고 덧붙여서 묘사했다. 그 묘사를
보기 위해 다음의 제목으로 접근해 보자: 1) "초등학문", 2) "순종",
3) "가르침", 4) "금욕주의".

## 1) "초등학문"

바울 사도는 골로새서 2장에서 "초등학문"이란 단어를 두 번 사
용했는데 (골 2:8, 20), 앞에 나오는 단어는 뒤에 나오는 스토이케이

온(στοιχεῖον)의 복수형인 스토이케이아이다. 그는 갈라디아서에서도 그 단어의 복수형을 두 번 사용했다 (갈 4:3, 9). 신약성경에서 그 단어는 7번 나오는데, 골로새서 2장 20절 이외에서는 모두 복수형이다. 그런데 다른 두 곳에서 사용된 그 단어는 한글성경에서 '초보'와 '물질'로 각각 번역되었다 (히 5:12, 벧후 3:10, 12).

스토이케이온이 '초보'나 '물질'로 번역될 수 있었던 이유는 그 단어가 '우주의 기본 물질이나 요소'의 뜻을 내포하고 있기 때문이다. '기본이 되는 요소'는 '초보'의 뜻이며, '우주의 기본 물질'은 불, 물, 흙, 공기인데, 세상 끝날에는 그 '물질'이 베드로 사도가 예언한 대로 불에 타서 소멸할 것이다. "그러나 주의 날이 도둑 같이 오리니 그 날에는 하늘이 큰 소리로 떠나가고 물질이 뜨거운 불에 풀어지고 땅과 그 중에 있는 모든 일이 드러나리로다" (벧후 3:10).

흥미롭게도 많은 영어성경에서는 그처럼 몇 가지로 번역될 수 있는 단어를 '세상의 기본적 원리들'the elementary principles of the world로 번역되어 있다. 그 원리들은 막강한 영향력을 발휘할 수 있는데, 그 원리의 의미를 풀어보면 이유가 분명해진다: '행동과 결단을 지배하는 기본적인 소신belief 또는 가치value.' 인간의 행동거지行動擧止를 지배할 뿐 아니라, 인생의 방향을 결정하는 결단을 지배한다는 것은 참으로 엄청나다.

골로새의 그리스도인들은 이미 '그리스도와 함께 죽은' 사람들이다. 따라서 그들의 행동거지와 결단은 그들을 위해 십자가에서 죽으셨다가 다시 사신 예수 그리스도의 가르침과 지시에 따라야 한다. 그런데 '세상에 사는 것과 같이' 세상의 원리들을 따른다는 것은 있을 수 없는 일이다. 바울 사도는 에바브라에 의하여 세워진 교회와 그리스도인들이 그렇게 살기를 원하지 않는 간절한 마음으로 그들에게 "초등학문"을 따르지 말라고 했다.

현재에도 세상을 지배하는 수많은 원리가 존재한다. 물질의 원리, 이성의 원리, 철학의 원리, 종교의 원리 등 사람들의 행동거지와 결단을 지배하는 원리들이다. 그렇게 많은 원리 가운데 역사적으로 증명된 악한 원리를 하나 제시한다면, 그것은 '공산주의'이다. 카를 마르크스^Karl Marx가 제시한 원리들을 비틀어서 소련을 공산화한 레닌^Vladimir Lenin은 가난하고 무식한 대중에게 새로운 원리를 심어놓았고, 그 결과 얼마나 많은 사람이 못쓰게 되었는가?

모택동과 김일성 일당이 공산주의 원리를 민중에게 박으므로, 그들은 그 원리에 따라 서로 상해하고, 모함하고, 약탈하고, 죽이는 등 그들이 인간에게 저지른 악행은 필설로는 다 묘사할 수 없다. 그렇다! "초등학문"은 그렇게 무서운 영향력을 발휘할 수 있다. 그런 이유로 바울 사도는 "초등학문"을 '약하고 천박하다'고 단정했다 (갈 4:9). '약하다'고 한 것은 그 초등학문이 무엇이든 그것으로는 죄인을 성도로 만들 수 없다는 것이다.

한발 더 나아가서 그 "초등학문"이 '천박하다'고 한 것은 절대로 사람을 고상하게 그리고 도덕적으로 변화시킬 수 없는 무기력한 학문이라고 단정한 것이다. 그런 "초등학문"은 사람들의 행동거지와 결단에 어마어마한 영향을 끼치는 것도 사실이나, 대부분, 죄인들을 변화시키기는커녕 오히려 그들로 더 악한 죄인들로 만드는데 공헌할 뿐이다. 바울 사도는 선언한다: 그리스도와 함께 죽었으니, "초등학문"을 따르지 말라!

## 2) "순종"

바울 사도는 "초등학문"을 따르면, 필연적으로 그 학문의 종이 된다고 경고했다. 그의 경고를 직접 들어보자. "이제는 너희가 하나님을 알 뿐 아니라 더욱이 하나님이 아신 바 되었거늘, 어찌하여 다시 약하고 천박한 *초등학문*으로 돌아가서 다시 그들에게 종 노릇 하려 하느냐?"(갈 4:9). "초등학문"으로 돌아가면 당연히 그 원리에 따라 행동하고 결단해야 한다. 한마디로 말해서, 그 원리의 '종'이 되는 것이다.

"초등학문"의 종이 되면 그 학문의 '규례에 순종할' 수밖에 없게 된다. "너희가 세상의 초등학문에서 그리스도와 함께 죽었거든 어찌하여 세상에 사는 것과 같이 규례에 순종하느냐?"(골 2:20). 이 말씀에서 바울 사도가 언급한 '순종'은 맹목적으로 따라가는 것을 의미한다. 러시아의 푸틴[Putin]이 우크라이나를 침공하여 전쟁을 일으켰을 때, 러시아의 공산주의자들은 맹목적으로 악한 대통령을 지지하고 있다. 많은 사람이 이유 없이 죽어가고 있는데도 말이다.

누구든 "초등학문"의 종이 되면, 그는 그 순간부터 그 학문의 원리에 따라 행동하고 결단해야 한다. 한마디로 말해서, 조건 없이 '순종'해야 한다. 얼마나 많은 사람이 공산주의의 원리에 순종하므로, 인생이 망가졌는가? 그들은 물질도 잃고, 육체도 잃고, 가족도 잃는 등 모든 것을 잃는다. 무엇보다도 서글픈 사실은 인격을 잃는다는 것이다. 인격적으로 생각하고, 결단하고, 행동할 수 있는 능력을 상실한다는 말이다.

물론 골로새의 그리스도인들도 '순종'해야 한다. 두말할 필요도 없이 그들은 그들의 구주이신 예수 그리스도께 순종해야 한다. 그분은 그들에게 맹목적으로 순종하며 따르라고 명령하지 않으신다. 그분의 가르침에 따라, 그들 안에 내주하시는 성령의 인도함에 따라, 그리고 차원 높은 도덕적인 규례에 따라, 인격적으로 순종하라는 것이다. 그렇게 순종할 때 그들은 "초등학문"의 종이 아니라, 예수 그리스도의 종이 된다.

바울 사도는 그런 순종의 중요성을 강조한 적이 있는데, 그의 말을 직접 인용해보자. "너희 자신을 종으로 내주어 누구에게 순종하든지 그 순종함을 받는 자의 종이 되는 줄을 너희가 알지 못하느냐? 혹은 죄의 종으로 사망에 이르고 혹은 순종의 종으로 의에 이르느니라"(롬 6:16). 그렇다! 골로새의 그리스도인들도 죄의 종도 될 수 있고 의의 종도 될 수 있다. 그 열쇠는 다름 아닌 '순종'이다.

공산주의의 원리와 규례에 순종하라는 명령은 거의 절대적이다. 이미 언급했지만, 그렇게 '천박한' 명령을 따르면서 그들의 분별력은 사라질 수밖에 없다. 그들은 옳게 생각하고, 옳게 행동하고, 옳게 결단할 수 있는 능력을 이미 상실한 자들이다. 그럴수록 그들은 더욱 광분하면서 인간성을 잃은 언행을 일삼는다. 인간다운 인간이기를 포기한, 그야말로 동물과 같은 행동거지와 결단을 하면서 서로 속이고, 서로 고발하고, 서로 죽이는 약육강식의 삶을 살아간다.

## 3) "가르침"

골로새서의 그리스도인들은 이미 '그리스도와 함께 죽은 자'들이다. 그들은 "초등학문"에서 죽었는데, 그것으로 끝난 것이 아니다.

그들은 예수 그리스도의 가르침이란 "고등학문"에 입문한 사람들이다. "초등학문"은 인간적이며 육적이나, "고등학문"은 신적이며 영적이다. 무엇보다도 다른 것은 그들의 삶에 함께하시는 성령의 내주이다. 그 성령 때문에 그들은 인생이 변화되었을 뿐 아니라, 차원 높은 도덕적 삶을 영위한다.

골로새 그리스도인들의 신앙은 날로 성장하고 있었는데, 성령의 역사로 '온 천하에 열매를 맺어 자란다'(골 1:6). 그들은 에바브라로부터 그리고 지금은 바울 사도로부터 말씀의 가르침을 받으면서 자라고 있었다. 하나님은 그 말씀으로 천지를 창조하셨고, 성경을 창조하셨고, 그리고 인간을 창조하셨다. 달리 말하면, 그 말씀은 인격이며 동시에 능력이다. 골로새의 그리스도인들은 그처럼 놀라운 말씀으로 무럭무럭 성장하고 있었다.

그런데 이제 '사람의 명령과 가르침을 따른다'는 것은 있을 수 없는 일이다. 바울 사도의 강력한 질타를 들어보자. "사람의 명령과 가르침을 따르느냐?"(골 2:22). 두말할 필요도 없이 '가르침'에도 두 가지가 있는데, 하나는 하나님의 말씀을 가르치는 것이며, 다른 것은 '사람의 명령과 가르침'을 가르치는 것이다. "초등학문"의 원리를 따르면서 순종하면, 그 순종을 정당화하기 위해 그들의 명령을 더 많이 가르치면서 그 학문에 더 깊이 들어가게 한다.

그런 과정을 세뇌라고 한다. 공산주의의 원리에 목을 건 사람들은 그들을 가르치는 명령에 깊이 세뇌되고 만다. 그때부터 그들은 정상적으로 사고하고, 대화하고, 행동하고, 결단할 능력을 상실한다. 당연히 그들의 행위는 더욱 과격해지면서 다른 사람의 존엄성을 짓밟아버린다. "초등학문"에 빠지면 신앙이고 인격이고 다 헌신

짝처럼 던져버린다. 오로지 그들이 세뇌된 대로 결단하고 행동할 뿐이다. 그런데 "초등학문"을 따르는 눈먼 사람들이 그렇게 많다니!

## 4) "금욕주의"

"초등학문"은 자유자재로 원리들을 양산하는데, 그 목적은 그 학문을 따르는 자들을 옥죄기 위함이다. 그들은 이성적으로 생각하고 결정할 힘을 잃었기에, 그들에게 내려진 명령과 규례가 무엇이든 받아들이고 순종한다. 그 규례에는 인간적으로 받아들일 수 없는 것들로 가득한데도 말이다. 바울 사도가 골로새의 그리스도인들이 속기 쉬운 규례를 제시했는데, 곧 '붙잡지도 말고 맛보지도 말고 만지지도 말라'는 것이다.

이 세 가지는 사람이 사람다운 삶을 살기 위한 가장 기본적인 것들이다. '붙잡다'는 성행위를 가리키는 동사인데, 헬라어로는 합토마이(ἅπτομαι)이다. 바울 사도는 같은 동사를 다음의 가르침에서도 포함했다. "너희가 쓴 문제에 대하여 말하면 남자가 여자를 *가까이 아니함이 좋으나*, 음행을 피하기 위하여 남자마다 자기 아내를 두고 여자마다 자기 남편을 두라" (고전 7:1-2). 이 말씀에서 '가까이…함'은 성행위를 가리키는 합토마이이다.

그다음 '맛보지도 말고 만지지도 말라'는 것은 두말할 필요도 없이 음식물에 대한 규례이다. 하나님은 아담과 하와를 만드시고 '생육하고 번성하여 땅에 충만하라'고 명하셨다 (창 1:26). 그 명대로 땅에 충만하려면 기본적으로 음식과 성행위가 필수적이다. 인간이 먹고 마시고 자녀를 낳는 행위는 하나님의 뜻이자 명령이다. 그런데

"초등학문"을 따르는 자들은 인간의 가장 기본적인 것을 제한하는데, 그 목적은 그들에게 굴레 씌우기 위함이다.

그렇게 '자의적 숭배와 겸손과 몸을 괴롭게 하는 것'은 얼른 보기에는 지혜로운 규례이며 가르침인 것처럼 보인다. 그러나 그 모든 규례는 "초등학문"을 따르는 자들이 만들어낸 짓거리에 지나지 않는다. 그런 인간적인 규례를 아무리 지켜도 "오직 육체를 따르는 것을 금하는 데는 조금도 유익이 없다"고 바울 사도는 힘주어 말한다 (골 2:23). '육체를 따르는 것을 금하기' 위해서는 그들은 '그리스도와 함께 죽어야' 한다.

다시 공산주의라는 "초등학문"을 따르는 자들의 모습을 보자. 그 원리에 의하면, 당장 괴롭더라도, 마침내는 모든 사람이 모든 것을 공유하는 유토피아의 공산주의가 완성된다고 가르친다. 그런 가르침에 따라 수없이 많은 사람이 헐벗고 굶주리면서 기다린다. 그러나 그런 가르침을 강요하는 지도자들의 삶을 보라. 그들은 인간이 상상할 수 없는 호화판 사치와 산해진미와 성생활을 누린다. 아직도 속임수의 극치인 공산주의를 신봉하는 사람들은 불쌍하다!

바울 사도는 골로새의 그리스도인들에게 "초등학문"을 '철학과 속임수'라고 언급했다 (골 2:8). 만일 그들이 유대교의 의식주의나 금욕주의나 천사 숭배나 영지주의에 빠진다면, 그들의 행동거지와 결단이 그런 가르침에 따라서 이루어질 수밖에 없다. 그때부터 그들의 삶은 여지없이 망가지게 되어있다. 그런 까닭에 바울 사도는 그들에게 "너희가 세상의 초등학문에서 그리스도와 함께 죽었기에" 그런 것들에게 마음과 인생을 결코 뺏기지 말라고 신신당부하였다 (골 2:20).

With

**3**

Colossians

# 존귀해진 그리스도인

# 1. "위의 것"

> 그러므로 너희가 그리스도와 함께
> 다시 살리심을 받았으면 위의 것을 찾으라;
> 거기는 그리스도께서 하나님 우편에 앉아 계시느니라.
> 위의 것을 생각하고 땅의 것을 생각하지 말라.
> 이는 너희가 죽었고 너희 생명이
> 그리스도와 함께 하나님 안에 감추어졌음이라.
> 우리 생명이신 그리스도께서 나타나실 그 때에
> 너희도 그와 함께 영광 중에 나타나리라"
>
> (골로새서 3:1-4)

바울 사도는 골로새의 그리스도인들이 '세상의 초등학문에서 그리스도와 함께 죽었다'고 선언한 바 있다 (골 2:20). 더는 그 학문에 끌려다닐 이유가 없었다. 그들을 지배하는 원리는 그들로 '초등학문에서 죽게하신' 그리스도인데, 그분은 현재 '하나님 우편 앉아 계신다.' 그러므로 그들은 그분이 계신 '위의 것'을 추구해야 하는데, 그 추구가 가능한 이유와 방법을 다음의 소제목을 통해 알아볼 수 있다: 1) "찾으라", 2) "생각하라", 3) "감추어짐", 4) "나타남".

## 1) "찾으라"

골로새의 그리스도인들이 '위의 것을 찾아야 하는' 이유는 두 가지인데, 곧 "감추어짐"과 "나타남"이다. 그러나 '위의 것을 찾아야 하는' 방법 두 가지를 먼저 알아볼 터인데, 곧 "찾으라"와 "생각하라"이다. 왜 바울 사도는 이유를 설명하기 전에 먼저 방법을 제시했는가? 비록 이 장에서도 이유가 나중에 나오지만, 바울 사도는 골로새의 그리스도인들에게 그 이유를 시사하는 내용을 이미 언급했기 때문이다.

첫 번째 시사는 골로새서 2장 12절에서 엿볼 수 있다. "너희가 세례로 그리스도와 함께 장사되고, 또 죽은 자들 가운데서 그를 일으키신 하나님의 역사를 믿음으로 말미암아 그 안에서 함께 일으키심을 받았느니라". 이 말씀이 시사하는 바는 자명하다. 골로새의 그리스도인들이 세례를 받을 때 그리스도와 함께 장사되었는데, 그것은 그들이 무덤에 묻혔다는 사실을 가리킨다. 그렇다면 무덤에 묻힌 자들이 어떻게 '위의 것을 찾을 수' 있는가?

바울 사도는 골로새의 그리스도인들이 무덤에 묻힌 것으로 끝나지 않으면서, 하나님이 예수 그리스도를 죽은 자 가운데서 다시 살리셨을 때 그분 안에서 '함께 일으키심을 받았다'고 선언했다. 다시 말해서, 그리스도의 죽음이 그들의 죽음이고, 그리스도의 장사가 그들의 장사이고, 그리스도의 부활이 그들의 부활이었다는 것이다. 그들이 그분을 그들의 구주로 받아들였을 때, 그들은 그리스도 안에, 그리스도는 그들 안에 거하기 시작하셨기 때문이다 (요 14:20).

두 번째 시사는 골로새서 2장 13절에서 찾을 수 있다. "또 범죄와 육체의 무할례로 죽었던 너희를 하나님이 그와 함께 살리시고 우리의 모든 죄를 사하시고". 이 말씀에서 '죽었다'는 묘사는 골로새의 그리스도인들이 예수 그리스도를 알기 전의 영적 상태를 가리킨다. 그렇다! 그들은 영적으로 죽은 자들이었는데, 하나님이 그리스도를 살리실 때 그들의 죄를 사하시면서 영적으로 살리셨다는 것이다. 영적으로 살아났기에 '위의 것을 찾아야' 한다.

세 번째 시사는 골로새서 2장 20절을 통해서이다. "너희가 세상의 초등학문에서 그리스도와 함께 죽었거든, 어찌하여 세상에 사는 것과 같이 규례에 순종하느냐?" 그들이 예수 그리스도를 영접했을 때 그들은 그분과 함께 죽었다. '세상의 초등학문에서 그리스도와 함께 죽었다.' 두말할 필요도 없이 '세상의 초등학문'은 '위의 것'이 아니라, '땅의 것', 곧 아래 것이다. 무엇 때문에 아래 것, 곧 초등학문에 대해 죽은 자들이 다시 아래 것을 찾겠는가?

이미 살펴본 대로, '초등학문'은 세상의 원리이며, 그 원리를 따르는 것은 아래 것을 추구하는 것이다. 아래 것을 찾는 것은 세상의 원리에 따라 생각하고, 언행하는 등 인생의 목적을 세상에 둔 것이다. 골로새의 그리스도인들은 믿기 이전의 삶으로 돌아갈 수도 없고, 또 가서도 안 된다. 오히려 아래 것을 훌훌 털어버리고 '위의 것'을 찾아야 한다. 그렇게 할 때만이 그들은 정상적인 그리스도인다운 삶을 영위하게 된다.

바울 사도는 그들에게 '위의 것을 찾으라'고 단도직입적으로 명령하면서 그 당위성도 덧붙였다. '거기는 그리스도께서 하나님 우편에 앉아 계시니라!' 이 말씀은 시편의 인용문이다: "여호와께서 내 주에게 말씀하시기를, '내가 네 원수들로 네 발판이 되게 하기까지 너는 내 오른쪽에 앉아 있으라' 하셨도다" (시 110:1). '오른쪽에 앉는다'는 묘사는 그분의 지극한 영광과 초월을 가리키며, 그렇게 영광을 받으신 분을 통해 그들이 그리스도인이 되었다.

그렇다면 그들은 그처럼 영광을 받으신 분을 '찾아야' 마땅하다.

그분께 감사해야 하며, 그분께 모든 것을 고해야 하며, 그분의 영광을 위해 삶을 영위해야 한다. 바울 사도의 권면대로이다: "그런즉 너희가 먹든지 마시든지 무엇을 하든지 다 하나님의 영광을 위하여 하라"(고전 10:31). 그들이 그처럼 '위의 것'을 찾을 때 그들의 삶은 능력을 나타내어 주변의 불신자들을 구원으로 인도할 수 있게 된다(고전 10:32).

## 2) "생각하라"

바울 사도가 '위의 것'을 추구하라는 두 번째 명령은 2절에 있다: "위의 것을 *생각하고* 땅의 것을 생각하지 말라!" "생각하라"는 "찾으라"는 명령보다 훨씬 강하다. "찾으라"는 다분히 의지적으로 행동하라는 명령이지만, "생각하라"는 의지보다 훨씬 포괄적이다. 생각하기 위해서는 지식과 의도와 동기가 모두 동원되어야 한다. 아무것도 모른다면 무엇을 생각할 수 있는가? 의도와 동기가 없는 생각은 허공을 맴돌 뿐이다.

사람은 생각하는 대로 말하고 행동한다. 생각과 행동은 결코 분리될 수 없는 고로, 둘이지만 하나이고, 하나지만 둘이다. 달리 말하면, 생각은 그 사람 자체이다. 그렇지 않다면 잠언의 저자는 이렇게 표현하지 않았을 것이다: "대저 그 마음의 *생각*이 어떠하면 그 위인도 그러한즉"(잠 23:7a). 이 말씀에 의하면 각 사람의 됨됨이는 그 사람의 생각에 따라 결정된다는 것이다. '위의 것'을 생각하면, 그 사람은 그만큼 하나님 우편에 앉으신 그리스도를 닮아간다.

반면, '땅의 것을 생각하는' 사람은 그만큼 세상적인 사람이 된다.

그 사람은 그리스도 안에서 이미 죽은 초등학문으로 돌아가서 세상의 원리에 따라 살아간다는 말이다. 바울 사도는 다른 곳에서 그처럼 두 가지 생각을 극명하게 대조한 적이 있다. "육신을 따르는 자는 육신의 일을, 영을 따르는 자는 영의 일을 *생각하나니*, 육신의 생각은 사망이요 영의 생각은 생명과 평안이니라" (롬 8:5-6).

로마서에 묘사된 이 말씀은 골로새서의 "위의 것을 생각하고, 땅의 것을 생각하지 말라"를 구체적으로 풀어준 말씀일 것이다. 다시 말해서, '위의 것을 생각하라'는 명령은 영을 따르라는 것이나, '땅의 것을 생각하지 말라'는 육신의 일을 생각하지 말라는 것이다. 그 이유도 밝혔는데, '육신의 생각은 사망이요, 영의 생각은 생명과 평안이기' 때문이다. 그러니까 바울 사도가 '위의 것을 생각하라'고 권면한 것은 '생명과 평안을 누리며' 살라는 사랑의 충고였다.

"생각하다"의 헬라어는 프로네오(φρονέω)로, 바울 사도는 그 단어를 빌립보서에서도 사용했는데, 한글성경에서는 '마음을 같이하여'와 '마음을 품어'로 번역했다. "*마음을 같이하여* 같은 사랑을 가지고 뜻을 합하며 한 *마음을 품어*…너희 안에 이 *마음을 품으라*; 곧 그리스도 예수의 마음이니" (빌 2:2, 5). 여기에서 세 번 사용된 '마음을 같이하여'와 '마음을 품어'는 모두 프로네오이다. 마지막에 나오는 '예수의 마음이니'에서는 원어에 없는 '마음'을 덧붙였다.

신약성경에서 26번 나오는 이 단어를 바울 사도는 23번이나 사용했다. 이 단어가 한글성경에서는 다양하게 번역되었는데 다음과 같다: '사상' (행 28:22), '뜻' (롬 15:5), '중히 여기다' (롬 14:6), '생각' (마 16:23, 막 8:33, 롬 12:3, 고전 13:11, 빌 1:7, 3:15, 19, 4:10, 골 3:2), '마음' (롬 8:5, 11:20, 12:16, 갈 5:10, 빌 2:2, 5, 4:2). 바울 사도는 이처럼 중요한 단어를 골로새서에서 두 번씩이나 사용했다. "위의 것을 *생각하고*, 땅의 것을 *생각하지 말라!*"

### 3) "감추어짐"

바울 사도는 골로새의 그리스도인들이 '위의 것을 찾고, 생각해야' 하는 이유도 밝혔는데, 곧 "감추어짐"과 "나타남"이다. "감추어짐"은 현재의 상태를 가리키며, "나타남"은 미래의 완성된 모습을 가리킨다. 달리 표현하면, 과거의 어느 시점에서 믿음으로 시작된 신앙이 현재로 연결된다. 만일 현재로 연결되지 않는다면 그것은 참된 신앙일 수 없다. 그렇게 현재로 연결된 신앙은 궁극적으로 미래를 향해 한 걸음씩 나아간다.

"감추어짐"은 왜 현재의 상태를 가리키는가? 그 이유는 분명하다! 골로새의 그리스도인들이 예수 그리스도를 구주로 믿고 받아들일 때 그들은 그리스도와 함께 죽었는데, 그런 영적 사실을 바울 사도는 간단하게 그러나 확실하게 표현했다: '이는 너희가 죽었고!' 바울 사도는 그렇게 간단명료하게 묘사한 죽음에 대해 로마서 6장에서 상세히 설명했다. 그리스도인들은 '죄에 대하여 죽었다'고 설명했는데, 그 시기는 그들이 세례를 받을 때였다는 것이다 (롬 6:2).

그리스도인들이 예수 그리스도를 믿을 때 그리스도 안에 거하기 시작했다고 이미 언급한 바 있다. 그러니까 그리스도가 죽으셨을 때 그들도 그리스도 안에서 함께 죽었다. 그분이 장사되셨을 때 그들도 그리스도와 함께 장사되었다. 그뿐 아니라, 그리스도가 다시 살아나셨을 때 그들도 다시 살아나서 새 생명을 얻었다. 그들이 세례를 받을 때 물속으로 잠긴 것은 죽음과 장사를 상징하고, 물 위로 올라온 것은 부활을 상징한다.

바울 사도는 그 사실을 다음과 같이 분명히 설명했다. "그러므로 우리가 그의 죽으심과 합하여 세례를 받음으로 그와 함께 장사되었나니, 이는 아버지의 영광으로 말미암아 그리스도를 죽은 자 가운데서 살리심과 같이 우리로 또한 새 생명 가운데서 행하게 하려 함이라"(롬 6:4). 바울 사도는 이 사실을 골로새의 그리스도인들에게 이렇게 알려주었다. '너희 생명이 그리스도와 함께 하나님 안에 감추어졌음이라'(골 3:3). 이 말씀에서 '생명'은 부활의 생명이다.

"감추어졌다"는 묘사는 그리스도 안에 있기에 골로새의 그리스도인들은 그리스도와 하나가 되었다는 뜻이다. 그러니까 '그리스도와 함께'라는 간단한 표현은 그분의 죽음과 장사와 부활을 함축하는 놀라운 표현이다. 그렇게 그리스도가 죽고, 장사 되고, 그리고 부활하셨을 때 그리스도인들도 그분 안에서 함께 죽고, 함께 장사 되고, 그리고 함께 부활했다는 놀라운 영적 진리를 포함하는 표현이다.

골로새의 그리스도인들이 '위의 것을 찾고 생각해야' 하는 첫 번째 이유는 그들이 그리스도 안에 거하면서 하나가 되었기 때문이다. 다시 말해서, 그들은 그리스도이고 그리스도는 그들이라는 말이다. 그런데 그들이 '위의 것을 찾거나 생각하지' 않고 '아래 것'을 찾고 '땅의 것을 생각한다면', 그들은 내적으로는 '생명과 평안'을 누리지 못하게 된다. 그뿐 아니라, 외적으로는 그들로 인해 그리스도의 이름이 불신자들 가운데서 모독을 받게 될 것이다 (롬 2:24).

## 4) "나타남"

　골로새의 그리스도인들이 '위의 것을 찾고 생각해야' 하는 두 번째 이유는 마지막에 있을 소망 때문이다. 바울 사도의 강력한 표현을 인용해보자. "우리 생명이신 그리스도께서 *나타나실* 그 때에 너희도 그와 함께 영광 중에 *나타나리라*" (골 3:4). 이 말씀에서 두 번 사용된 "나타남"이란 동사는 그리스도의 재림을 가리킨다. 그분은 이 세상에서 구속 사역을 마치신 후 하나님이 계신 곳으로 가서 하나님의 우편에 앉으셨다.

　그분의 재림은 구속 사역의 완성을 뜻하기도 한다. 그 이유는 분명하다! 그분이 십자가에서 '다 이루었다'고 선포하셨는데, 그 선포는 구원의 완성을 뜻하기도 한다 (요 19:30). 그 선포와는 달리 이 세상에 사는 그리스도인들은 여전히 많은 문제로 시달리고 있다. 예수 그리스도가 십자가에서 몸이 찢기고 피를 쏟으시며 '다 이루었다'고 선언하셨는데, 왜 그리스도인들은 문제들을 극복하지 못하고 그 속에서 헤매고 있는가?

　그 문제들 중심에는 그들 안에 내재해 있는 죄의 성품 때문이다. '그리스도 안에 감추어진' 그리스도인들이라도 육체를 가지고 있는 한, 죄의 성품을 완전히 극복할 수 없는 것도 사실이다. 그렇다면 그리스도의 구속은 제한적이란 말인가? 물론 아니다! 그분이 재림하실 때 그리스도인들의 몸이 그분처럼 변화할 것이다. 사도 요한의 선언을 인용해보자. '…그가 *나타나시면* 우리가 그와 같을 줄을 아는 것은 그의 참모습 그대로 볼 것이기 때문이니' (요일 3:2).

　그러니까 그들이 예수 그리스도를 그들의 구주로 받아들였을 때 그들의 죄가 그분의 피로 씻겨지면서 성령이 그들 안으로 들어가셨다. 그들은 그때 영적으로 구원을 받은 것이다. 그 이후 일상생활에서 그리스도인다운 삶을 살면서 죄와 싸우는데, 그렇게 하면서 그들은 생활의 구원을 누리며 거룩한 사람들로 변화되어 간다. 그리고 마침내 그리스도 예수가 재림하실 때 그들의 몸이 그분처럼 변화되면서 구원이 완성된다.

그런데 바울 사도는 '그 때에 너희도 그와 함께 영광 중에 나타나리라'고 하면서, 골로새의 그리스도인들도 그분과 함께 재림한다고 선언했다. 이미 언급한 대로, 그들은 그리스도 안에 감추어졌다. 다시 말해서, 그분이 승천하셨을 때 그들도 그분 안에서 함께 승천한 것이다. 바울 사도의 확언이다. "허물로 죽은 우리를 그리스도와 함께 살리셨고 (너희는 은혜로 구원을 받은 것이라), 또 함께 일으키사 그리스도 예수 안에서 *함께 하늘에 앉히시니*" (엡 2:5-6).

그렇게 그리스도 안에서 '함께 하늘에 앉힌' 그리스도인들은 그분이 재림하실 때 당연히 함께 재림한다. 얼마나 놀라운 사건이며 소망인가! 그 소망 때문에 그들은 끊임없이 '위의 것을 찾으며 생각해야' 한다. 그들이 그리스도처럼 변화되어 재림한다면, 당연히 '위의 것을 찾고 또 생각해야' 하지 않겠는가?

저 부흥사로 유명한 이성봉 목사의 찬송으로 마무리하자. "예수 죽음, 내 죽음! 예수 무덤, 내 무덤! 예수 부활, 내 부활! 예수 승천, 내 승천! 예수 천국, 내 천국!"

# 2. "땅의 것"

"그러므로 땅에 있는 지체를 죽이라;

곧 음란과 부정과 사욕과 악한 정욕과 탐심이니,

탐심은 우상 숭배니라.

이것들로 말미암아 하나님의 진노가 임하느니라.

너희도 전에 그 가운데 살 때에는 그 가운데서 행하였으나,

이제는 너희가 이 모든 것을 벗어버리라;

곧 분함과 노여움과 악의와 비방과 너희 입의 부끄러운 말이라"

(골로새서 3:5-8)

바울 사도는 '위의 것'을 찾으며 생각하라고 권면한 후, 그 반대되는 '땅의 것'이 무엇인지 조목조목 열거했다. 본문에 열거된 악에 연루된다면 '위의 것'을 찾는 것이 아니라, '땅의 것'을 생각하고 찾는 꼴이 된다. 바울 사도는 '땅의 것'을 피하는 방법을 구체적으로 알려주었는데, 신앙생활은 삶의 현장에서 이루어지는 것이기 때문이다. 다음과 같은 소제목을 통해 '땅의 것'을 알아보자. 1) "죽이라", 2) "하나님의 진노", 3) "전에…이제는", 4) "벗어버리라".

## 1) "죽이라"

'땅의 것'을 피하는 방법은 두 가지인데, 하나는 '죽이라'이고 또 하나는 '벗어버리라'이다. 바울 사도가 골로새의 그리스도인들에게 그렇게 강한 어조로 명령할 수 있는 원인도 두 가지인데, 곧 그들이

'그리스도와 함께 하나님 안에 감추어졌고', 또 그분과 '함께 영광 중에 나타날' 것이기 때문이다 (골 3:3-4). 그 원인을 근거로 '죽이라'와 '벗어버리라'고 명령했기에 그 명령은 결과이다. 그 원인과 결과를 연결하기 위해 '그러므로'란 접속사를 사용했다.

바울 사도는 "그리스도의 승리"에서 언급한 것처럼 '죽음'이라는 동사를 7번 사용했다. 그 동사들은 자못 중요한 가르침을 포함하기에 차례로 알아볼 가치가 있는데, 그 '죽음'의 의미에 따라서 하나씩 풀어보자. 첫 번째 '죽음'은 골로새의 그리스도인들이 예수 그리스도를 믿기 전에 영적으로 죽었다는 묘사에 나오는데, 그 말씀을 인용하자. "또 범죄와 육체의 무할례로 죽었던 너희를 하나님이 그와 함께 살리시고 우리의 모든 죄를 사하시고" (골 2:13).

두 번째 '죽음'은 예수 그리스도가 영적으로 죽은 골로새의 죄인들을 위해 죽으셨다는 것이다. "이제는 그의 육체의 죽음으로 말미암아 화목하게 하사 너희를 거룩하고 흠 없고 책망할 것이 없는 자로 그 앞에 세우고자 하셨으니" (골 1:22). 그분이 육체적으로 그처럼 고통을 당하면서 십자가에서 죽으셨기에, 골로새 사람들이 하나님과 화목하게 되었을 뿐 아니라 거룩한 삶을 영위할 수 있게 되었다는 것이다.

세 번째 '죽음'은 예수 그리스도가 죽음으로 끝내지 않으셨다는 것이다. 그 죽음은 곧바로 부활로 연결되었다. 다시 말해서, 그분의 죽음은 곧 부활이었다. "너희가 세례로 그리스도와 함께 장사되고 또 죽은 자들 가운데서 그를 일으키신 하나님의 역사를 믿음으로 말미암아 그 안에서 함께 일으키심을 받았느니라" (골 2:12). 그분을 그렇게 죽음에서 살려내신 분은 전능하신 하나님인데, 그 하나님은 골로새의 그리스도인들도 죽음에서 함께 살려내셨다.

네 번째 '죽음'은 부활로 연결되었는데, 그 목적은 그분이 '교회의 머리'가 되실 뿐 아니라, '만물의 으뜸'이심을 만천하에 드러내시기 위함이었다. "그는 몸인 교회의 머리시라; 그가 근본이시요 죽은 자들 가운데서 먼저 나신 이시니, 이는 친히 만물의 으뜸이 되려 하심이요" (골 1:18). 하나님이 그분을 일으키셨지만, 동시에 그분은 스스로 일어나셨다. 그분의 말씀이다; "…내가 스스로 버리노라; 나는 버릴 권세도 있고 다시 얻을 권세도 있으니…" (요 10:18).

다섯 번째 '죽음'은 골로새의 그리스도인이 죽었다는 것이다. "이는 너희가 죽었고, 너희 생명이 그리스도와 함께 하나님 안에 감추어졌음이라" (골 3:3). 이미 언급한 대로, 골로새의 그리스도인들은 그리스도 예수를 구주로 영접하여 죄를 용서받아 변화될 때 그분 안에 거하기 시작했다. 그러니까 그분의 죽음은 그들의 죽음이고, 그분의 부활은 그들의 부활이었다. 한발 더 나아가서 그들은 '그리스도와 함께 하나님 안에 감추어졌다.'

여섯 번째 '죽음'은 골로새의 그리스도인들이 그리스도와 함께 죽을 때 '세상의 초등학문에서도 죽었다'는 것이다. "너희가 세상의 초등학문에서 그리스도와 함께 죽었거든, 어찌하여 세상에 사는 것과 같이 규례에 순종하느냐?" (골 2:20). 그들이 더는 세상의 원리에 따라 생활하는 자연인이요 죄인이 아니라, 그리스도의 원리에 따라 차원 높은 삶을 영위하는 존귀한 그리스도인들이 되었다.

일곱 번째 '죽음'은 이 장의 본문에 나오는데, 그 '죽음'은 골로새서에서 나오는 마지막 '죽음'이기도 하다. 다시 그 말씀을 인용해보자. "그러므로 땅에 있는 지체를 죽이라!" (골 3:5). 얼른 보기에 '죽이라'는 명령은 3절에서 '이는 너희가 죽었고'와 상반되는 명령 같기도 하다. 이미 죽었는데 왜 죽이란 말인가? '죽었고'는 영적으로 그리고 그리스도 안에서의 죽음을 가리키고, '죽이라'는 명령은 삶의 현장에서 육체의 여러 가지 유혹에서 벗어나라는 명령이다.

## 2) "하나님의 진노"

골로새의 그리스도인들이 '땅에 있는 지체를 죽이라'는 명령은 너무나 당연한데, 그 지체에서 '음란과 부정과 사욕과 악한 정욕과 탐심'이 일어나기 때문이다. 여기에 열거한 다섯 가지 악은 외적으로 시작해서 점점 내적으로 옮겨가고 있는 것을 알 수 있는데, 그것들은 주로 성적인 악행임이 틀림없다. 마지막에 열거된 '탐심'은 배우자가 아닌 다른 이성에 대한 강한 성적 욕구를 마음에 품은 악일 것인데, 바울 사도는 그 악을 '우상 숭배'라고 질타했다.

'탐심'은 자기 것이 아닌 남의 것을 자기의 것으로 만들고자 하는 강한 욕구인데, 남의 집, 아내, 동물, 하인 등을 소유하고자 하는 무시무시한 마음이다 (출 20:17). 그 가운데 성적 욕구는 다른 것들보다 그의 마음을 더 활활 타오르게 한다. 그리스도인은 당연히 하나님을 열망하면서 거룩한 삶을 통해 그분에게 영광을 돌리는 삶을 살아야 한다. 그런데 다른 이성을 열망하는 것은 그의 마음에 하나님 대신 그 이성을 자리하게 하는 '우상 숭배'이다.

이미 언급한 대로, 그런 악들은 '땅에 있는 지체'에서 일어난다. 그러므로 바울 사도는 조금도 주저하지 않고 분명하고도 강하게 '땅에 있는 지체를 죽이라'고 명령했다. 그런데 좀 더 자세히 들여다보면, '지체'는 몸의 한 부분이다. 그 지체들이 악에 연루될 때마다 그것들을 죽이란 말인가? 물론 아니다! 아무리 악을 행하는 지체들을 잘라버리고 죽인다 하더라도, 여전히 악이 마음에 남아있기 때문이다.

예수님은 지체들이 죄를 범하면 그 지체들을 잘라버리라고 말씀하셨다. "만일 네 오른 눈이 너로 실족하게 하거든 빼어 내버리라; 네 백체 중 하나가 없어지고 온 몸이 지옥에 던져지지 않는 것이 유익하며, 또한 만일 네 오른손이 너로 실족하게 하거든 찍어 내버리라 네 백체 중 하나가 없어지고 온 몸이 지옥에 던져지지 않는 것이 유익하니라"(마 5:29-30). 이 말씀에서 '눈'과 '손'이 범하는 죄는 성적 욕구와 연루된 죄임이 틀림없다.

그 이유는 분명한데, 예수님은 위의 말씀 앞뒤에 성<sup>†</sup>을 연루시키셨기 때문이다. 앞에서는 이렇게 말씀하셨다. "또 간음하지 말라 하였다는 것을 너희가 들었으나, 나는 너희에게 이르노니 음욕을 품고 여자를 보는 자마다 마음에 이미 간음하였느니라"(마 5:27-28). 뒤에서는 연이어서 이혼에 대해 말씀하셨다. "…누구든지 음행한 이유 없이 아내를 버리면 이는 그로 간음하게 함이요, 또 누구든지 버림받은 여자에게 장가드는 자도 간음함이니라"(마 5:32).

그런데 악에 연루된 지체를 자른다고 해도 악을 행하고자 하는 마음은 잘라버릴 수가 없다. 바로 그것이 문제의 요점이다. 지체와 마음은 떼래야 뗄 수 없는 불가분의 관계이다. 마음의 지시에 따라서 지체가 순종하면서 움직이기 때문이다. 지체는 몸을 이루고 있는 부분일 뿐이다. 그러므로 바울 사도가 '땅에 있는 지체를 죽이라'는 명령은 더 깊이 보면 그 지체를 지배하는 악한 마음을 '죽이라'고 한 것과 다름없다.

그 이유도 분명히 했는데, 그런 악한 마음과 악행에 대해 '하나님의 진노가 임하기' 때문이다. 그런 악행은 하나님의 거룩한 성품을 거스를 수밖에 없다. 당연히 하나님은 그렇게 거스른 악행에 대해 진노하신다. 만일 하나님이 진노하지 않으신다면, 하나님은 거룩한 분이 아니시다. 그러나 그분이 거룩하시기에 그런 악행에 대해 진노하시는데, 그분의 진노는 인간처럼 상황에 따라 변하는 그런 분노와는 전적으로 다르다.

하나님의 진노는 그분의 불변하는 거룩한 성품에서 기인하기 때문이다. 그리스도인들이 본문에 열거된 그런 성적 악행에 연루된다는 것은 다른 사람의 인격을 짓밟는 행위이며, 따라서 사람을 창조하신 하나님의 거룩한 성품을 거스르는 것이다. 이미 언급한 대로, 하나님의 자리에 자기의 성적 욕구를 올려놓는 셈이다. 따라서 하나님은 그런 우상 숭배에 대해 진노를 품으실 수밖에 없다.

그러나 하나님은 악행에 연루된 자에게 그 진노를 당장 쏟아붓지 않으신다. 그 이유는 하나님이 사랑이시기 때문이다! 그분의 조건 없는 사랑으로 인하여 심판을 미루면서 하나님은 그 사람이 돌이킬 것을 기다리신다. 그리고 돌이키는 즉시 그 사람을 용서하시고 변화시키신다. 그러나 돌이키지 않는다면, 마지막 날에 그 사람에게 하나님의 진노가 쏟아질 터인데, 그것은 '최후의 심판'이다. 그러니까 진노는 언제나 종말과 연관되어 있다.

골로새의 그리스도인들이 예수 그리스도를 구주로 알기 전에는 각종의 악행에 연루되어 있었다. 그러나 그들이 그리스도 예수를 통해 죄를 용서받고 변화되어 위로 하나님의 영광을 위하며, 아래로 다른 사람들의 유익과 구원을 위한 삶을 영위해야 한다. 그렇게 은혜를 경험한 그들이 어떻게 옛날에 탐닉하던 '음란과 부정과 사욕과 악한 정욕'으로 돌아갈 수 있겠는가? 더군다나 그런 악행들에 대하여 '하나님의 진노가 임한다'는 사실을 뻔히 알면서 말이다.

### 3) "전에…이제는"

"내재의 그리스도"에서 언급한 것처럼, 바울 사도만큼 예수 그리스도를 만난 때를 기점으로 과거와 현재가 그처럼 혁혁하게 바뀐 사람은 많지 않을 것이다. 그는 과거와 현재를 "전에…이제는" 이란 표현으로 묘사했는데, 과거와 현재를 극명하게 대조하기 위해서였을 것이다. 물론 베드로와 요한도 그렇게 표현한 적이 있지만 (벧전 2:10, 25; 계 1:18, 17:8, 11), 역시 그 표현을 많이 사용한 사람은 바울 사도인데, 자그마치 7번이나 사용했다.

우선, 바울 사도가 자신의 간증으로 그 표현을 사용한 말씀을 인용해보자. "다만 우리를 박해하던 자가 *전에* 멸하려던 그 믿음을 *지금* 전한다 함을 듣고, 나로 말미암아 하나님께 영광을 돌리니라" (갈 1:23-24). 이 간증을 한글로 번역하면서 '이제는' 대신 '지금'으로 바꾸었는데, 그 의미는 똑같다. 그 의미만 같은 것이 아니라, 헬라어에서 바울 사도는 7번 모두 같은 단어를 사용했는데, 그 단어는 뉜 (νῦν)이다.

바울은 '전에', 곧 예수 그리스도를 만나기 전에는 율법을 의지하면서 그리스도인들을 박해하던 사람이었다. 그의 말을 직접 들어보자. "내가 이전에 유대교에 있을 때에 행한 일을 너희가 들었거니와 하나님의 교회를 심히 박해하여 멸하고, 내가 내 동족 중 여러 연갑 자보다 유대교를 지나치게 믿어 내 조상의 전통에 대하여 더욱 열심이 있었으나"(갈 1:13-14). 그는 '교회를 심히 박해하면서 멸하던' 못된 사람이었다.

그런데 그가 다메섹으로 가던 길에서 부활하신 예수 그리스도를 만나고 변화되었다. 그때부터 그의 삶은 '이제는'으로 바뀌었는데, 그 변화를 이렇게 간증했다. "그러나 내 어머니의 태로부터 나를 택정하시고 그의 은혜로 나를 부르신 이가 그의 아들을 이방에 전하기 위하여 그를 내 속에 나타내시기를 기뻐하셨을 때에…"(갈 1:15-16). 얼마나 놀라운 변화인가! 박해자가 생명을 걸고 그분을 전하다니! 그 간증을 그는 '전에…이제는'으로 묘사했다.

바울 사도는 자신의 간증에서만 '전에…이제는'을 사용한 것이 아니었다. 그는 이방인들도 역시 예수 그리스도를 믿은 시점으로 과거와 현재가 변화되었다는 사실을 역시 '전에…이제는'으로 묘사했다. "*이제는* 전에 멀리 있던 너희가 그리스도 예수 안에서 그리스도의 피로 가까워졌느니라"(엡 2:13). 그들로 *전에서 이제로* 바꾼 매개는 그분의 피였다는 것이다.

유대인인 바울 사도는 유대인들보다는 이방인에게 복음을 전하는 사도가 되어 세상을 누볐다 (롬 15:16). 그런데 유대인들이 예수 그리스도를 거부하면서 십자가에 못 박으므로, 그 복음이 이방인에게 전해져서 그들도 변화된 것을 이렇게 말했다. "너희가 전에는 하나님께 순종하지 아니하더니, 이스라엘이 순종하지 아니함으로 이제 긍휼을 입었는지라"(롬 11:30). 하나님께 순종하지 않던 이방인들이 이스라엘의 불순종으로 은혜를 입었다는 것이다.

바울 사도는 이방인들이 그렇게 하나님의 은혜로 어두움에서 빛으로 옮겨졌기에 빛의 자녀들처럼 살아야 한다고 아무도 오해할 수 없도록 분명하게 명령했다. "너희가 *전에*는 어둠이더니, *이제*는 주 안에서 빛이라; 빛의 자녀들처럼 행하라"(엡 5:8). 그런데 바울 사도는 그 이방인들이 어두움에 있다고 말하지 않고, 어두움이라고 했다. 빛 되신 하나님 밖에 있는 자들의 모습인데, 그 어두움이 빛이 되었기에 '빛의 자녀들처럼' 살아야 한다는 것이다.

바울 사도는 로마의 감옥에서 복음을 전하여 변화된 빌레몬의 종인 오네시모를 그 주인에게 돌려보냈는데, 과거와 현재를 대조하면서 이렇게 언급했다. "그가 *전에*는 네게 무익하였으나 *이제*는 나와 네게 유익하므로, 네게 그를 돌려 보내노니; 그는 내 심복이라"(몬 1:11-12). 아무짝에도 쓸모없던, 낮고 천한 종이 예수 그리스도로 인해 변화되어 이제는 바울 사도와 같은 높고 귀한 사도의 심복이 되었다는 것이다. 얼마나 혁혁한 '전에…이제는'인가!

그렇게 '전에…이제는'의 변화를 경험한 그리스도인들은 당연히 그런 변화에 맞는 삶을 영위해야 한다. 그렇게 살 때 그들은 거룩하게 살 수 있다는 것이다. "너희 육신이 연약하므로 내가 사람의 예대로 말하노니, *전에* 너희가 너희 지체를 부정과 불법에 내주어 불법에 이른 것 같이 *이제*는 너희 지체를 의에게 종으로 내주어 거룩함에 이르라"(롬 6:19). 이미 언급한 것처럼, 지체는 마음의 한 부분이므로, 그 지체를 '의의 종으로' 사용해야 한다.

바울 사도는 골로새의 그리스도인들에게도 똑같은 지시를 했는데, 이번에는 그 지체들을 일일이 열거했다. "너희도 *전에* 그 가운데 살 때에는 그 가운데서 행하였으나, *이제*는 너희가 이 모든 것을 벗어버리라; 곧 분함과 노여움과 악의와 비방과 너희 입의 부끄러운 말이라"(골 3:7-8). 바울 사도는 '전에…이제는'이라는 표현을 7번씩이나 사용하면서도 한 번도 중복되게 사용하지 않으면서 갈수록 깊고도 실제적인 내용을 다룬 놀라운 하나님의 사람이었다.

### 4) "벗어버리라"

이미 언급한 대로, '땅의 것'을 피하는 두 번째 방법으로 바울 사도는 '벗어버리라'고 명령했다. 무엇을 벗어버리란 말인가? 바울 사도는 골로새의 그리스도인들이 다음과 같은 다섯 가지 악을 벗어버리라고 했는데, 곧 '분함과 노여움과 악의와 비방과 너희 입의 부끄러운 말'이다. 위에서 열거한 다섯 가지 악, 곧 '음란과 부정과 사욕과 악한 정욕과 탐심'과는 다른 유類의 악임이 틀림없다.

앞에 열거된 다섯 가지 악은 자신의 성적 욕망과 연루된 것임에 반하여, 뒤에 열거된 다섯 가지 악, 곧 '분함과 노여움과 악의와 비방과 너희 입의 부끄러운 말'은 인간관계에 연루된 못된 악이다. 이 다섯 가지 악은 다시 둘로 분류할 수 있는데, 곧 '분함과 노여움과 악의'가 첫 번째 분류이고, 나머지 '비방과 부끄러운 말'은 두 번째 분류이다. 첫 번째 분류의 악은 다른 사람들에 대해 마음속에서 불꽃처럼 활활 타오르는 분노를 가리킨다.

마음속에서 타오르는 분노는 필연적으로 밖으로 분출하게 되어 있는데, 그 통로는 어김없이 입이다. 그렇다! 입을 통해서 나오는 말은 그 사람의 마음을 드러내며, 따라서 그의 인격을 나타낸다. 바울 사도는 그렇게 분출된 것을 두 가지로 요약했는데, 곧 '비방과 부끄러운 말'이다. '비방'은 다른 사람을 비웃고 헐뜯는 말을 여기저기에 퍼뜨리는 악이다. 그 결과 그렇게 비방을 당한 사람은 많은 사람에게 오해를 받으며 시달리게 된다.

골로새의 그리스도인들은 불신자들이 다른 사람들을 괴롭히려고 즐겨 사용하는 그런 '비방'이라는 악에 연루되면 절대로 안 된다. 오히려 다른 사람들을 보호하고 높이려고 애를 써야 한다. 그뿐 아니라 그들은 '부끄러운 말'을 입에 담아서도 안 된다. 다른 사람들의 허물을 드러내며 입으로 담을 수 없는 그런 비열한 말을 하면 안 된다는 말이다. 도리어 하나님의 형상으로 지음을 받은 존귀한 사람들을 칭찬하며 격려하는 말을 해야 한다.

바울 사도는 다른 사람을 해치는 다섯 가지 악을 '벗어버리라'고 명령했다. '벗어버리라'는 동사는 옷을 입었다가 벗는 행위이다. 어떤 사람도 옷을 벗을 때 조각을 내면서 차례로 벗지 않는다. 예를 들면, 주머니를 떼어내고, 상의의 소매를 잘라버린 후, 상의 앞면을 잘라내고 또 뒷면도 잘라서 차례로 벗지 않는다. 단번에 옷을 벗는 것처럼, 다섯 가지 인간관계의 악을 하나씩 버리지 말고 단번에, 그것도 모두 버리라는 명령이다.

# 3. "새 사람"

"너희가 서로 거짓말을 하지 말라.

옛 사람과 그 행위를 벗어 버리고, 새 사람을 입었으니,

이는 자기를 창조하신 이의 형상을 따라

지식에까지 새롭게 하심을 입은 자니라.

거기에는 헬라인이나 유대인이나 할례파나 무할례파나

야만인이나 스구디아인이나 종이나 자유인이 차별이 있을 수 없나니,

오직 그리스도는 만유시요, 만유 안에 계시니라"

(골로새서 3:9-11)

바울 사도는 골로새의 그리스도인들에게 '땅에 있는 지체'를 '죽이고', '벗어버리라'고 명령하고 끝내지 않았다. 그들이 그렇게 해야 하는 이유도 개진했는데, 바울 사도는 그 이유를 대조법으로 설명했다. 그 대조는 "옛 사람"과 "새 사람"인데, 그 대조를 보기 위하여 "옛 사람"과 "새 사람"은 물론, 그 사람들과 연루된 것들도 알아보자: 1) "거짓말", 2) "옛 사람", 3) "새 사람", 4) "새 사람들". "거짓말"은 "옛 사람"과, 그리고 "새 사람들"은 "새 사람"과 연루된다.

## 1) "거짓말"

먼저, "옛 사람"과 연루된 "거짓말"에 대해 알아보자. 인간의 역사는 "거짓말"의 역사라고 해도 지나친 말이 아니다. 개인적으로만 거짓말을 하는 것이 아니다. 거짓말을 하는 개인들이 모인 집단에서

도 거짓말은 항상 있다. 집단의 가장 작은 단위인 가정에서도 툭하면 거짓말을 하는데, 큰 집단은 두말할 필요가 없다. 학교와 사회는 물론 민족과 국가에 거짓말이 얼마나 무섭게 횡행하고 있는가? 인간이 사는 지구촌은 거짓말 촌이라고도 말할 수 있을 지경이다.

인간은 언제부터 거짓말을 벗으로 삼았는가? 첫 인간인 아담과 하와 때부터였다. 다른 말로 하면, 인류가 시작되면서부터 거짓말을 했다는 것이다. 그러니까 인간과 거짓말은 서로 떼려야 뗄 수 없는 불가분의 관계인 것이다. 그렇다면 첫 인간이 거짓말을 만들었다는 말인가? 물론 그렇지 않다! 아담과 하와는 '거짓말의 아버지'인 마귀의 거짓말에 속은 것이다 (요 8:44). 그들은 그렇게 속은 직후부터 거짓말과 벗이 되어 함께 살기 시작했다.

성경에 나오는 최초의 죄가 거짓말인데, 물론 마귀가 내뱉은 거짓말이었다. '죽는다'는 하나님의 말씀을 '죽지 않는다'는 거짓말로 바꾸었다 (창 2:17, 3:4). 그때부터 하나님은 거짓말을 철저하게 미워하시고 또 심판하시겠다고 선언하셨다. 얼마나 거짓말을 미워하셨는지 예수님은 유대인들이 아브라함을 아버지라고 했다가 하나님이 아버지라고 말을 바꾸자, 그들을 '거짓말의 아버지'인 마귀의 자녀라고 질타하셨다 (요 8:39, 41, 44).

그뿐 아니라, 하나님이 마지막 때에 죄악들을 심판하시는데, 언제나 마지막으로 열거된 죄악은 거짓말이었다. "그러나 두려워하는 자들과 믿지 아니하는 자들과 흉악한 자들과 살인자들과 음행하는 자들과 점술가들과 우상 숭배자들과 *거짓말하는 모든 자들은* 불과 유황으로 타는 못에 던져지리니 이것이 둘째 사망이라" (계 21:8). 그 말씀에서만 거짓말이 마지막으로 제시된 것은 아닌데, 다음에 두 번 더 나오는 말씀에서도 마찬가지이다 (계 21:27, 22:15).

바울 사도는 골로새의 그리스도인들에게 너무나 분명히 명령했다: "너희가 서로 *거짓말*을 하지 말라!" (골 3:9). 그들이 예수 그리스도를 구주로 믿은 후 그분과 함께 죽었을진대, 마귀가 가져온 거짓말에 연루될 수 없다는 말씀이다. 그리스도인들의 가장 중요한 덕목 중 하나는 정직이다. 정직한 그리스도인들은 속과 겉이 같은 투명한 삶을 살게 되며, 따라서 거룩한 삶을 영위하게 된다. 하나님도 그런 그리스도인들을 값지게 여기시고 의의 길로 인도하신다.


## 2) "옛 사람"

바울 사도는 골로새의 그리스도인들에게 또 다른 대조법으로 그들의 과거와 현재의 상태를 묘사했는데, 곧 '옛 사람'과 '새 사람'이다. '옛 사람'은 그들이 예수 그리스도를 알기 전의 자연인을 가리키고, '새 사람'은 두말할 필요도 없이 그분을 그들의 구주로 믿고 변화된 사람을 가리킨다. 그런데 '옛 사람'과 '새 사람'은 개인만을 묘사한 것이 아니라, 모든 인간을 통틀어 지칭하는 표현이기도 하다. 그것이 당연한 것은 개인들이 모여서 인류가 되기 때문이다.

'옛 사람'과 '새 사람'에는 놀라운 공통점이 있는데, 그것은 둘 다 하나님이 창조하신 피조물이라는 사실이다. 하나님은 하늘과 땅을 무無에서 유有를 창조하시면서 인간도 포함하셨는데, 곧 아담과 하와였다. 그런데 그들이 창조주이신 하나님께 불순종하여 하나님께 등을 돌리면서 그분을 거역하므로 하나님과의 관계가 멀어졌다. 그때부터 그들이 '옛 사람'이 되었으며, 그들의 모든 후손도 역시 '옛 사람'의 범주에 들어가기 시작했다.

그 '옛 사람'은 그들의 조상인 아담과 하와로부터 죄와 사망을 물려받아서 한계 있는 삶을 살아간다. 바울 사도의 가르침을 인용해보자. "그러므로 한 사람으로 말미암아 죄가 세상에 들어오고 죄로 말미암아 사망이 들어왔나니, 이와 같이 모든 사람이 죄를 지었으므로 사망이 모든 사람에게 이르렀느니라" (롬 5:12). '한 사람'은 아담을 가리키는 개인이고, '모든 사람'은 인간 전체를 가리키는 인류이다. 개인과 인류가 똑같이 '옛 사람'인 것이다.

두말할 필요도 없이 골로새의 그리스도인들도 한때는 '옛 사람'이었다. 바울 사도는 '옛 사람'이었던 그들의 더러운 모습을 여러 가지로 묘사했는데, 차례로 인용해보자. 첫 번째는 그들이 '흑암의 권세에서' 허덕이며 살았다 (골 1:13). 그 말은 그들이 예수 그리스도를 인격적으로 만나지 못했을 때는 사탄과 악령들의 영향권에서 헤매고 있었다는 것이다. 그렇다! '옛 사람'의 가장 심각한 문제는 영적으로 어두움 속에서 벗어나지 못한다는 것이다.

두 번째는 그들이 '악한 행실'에 연루되어 있으면서 하나님과 '원수'였다는 것이다. 바울 사도의 진단을 다시 인용해보자. "전에 악한 행실로 멀리 떠나 마음으로 *원수*가 되었던 너희를…!" (골 1:21). 그렇다! '옛 사람'은 누가 가르치지 않아도 자연스럽게 그리고 주저하지 않고 '악한 행실'에 연루된다. 그 결과 '마음으로 원수가 되었던' 것이다. 그들은 마음으로 하나님을 향해 손가락질하면서 스스로 원수가 되었다.

골로새의 그리스도인들이 '옛 사람'이었을 때는 '철학과 속임수'에 사로잡혔는데, 그것은 세 번째의 모습이다 (골 2:8a). '철학'은 지적으로 그들로 하나님에게서 멀어지게 하는 것이며, '속임수'는 지적으로는 아니지만, 얄팍한 세 치 혀로 하나님께 다가가지 못하게 하는 것이다. 그 '속임수'의 발상은 이미 살펴본 대로 '거짓말의 아버지'인 마귀에게서 시작된 것이다. 당연히 갖가지 '속임수'로 진리의 근원이신 하나님께 접근하지 못하게 한다.

네 번째의 모습은 '사람의 전통과 세상의 초등학문을 따랐다' (골 2:8b). '전통'은 사람에게 중요한 습관이다. 그런데 '옛 사람'은 사람이 만들고 전해준 그 '전통'에 빠져서 밖에서 손짓하며 부르시는 예수 그리스도를 듣지 못한다. 한발 더 나아가서 '초등학문', 곧 세상의 원리를 따르면서 그것이 인생의 방법이요 목적이라고 믿는다. '초등학문'도 '옛 사람'을 만들었기에, '옛 사람'은 그 학문이 전부인 것처럼 따른다.

다섯 번째의 모습은 '범죄'인데, 골로새의 그리스도인들도 '옛 사람'이었을 때 온갖 '범죄'에 연루되었음이 분명하다. 그렇지 않다면 바울 사도는 그들이 '범죄와 육체의 무할례로 죽었다'고 선언하지 않았을 것이다 (골 2:13). '육체의 무할례'라는 묘사는 그들이 영적으로 거듭나지 못한 과거의 모습을 가리키는데, 그때는 당연히 갖가지 '범죄'를 행했다. 그 '범죄'가 위로는 하나님께 그리고 아래로는 사람에게 얼마나 큰 잘못인지도 모르면서 말이다.

여섯 번째로 바울 사도가 묘사한 모습은 '법조문으로 쓴 증서'를 의지했다는 것이다 (골 2:14). 골로새 사람들 가운데는 그래도 깨끗하게 살아보려고 노력한 흔적이 있는데, 그것은 '법조문으로 쓴 증서'였다. 그 내용은 알 수 없지만, 그래도 모종의 율법과 규례를 제정한 것 같다. 그리고 그것들을 의지하고 지켜서 인간다운 삶을 살아보려고 한 것 같다. 그러나 그런 것들은 오히려 그들로 하나님에게서 더 멀어지게 했을 뿐이다.

골로새 그리스도인들의 일곱 번째 '옛 사람'의 모습들은 '땅에 있는 지체'가 이끄는 대로 살았다 (골 3:5). 바울 사도는 그 지체가 범하는 죄들을 10가지나 열거를 했는데, 다음과 같다: '음란, 부정, 사욕, 악한 정욕, 탐심, 분함, 노여움, 악의, 비방, 입의 부끄러운 말' (골 3:5, 8). 바울 사도의 묘사에 의하면, '옛 사람'이었을 때 그들은 10가지나 되는 못된 죄악을 자행하던 죄인들이요 악인들이었다.

### 3) "새 사람"

그렇게 일곱 가지의 비참한 상태에서 허덕이는 골로새의 그리스도인들을 '새 사람'으로 바꾸신 것도 역시 하나님이신데, 그분이 그들을 다시 창조하셨기 때문이다. 하나님이 '옛 사람'을 재창조하지 않으시면 결단코 '새 사람'이 될 수 없기 때문이다. 그러니까 어떤 인간적인 방법과 노력도 '옛 사람'을 '새 사람'으로 변화시킬 수 없다는 말이다. 그런 사실을 바울 사도만큼 경험적으로 잘 알고 설명할 수 있는 사람은 흔치 않을 것이다.

'새 사람'에 대한 바울 사도의 묘사를 들어보자. "*새 사람을 입었으니, 이는 자기를 창조하신 이의 형상을 따라 지식에까지 새롭게 하심을 입은 자니라*" (골 3:10). 아담이 하나님의 형상을 따라 지으심을 받았지만, 불순종으로 그 형상이 일그러졌다. 그러나 그분의 형상을 따라 지으심을 받은 '새 사람'은 끊임없이 새로워지면서 예수 그리스도의 형상을 닮아간다 (롬 8:29). 그 과정에서 '새 사람'은 하나님의 뜻을 알게 될 뿐 아니라, 그 앎을 순종으로 옮긴다.

바울 사도는 골로새의 그리스도인들이 어떻게 '옛 사람'에서 '새 사람'으로 바뀌었는지도 제법 상세하게 다루었는데, 그들이 어떻게 변화했는지를 다룬 변화의 과정을 하나씩 볼 것이다. 그는 골로새서에서 그 변화의 과정을 열 가지 동사로 묘사했는데, 참으로 간단하면서도 분명한 묘사이다. 그런 묘사는 본인이 그와 같은 변화를 경험하지 못했다면, 결단코 묘사하기 쉽지 않은 바울 사도만의 표현이다.

첫 번째 동사는 '깨닫다'인데, 그는 그 동사를 다음과 같이 사용했다. '너희가 듣고 참으로 하나님의 은혜를 *깨달은* 날부터!' (골 1:6). 그런 깨달음은 그들에게 전해진 복음이 성령의 임재와 역사로 일구어진 것이었다. 우상을 숭배하며 갖가지 죄악에 연루됐던 골로새의 죄인들이 하나님의 은혜를 *깨닫고* 변화되다니! 그런 깨달음으로 인하여 그들은 '옛 사람'에서 '새 사람'으로 바뀌었다. 하나님의 은혜를 하나님의 은혜로 *깨닫게* 되었다고 말할 수 있을 것이다.

두 번째 동사는 '배우다'이다. 골로새 사람들은 같은 골로새 사람인 에바브라가 먼저 바울 사도로부터 배운 후, 그가 전해준 은혜의 메시지를 듣고 *배웠다.* 변화의 과정에서 배움은 말할 수 없이 중요한데, 그 배움을 통해 그들의 죄악을 하나님이 심판하신다는 무서운 사실도 알게 되었다. 또 그 배움을 통해 예수 그리스도가 그들의 심판을 담당하시기 위해 십자가에서 피를 흘리며 죽으셨다는 사실도 알게 되었다. 그렇다! 앎과 깨달음은 동시적인 역사이다.

세 번째 동사는 '건져내다'이다. 골로새 사람들은 '흑암의 권세' 속에서 신음하면서 살았는데, 그리스도 예수가 그들을 그 권세에서 건져내셨다. 바울 사도는 그 사실을 다음과 같이 간단명료하게 선언했다. "그가 우리를 흑암의 권세에서 *건져내사!*" (골 1:13a). 건져내시기만 한 것이 아니라, 예수 그리스도의 나라로 *옮기셨다* (골 1:13b). '옮겼다'는 동사는 바울 사도가 그들의 변화를 묘사하기 위해 골로새서에서 사용한 네 번째 동사이다.

다섯 번째 동사는 '화목하게 하다'이다. 바울 사도의 가르침을 다시 보자. "이제는 그의 육체의 죽음으로 말미암아 *화목하게 하사*, 너희를 거룩하고 흠 없고 책망할 것이 없는 자로 그 앞에 세우고자 하셨으니" (골 1:22). 하나님과 원수였던 골로새의 그리스도인들이 위로 그분과 *화목하게* 되므로, 아래로 그들의 삶이 전폭적으로 바뀌어서 '거룩하고 흠 없고 책망할 것이 없는 자'가 되었다. 그처럼 '옛 사람'이 혁혁하게 변화되어 '새 사람'이 되었다.

여섯 번째 동사는 '받았다'이다. 바울 사도는 그 동사를 두 번이나 사용했는데, 하나는 "그리스도 예수를 주로 *받은*" 것이고 (골 2:6), 또 하나는 "손으로 하지 아니한 할례를 *받은*" 것이다 (골 2:11). '받는다'는 동사는 하나님이 주시는 선물을 아무 대가 없이 손을 내밀어 믿음으로 받아들이는 말이기도 하다. 그들은 '그리스도 예수'를 받아들였을 뿐 아니라, '그리스도의 할례'를 믿음으로 *받아들여* '옛 사람'이 '새 사람'이 되었다.

일곱 번째 동사는 '일으키심'이다. 골로새의 그리스도인들은 영적으로 죽은 자들이었는데, 예수 그리스도가 죽은 자 가운데서 일으키심을 받았을 때, '그 안에서 함께 일으키심을 받았다' (골 2:12). 어떻게 그런 역사가 가능했는가? 그들이 예수 그리스도를 받아들이는 순간 그들은 그리스도 안에, 그리고 그리스도는 그들 안에, 각각 거하기 시작했기에 가능했다 (요 14:20). 이것만큼 '옛 사람'이 '새 사람'으로 변화된 모습을 달리 어디서 찾겠는가?

여덟 번째 동사는 위의 '일으키다'와 같은 의미이지만, 그래도 바울 사도는 다른 동사를 사용해서 변화의 과정을 설명했다. 그 동사는 '살리다'인데, 그 묘사가 포함한 구절을 인용해보자. "죽었던 너희를 하나님이 그와 함께 *살리시고*" (골 2:13a). 이 구절을 통해 바울 사도는 '죽음'과 '살리심'을 대조하면서 그들의 변화를 묘사했다. 그렇다! '옛 사람'은 영적으로 죽은 자들이었으나, '새 사람'은 영적으로 살아난 그리스도인들이다.

아홉 번째 동사는 '사하다'이다. 어쩌면 이 동사는 골로새의 그리스도인들이 변화되는 과정에서 가장 중요한 동사가 될 수도 있다: "우리의 모든 죄를 *사하시고*" (골 2:13b). '옛 사람'의 특징은 하나님을 향해 범한 죄였다. 그 죄가 *사해지지* 않으면, 결단코 '새 사람'이 될 수 없다. 그 목적을 이루기 위해 하나님은 당신의 독생자인 예수 그리스도를 죽음으로 내모셨다. 그분의 죽음으로 인해 골로새의 그리스도인들이 죄를 용서받고 '새 사람'이 되었다.

열 번째이자 마지막 동사는 '감추어지다'이다. 그 동사가 들어간 구절을 인용해보자. "이는 너희가 죽었고, 너희 생명이 그리스도와 함께 하나님 안에 *감추어졌음이라*" (골 3:3). '옛 사람'이 죽지 않았다면, 결단코 그리스도와 하나가 되어 '하나님 안에 *감추어질*' 수 없다. '새 사람'의 특권은 이루 말할 수 없이 많은데, 이 말씀에는 두 가지를 언급했다. 하나는 그들의 '생명이 그리스도와 함께' 한다는 사실이고, 또 하나는 '하나님 안에 감추어진' 것이다.

## 4) "새 사람들"

바울 사도는 골로새의 그리스도인들이 '옛 사람'일 때의 모습을 일곱 가지로 묘사했다. 그리고 '새 사람'으로 변화되는 과정을 열 가지로 묘사했다. 그런 이중적인 묘사는 바울 사도 외에는 어떤 사람도 할 수 없는 깊고도 깊은 것이었다. 7과 10이 각각 영적 완전과 수적 완전을 가리키는 숫자라는 사실을 기억할 때, 바울 사도는 '옛 사람'의 모습도 완전하게 묘사한 것이다. 한발 더 나아가서 '새 사람'으로 변화되는 과정도 완전하게 묘사한 것이다.

그런데 그렇게 '옛 사람'이 '새 사람'으로 변화된 사람들은 도대체 어떤 인간이기에 그처럼 놀라운 은혜를 입었는가? 그들은 어떤 종족이었으며, 또 어떤 종교와 사회적 신분의 소유자인가? 그런 질문들에 대답이라도 하듯, 바울 사도는 그 사람들을 다음과 같이 열거했다: "거기에는 헬라인이나 유대인이나, 할례파나 무할례파나, 야만인이나 스구디아인이나, 종이나 자유인이 차별이 있을 수 없나니…"(골 3:11).

이미 언급한 것처럼, '옛 사람'과 '새 사람'은 개인을 뜻하기도 하지만, 인류를 뜻하기도 한다. '옛 사람'이 어느 민족, 어느 나라, 어느 종교에 속하든 상관없이 그들은 죄인이며, 따라서 하나님 앞으로 나아올 수 없다. 바울 사도의 확언이다. "모든 사람이 죄를 범하였으매 하나님의 영광에 이르지 못하더니"(롬 3:23). 그들은 민족과 나라와 종교와 사회적 신분에 따라 서로 우열을 가리며 자랑하기도 하고 혹은 열등의식에 빠져들기도 한다.

그런 우열과 등급을 허무는 방법은 '옛 사람'에게는 도무지 없다.

허물려는 세력이 나타나면 맹렬하게 대항하면서 그들이 누려온 기존의 특권을 지키려고 한다. 인간적으로 그렇게 높고 두꺼운 등급이라는 벽을 허물어서 '새 사람'으로 바꾸는 역사는 인간적으로는 불가능하다. 그러나 불가능이 있을 수 없는 하나님이 개입하시면 가능하다. 마침내 하나님이 개입하셨는데, 바울 사도는 그 개입을 이렇게 표현했다: "그리스도는 만유시요 만유 안에 계시니라".

그 말씀을 영어로 바꾸면 그 의미가 분명해진다: Christ is all and in all. 이것을 직역하면, "그리스도는 모든 사람이요 모든 사람 안에 계시느니라". 물론 영어의 all은 모든 사람을 포함한 우주를 가리킬 수도 있지만, 이 구절에서는 변화된 사람들을 열거하기에 '모든 사람'으로 번역해도 틀리지 않을 것이다. 다시 말해서, 그리스도는 모든 믿는 자 안에 내주하시기에 모든 사람 안에 계신다고 말할 수 있다.

그렇다면 모든 사람은 누구인가? 바울 사도는 다음과 같이 열거했다: "헬라인이나 유대인이나, 할례파나 무할례파나, 야만인이나 스구디아인이나, 종이나 자유인". 헬라인과 유대인은 종교적인 차이를 강조한다. 유대인은 하나님을 알지 못하는 헬라인들을 멸시하고 무시했다. 반면, 문화를 자랑하는 헬라인은 독선적이며 위선적인 유대인을 경멸했다. 그렇지만 그들이 그리스도 예수 안에서 '새 사람'이 되자 그리스도가 내재하셨고, 그 결과 하나가 되었다.

할례파와 무할례파는 종교적인 행위를 강조하는 표현이다. 할례파에 속한 사람들은 갓 태어나면서 할례를 받아, 그 할례를 하나님과의 특별히 언약을 맺은, 그래서 특별한 관계를 자랑하는 종교인이다. 그러나 할례파는 그들처럼 할례받지 못한 이방인들은 하나님과 어떤 관계도 맺지 못한 인간, 곧 인간이지만 동물과 다를 바 없는 인간 이하의 인간이라고 비하했다. 그러나 그들이 그리스도 안에서 '새 사람'이 되었을 때 할례의 유무와 상관없이 하나가 되었다.

야만인이나 스구디아인은 둘 다 무지하고 무식한 사람들을 가리키는데, 특히 스구디아인은 잔인하고 난폭한 종족으로 모든 야만인보다 못된 야만인을 가리킨다. 다 같은 야만인임에도 불구하고 서로를 구분하면서 멸시하는 사람들이었다. 그들도 '새 사람'이 되자, 그리스도 안에서 하나가 된 것이다. 그들도 서로를 차별하지 않으면서 같은 믿음과 같은 목적을 위하여 같이 달려가는 그리스도인들이 되었다.

마지막으로 종이나 자유인은 사회적 · 경제적 차별을 가리키는 잔혹한 구분이었다. 특히 그 당시에는 자유인과 종은 너무나 다르기에, 자유인은 종을 소유물로 여기면서 그렇게 차별했다. 그런 차별은 '옛 사람'의 특징이기도 했다. 그러나 그들이 그리스도 안에 들어오자 그런 차별의 장벽이 무너지고, 그들은 그리스도 안에서 '새 사람'으로 변화되어 하나가 되었다. 그리스도 안에서 형제자매가 되었다는 말이다. 서로 밀어주고 끌어주는 관계로 변화된 것이다.

# 4. "새로운 삶"

"그러므로 너희는 하나님이 택하사 거룩하고 사랑받는 자처럼

긍휼과 자비와 겸손과 온유와 오래 참음을 옷 입고,

누가 누구에게 불만이 있거든 서로 용납하여 피차 용서하되,

주께서 너희를 용서하신 것 같이 너희도 그리하고,

이 모든 것 위에 사랑을 더하라;

이는 온전하게 매는 띠니라"

(골로새서 3:12-14)

바울 사도는 골로새서에서 '그러므로'를 다섯 번 기록했는데 (골 2:6, 16, 3:1, 5, 12), 본문에서 사용한 것이 마지막이다. 이미 언급한 대로 '그러므로'는 원인과 결과를 연결해 주는 접속사이다. 골로새의 그리스도인들이 '옛 사람과 그 행위를 벗어버리고, 새 사람을 입었기' 때문에 '새로운 삶'을 영위하라는 권면이다. 바울 사도가 제시한 '새로운 삶'을 알아보기 위해 다음의 소제목으로 접근해 보자: 1) 새로운 신분, 2) 새로운 품격, 3) 새로운 관계, 4) 새로운 목적.

## 1) 새로운 신분

골로새의 그리스도인들은 예수 그리스도 안에서 "새로운 삶"을 누렸는데, 그 이유는 그들의 신분이 변화되었기 때문이다. 다시 말해서, 그들의 결심이나 어떤 종교적인 행위 때문에 "새로운 삶"을

시작하지 않았다는 것이다. 그런 삶은 "새로운 삶"이 아니라, 처음부터 있었던 옛적 삶에 외적으로 몇 가지를 덧붙인 것에 불과하다. 마치 오랫동안 길에서 지낸 홈리스<sup>homeless</sup>가 새 옷을 덧입은 것과 마찬가지이다.

골로새의 그리스도인들이 "새로운 삶"을 살게 된 것은 그들의 신분이 바뀌었기 때문이다. 어떻게 신분이 바뀌었단 말인가? 그들의 "새로운 신분"을 알아보기 위하여 바울 사도의 말을 인용하면서 설명해보자. "…너희는 하나님이 택하사 거룩하고 사랑받는 자… ." 이 말씀에서 바울 사도는 골로새의 그리스도인들이 세 가지로 신분이 변화된 모습을 묘사하였는데, 첫째는 '하나님이 택하신 자'이고, 둘째는 '거룩한 자'이고, 셋째는 '사랑받는 자'이다.

골로새의 사람들은 하나님을 알지 못하던 이방인이었다. 그들은 풍성한 목화 재배로 경제적으로 풍족한 삶을 살았지만, 하나님과는 전혀 관계가 없던 사람들이었다. 십중팔구 그들의 삶과 사고는 잘 살고 잘 먹는 것에 치중했을 것이다. 그런데 그들이 잘 아는 에바브라가 그들에게 전해준 예수 그리스도의 복음을 듣고, 깨닫고, 받아들이므로 하나님께 속한 사람들이 되었다. 그들은 그때부터 '하나님의 택하신 자'들이 되었다. 놀라운 신분의 변화였다.

그들은 기껏해야 양심의 소리와 사회의 관습에 따라 살던 사람들이었다. 그런데 예수 그리스도를 통해 하나님의 자녀가 되자, 그들의 사고방식이 바뀌기 시작했다. 그 이유도 분명했는데, 거룩하신 하나님을 모시게 되었기 때문이다. 그들은 하나님의 자녀답게 거룩한 삶을 영위하지 않을 수 없었다. 그들은 그렇게 거룩하신 하나님을 닮아가면서 자연히 거룩하게 살게 되었다. 한마디로 말해서, 그들의 삶은 주변의 불신자들과 다를 수밖에 없었다.

골로새의 그리스도인들은 한발 더 나아가서 '사랑받는 자'들이 되었다. 그들은 결코 하나님의 사랑을 받을 자격이 전혀 없던 사람들이었는데, '사랑받는 자'가 되었다. 어떻게 그런 신분의 변화가 가능할 수 있는가? 그 이유는 '사랑'이라는 단어가 함축한 것처럼, 하나님의 사랑을 받을 자격이 없기에 그 사랑을 받은 것이다. 왜냐하면 '사랑'은 자격 없는 죄인에게 주어지는 하나님의 은총이기 때문이다.

하나님은 그 은총을 부어주기 위해 당신의 독생자를 십자가에서 죽게 하셨다. 그러니까 골로새의 그리스도인들은 예수 그리스도의 죽음과 부활을 통해 하나님의 사랑받는 자들로 신분이 격상된 것이다. 그들은 한 손에 '거룩'을 가지고, 또 한 손에 '사랑'을 가지고 믿지 않는 사람들에게 그들이 경험한 복음을 전했다. 그렇게 하지 않았다면, 어떻게 그들이 '온 천하에 열매를 맺으면서 자랄 수' 있었겠는가? (골 1:6). 새로운 신분으로 살게 된 "새로운 삶"이었다.

## 2) 새로운 품격

골로새의 그리스도인들이 그렇게 신분이 변화되자, 자연스럽게 그들의 품격品格도 변화되었다. 그것이 당연한 것은 그 신분에 맞는 삶이 따르게 마련이기 때문이다. '하나님이 택하시고, 거룩해지고, 사랑받는 사람'에게 새로운 품격이 없다면, 그것만큼 큰 모순은 없을 것이다. 그렇다면 '새로운 품격'은 구체적으로 무엇인가? 바울 사도는 다섯 가지를 열거했는데, 다시 인용해보자: "긍휼과 자비와 겸손과 온유와 오래 참음"이다.

　이런 다섯 가지 품격은 절대로 인간에게서 나오는 것이 아니다. 이런 품격은 예수 그리스도를 통해 죄를 용서받아 성령이 내주하는 그리스도인에게서만 나올 수 있다. 그런 사실을 염두에 둔 듯, 바울 사도는 첫 번째 품격인 '긍휼'을 언급하면서 두 개의 단어를 사용했다. 물론 한글성경에서는 한 단어이나, 헬라어성경에서는 두 단어이다. 앞의 단어는 '내장'內臟을 뜻하는 스프랑크나(σπλάγχνα)이고, 뒤의 단어는 '동정'을 뜻하는 오익티르모스(οἰκτιρμός)이다.

　'내장'은 몸 안에 있기에 어떤 때는 '마음' 내지 '애정'으로 번역되기도 한다. 결국, 이 두 단어를 합치면, 다른 사람의 어려움이나 불행에 대해 마음속에서 우러나오는 깊은 동정을 뜻한다. 바울 사도가 다섯 가지의 품격을 나열하면서 제일 먼저 '긍휼'을 앞에 놓은 것은 나머지 품격도 마찬가지로 마음속에서 우러나오는 것을 암시하기 위함이었을 것이다. '긍휼'과 마찬가지로 '자비와 겸손과 온유와 오래 참음'도 역시 내장에서 나와야 한다는 것이다.

　달리 묘사하자면, 성령의 내주와 역사가 없이는 그런 품격이 흘러나올 수 없다는 말이다. 그런데 '긍휼', 곧 내장에서 나오는 동정의 시작은 두말할 필요도 없이 하나님이었다. 하나님은 광야를 지나는 이스라엘 백성에게 '긍휼'을 베푸셨다. "주께서는 주의 크신 긍휼로 그들을 광야에 버리지 아니하시고, 낮에는 구름 기둥이 그들에게서 떠나지 아니하고 길을 인도하며 밤에는 불 기둥이 그들이 갈 길을 비추게 하셨사오며" (느 9:18).

　이스라엘 백성이 범죄하여 바벨론으로 잡혀갔을 때 그들의 부르짖음을 들으시고 하나님은 '긍휼'을 베푸시고 그들을 위하여 구원자를 보내셨다. "그러므로 주께서 그들을 대적의 손에 넘기사 그들이 곤고를 당하게 하시매, 그들이 환난을 당하여 주께 부르짖을 때에 주께서 하늘에서 들으시고, 주의 크신 긍휼로 그들에게 구원자들을 주어 그들을 대적의 손에서 구원하셨거늘"(느 9:27). 그렇다! '긍휼' 은 하나님에게서 비롯된 은총이었다.

두말할 필요도 없이 하나님의 '긍휼'은 예수 그리스도에게도 넘쳐 났다. 그분의 마음을 묘사한 장면을 인용해보자. "예수께서 나오사 큰 무리를 보시고 *불쌍히 여기사* 그 중에 있는 병자를 고쳐 주시니 라"(마 14:14). 이 묘사에서 '불쌍히 여기사'는 '긍휼을 베풀다'와 같 은 단어다. 헬라어에 의하면 내장을 뜻하는 동사만 나오는데, 그런 경우가 여러 번 있다. 예를 들면, 그분이 나병 환자를 '불쌍히 여기 셨고'(막 1:41), 무리를 보고 '불쌍히 여기셨다'(마 9:36).

바울 사도는 이처럼 한 단어만 사용해도 충분한데, 그런 동정의 마음을 극대화하기 위하여 오익티르모스, 곧 '동정'<sup>compassion</sup>을 덧붙 였다. 골로새의 그리스도인들은 그들을 구원해주신 분의 성품을 닮 아가고 있기에 똑같이 '긍휼'로 옷을 입었다. 그뿐 아니라, 그들은 '긍휼' 외에도 '자비와 겸손과 온유와 오래 참음'으로 옷을 입었다. 아니, 그들이 옷을 입은 것이 아니라, 성령이 그들에게 옷을 입혀주 셨다.

### 3) 새로운 관계

"새로운 삶"의 시작은 '새로운 신분'이며, 그 신분은 필연적으로 성령의 내주를 포함한다. 그런 까닭에 골로새의 그리스도인들은 '새로운 품격'을 다섯 가지나 갖게 되었다. 품격은 마음속에서 우러나오며, 그런 품격은 당연히 '새로운 관계'를 맺게 한다. 그렇게 변화된 '새로운 관계'를 보기 위해 바울 사도의 말을 다시 인용해보자. "누가 누구에게 불만이 있거든 서로 용납하여 피차 용서하되 주께서 너희를 용서하신 것 같이 너희도 그리하고"(골 3:13).

바울 사도는 새로운 관계를 묘사하면서 중요한 단어를 사용했는데, 곧 '불만'이다. 국어대사전에 의하면, '불만'은 '마음에 흡족하지 않다'는 뜻이다. 그들은 구원받아 성령의 내주로 신분이 변화되어 새로운 품격을 지녔지만, 그래도 서로를 향해서 시시때때로 '불만'을 가졌음이 틀림없다. 다른 그리스도인의 언행이나 신앙적인 모습이 흡족하지 않기 때문이었을 것이다. 특히 신앙적으로 다른 사람들보다 우위에 있다고 자처하는 그리스도인들이 더 그랬을 것이다.

그런데 '불만'은 세 가지 면에서 해로운데, 첫째는 하나님의 뜻에 어긋난다. 둘째는 자신의 신앙생활에 금이 간다. 셋째는 다른 그리스도인들과의 관계가 불편해진다. 만일 '불만'을 해소하지 못한다면, 그런 그리스도인이 어떻게 불신자와 다르다고 할 수 있는가? 그들의 '새로운 품격', 곧 '긍휼과 자비와 겸손과 온유와 오래 참음'과도 배치된다. 그러나 바울 사도는 그 '불만'의 문제를 해결하여 '새로운 관계'를 유지하고 누리도록 권면했다.

그 권면을 위해 바울 사도가 사용한 두 단어는 '용납'과 '용서'였다. '용납'은 '오래 참음'과 일맥상통하는 표현이다. '불만'을 접고 조건 없이 받아들이라는 것이다. '용서'는 혹시 '불만'을 일으킨 그리스도인에게 어떤 잘못이 있다면, 그것도 조건 없이 용서하라는 권면이었다. '용납'과 '용서'야말로 '불만'을 해소할 뿐 아니라, '새로운 관계'를 유지하는 비결이기도 하다는 것이다. 그것이 당연한 것은 그들도 예수 그리스도가 용서하고 받아주셨기 때문이다.

그런데 바울 사도는 '새로운 관계'를 강조하려고 의도적으로 두 단어를 사용했는데, 곧 '서로'와 '피차'이다. '서로'와 '피차'가 누구를 구체적으로 가리키느냐는 나중에 보기로 하고, 우선 '서로'와 '피차'에 대해 알아보자. 골로새 사람들이 예수 그리스도를 그들의 구주로 받아들이자, 그들은 한 '몸'에 붙은 지체들이 되었다. 한 '몸'에 붙었다는 것은 어떤 경우에도 떼래야 뗄 수 없는, 그래서 '서로'를 필요로 하는 관계가 되었다는 것이다.

골로새의 그리스도인들은 그리스도 안에서 '새로운 관계'로 들어간 것이다. 이처럼 밀접한 관계는 적극적인 열매와 소극적인 반응을 보인다. 적극적인 열매는 서로에 대한 뜨거운 사랑이나, 소극적인 반응은 서로를 잘 알게 되므로 상대방의 허물을 보게 되는 것이다. 그 허물로 인해 서로에 대해 '불만'의 마음을 갖게 된다. 그렇다고 '불만' 때문에 관계를 깨뜨릴 수도 없는데, 한 '몸'에 붙어있는 지체들이기 때문이다.

그런데 '서로'는 '불만'의 원인 제공자와 불만 있는 자 사이를 강조하는 상호적 표현이다. 그 두 사람은 서로 용납하고 용서해야 한다. 어차피 '몸'에서 떨어져 나가서 도망갈 수도 없는 관계 때문이다. 헬라어로 알레론(ἀλλήλων)으로, 영어로는 each other나 one another이다. 그 두 사람이 동시에 용납하고 용서해야 한다. 반면, '피차'는 자신을 강조하는 재귀대명사再歸代名詞 인데, 헬라어로는 헤우투(ἑαυτοῦ)로서 자신을 강조하는 대명사이다.

'피차'도 '서로'처럼, '불만'의 제공자와 불만자 사이에 일어나는 감정이다. 그런데 불만자는 자신을 위해 용납하고 용서해야 한다는 것을 함축한다. 문제 해결의 열쇠는 '불만'의 제공자가 아니라, '불만'의 감정을 갖게 된 그 사람이라는 것이다. 제공자는 자기가 '불만'의 원인임을 모를 수 있다. 그런 이유로 문제 해결의 열쇠는 그가 아니라, '불만'의 감정을 갖게 된 사람이다. 불만자는 무엇보다 자신을 위해, 그리고 제공자를 위해, 용납하고 용서해야 한다.

## 4) 새로운 목적

골로새의 그리스도인들은 '서로' 용납하고 용서하며, 또 '피차' 용납하고 용서해야 한다. 그들이 그렇게 해야 하는 이유는 그들에게 영원한 모델이 있기 때문인데, 곧 예수 그리스도이시다. 그분은 그들을 조건 없이 용서하셨다. 그렇게 용서하시기 위한 대가는 인간이 상상할 수 없을 만큼 처절했는데, 십자가에서 몸이 찢겨 머리끝에서 발끝까지 피로 범벅이 되셨기 때문이다. 그런 고통 중에서 자신을 처형하는 자들을 용납하시고, 용서하셨다 (눅 23:24).

그분이 그렇게까지 고통을 당하면서 골로새 사람들을 용서하신 것은 그들에 대한 끔찍한 사랑으로 인해 가능했다. 그렇다! 그분은 인간에 대한 하나님의 사랑을 몸으로 실천하신 사랑의 화신이었다. 사도 요한은 그 사실을 이렇게 표현했다: "하나님의 사랑이 우리에게 이렇게 나타난 바 되었으니 하나님이 자기의 독생자를 세상에 보내심은 그로 말미암아 우리를 살리려 하심이라" (요일 4:9).

예수 그리스도를 통해 나타내신 하나님의 사랑이 골로새의 그리스도인들에게 전달되었고, 그리고 그들은 그 사랑을 경험했다. 그 사랑을 경험한 순간부터 그들에게 '새로운 목적'이 주어졌는데, 그들도 주님처럼 사랑해야 한다는 사실이다. 바울 사도의 확언이다: "이 모든 것 위에 사랑을 더하라; 이는 온전하게 매는 띠니라" (골 3:14). 지금까지 바울 사도는 골로새의 그리스도인들이 갖게 된 품격과 은혜를 여러 가지로 묘사했다.

그런데 바울 사도는 '이 모든 것 위에 사랑을 더하라'고 명령했다. 이 말씀에서 '더하라'는 동사는 12절의 '옷 입고'를 반복한 동사인데, 헬라어에는 그 동사가 나오지 않기에 한글성경에서는 '더하라'고 풀어서 설명했다. 그러니까 바울 사도는 골로새의 그리스도인들이 하나님의 사랑을 받는 것처럼, '긍휼과 자비와 겸손과 온유와 오래 참음'의 옷을 입고 (골 3:12), 그 위에 '사랑'을 덧입으라고 한 것이다.

결국, '사랑'은 속옷이 아니라 겉옷이다. 다시 말해서, 골로새의 그리스도인들은 다른 그리스도인들에게는 물론 불신자들에게도 사랑을 드러내어야 한다는 것이다. 그 '사랑'은 그들에게 주어진 '새로운 목적'이 된 것이다. 그들이 드러내어야 하는 '사랑'은 *아가페* 사랑이며, 그 아가페 사랑은 자격 없는 사람들에게 드러내는 사랑이다. 그들이 예수 그리스도를 알기 전에는 절대로 가능하지 않은 그런 사랑이다.

바울 사도는 왜 그 사랑을 '매는 띠'라고 했는가? 무엇을 매달단 말인가? 12절에 열거된 다섯 가지 품격, 곧 '긍휼과 자비와 겸손과 온유와 오래 참음'을 연결해 주는 띠라는 것이다. 마치 우리 몸의 힘줄이 모든 내장과 지체들을 묶어서 하나로 만드는 것처럼 말이다. 그렇게 사랑으로 모든 은혜를 묶을 때 비로소 골로새의 그리스도인들은 하나님이 계획하신 대로 충만하고 완전한 삶을 영위할 수가 있게 된다.

바울 사도는 한발 더 나아가서 그 사랑을 '온전하게 매는 띠'라고 하면서, '온전'이란 명사를 덧붙였다. '온전'은 완전perfection 내지 완성completeness이다. 골로새의 그리스도인들은 '새로운 목적'인 사랑으로 모든 은사와 품격을 꽁꽁 묶을 때, 두 가지가 이루어진다. 하나는 그들이 예수 그리스도 안에서 진정으로 하나가 되는 것이다. 또 하나는 그들이 완전하고 충만한 신앙생활과 교회 생활을 영위하게 된다는 것이다. 얼마나 놀라운 '새로운 목적'인가!

# 5. "승리의 삶을 위한 권면"

"그리스도의 평강이 너희 마음을 주장하게 하라!
너희는 평강을 위하여 한 몸으로 부르심을 받았나니,
너희는 또한 감사하는 자가 되라.
그리스도의 말씀이 너희 속에 풍성히 거하여
모든 지혜로 피차 가르치며 권면하고,
시와 찬송과 신령한 노래를 부르며,
감사하는 마음으로 하나님을 찬양하고,
또 무엇을 하든지 말에나 일에나 다 주 예수의 이름으로 하고,
그를 힘입어 하나님 아버지께 감사하라"

(골로새서 3:15-17)

바울 사도는 골로새 그리스도인들이 일상생활에서 어떻게 살아야 정상적으로 승리의 삶을 영위할 수 있는지에 대해 권면했는데, 그 권면은 다섯 가지이다. 그중에 '감사하라'는 권면은 이미 설명한 바 있기에 본문에서는 네 가지만 다루고자 하는데, 곧 1) "평강", 2) "말씀", 3) "찬양", 4) "예수의 이름"이다. 물론 모든 권면은 명령문으로 기록되었지만, 소제목은 그 명령의 내용을 드러내는 명사로 했다.

## 1) "평강"

첫 번째 권면은 '그리스도의 평강이 '너희 마음을 주장하게 하라'

이다. 이 권면에 나오는 '마음'은 무엇을 뜻하는가? '마음'은 인간의 중심으로, 거기에서 '생각, 애정, 의지, 느낌' 등이 분출한다. 그러므로 바울 사도가 '그리스도의 평강이 너희 *마음*을 주장하게 하라'는 권면은 삶의 모든 영역에서 평강을 누리라는 뜻이다. 그렇다! 그리스도인은 영적으로만 평강을 누리는 존재가 아니라, 삶의 모든 측면에서 평강을 누릴 수 있는 존재이다.

그런데 그냥 '평강'이라고 해도 되는데, 구태여 '그리스도의 평강'이라고 한 이유라도 있는가? 물론 있다! 그리스도가 바로 평강이시기 때문이다. 바울 사도가 다른 곳에서 그분이 평강의 주님이라고 묘사한 말씀을 인용해보자. "*평강의 주께서 친히 때마다 일마다 너희에게 평강을 주시고, 주께서 너희 모든 사람과 함께 하시기를 원하노라*"(살후 3:16). 이 말씀에 의하면, 주님이 함께하실 때 당연히 그분의 평강도 함께한다는 말이다.

평강이신 예수 그리스도는 그 평강을 제자들에게 주시겠다고 약속하셨다. "평안을 너희에게 끼치노니 곧 나의 평안을 너희에게 주노라; 내가 너희에게 주는 것은 세상이 주는 것과 같지 아니하니라. 너희는 마음에 근심하지도 말고 두려워하지도 말라"(요 14:27). 그러니까 그분은 평강이시지만, 그 평강을 혼자만 누리지 않으시고 제자들과 공유하시겠다는 것이다. 결국, 평강을 주시겠다는 약속은 결국 자신을 주시겠다는 약속이기도 했다.

이런 평강의 약속은 그리스도인 개인들에게만 주신 것이 아니다. 평강을 누리는 그리스도인들의 집합체인 '몸', 곧 교회에도 주셨다. 그렇지 않다면 바울 사도는 이렇게 말하지 않았을 것이다. "너희는 평강을 위하여 한 몸으로 부르심을 받았나니…." 각기 다른 지체들이 모여서 '한 몸'을 이룬 것도 놀라운데, 그 '몸'이 평강을 누릴 수 있도록 부르심을 받았다니 얼마나 놀라운가! 그렇다! '몸'이 평강을 누리지 못한다면, 그 '몸'은 병들었음이 틀림없다.

그리스도의 평강은 그리스도인들 상호 간에 누릴 뿐 아니라, 위로 하나님과도 누리는 평강이다. 그뿐 아니라, 그것은 어떤 환경에서도 누릴 수 있는 평강이다. 골로새의 그리스도인들은 주변의 불신자들로부터 오해와 박해도 받았을 것이다. 그렇지만 그들의 신앙이 쑥쑥 자라면서 '온 천하에서도 열매를 맺으며 자란' 것을 볼 때 (골 1:6), '그리스도의 평강'을 누리면서 가는 곳마다 그 평강을 전했음이 틀림없다.

골로새의 그리스도인들이 그렇게 평강을 누릴 때, 자연스럽게 분출되는 신앙 행위는 감사이다. 바울 사도는 골로새서 곳곳에서 감사하라고 했는데, 마음속으로만 감사하지 말고, 바깥으로 표현해야 하는 그런 감사였다. 이 서신에서 일곱 번이나 감사하라고 권면한 것은 역시 그들에게 허락하신 하나님의 은혜에 대해 자연스럽게 바깥으로 표현된 반응이었다 (골 1:3, 12, 2:7, 3:15-17, 4:2). 시간과 장소와 환경을 초월해서 주시는 평강은 감사로 연결될 수밖에 없다.

## 2) "말씀"

두 번째 권면은 '그리스도의 말씀이 너희 속에 풍성히 거하라'는 것이다. 정상적인 그리스도인이 그의 삶에서 승리의 삶을 누릴 수 있는 비결 가운데 하나는 '그리스도의 말씀'이다. 다시 말해서, 신앙생활에서 '그리스도의 말씀'은 절대적이라는 것이다. 그런데 바울 사도가 이 편지를 보낼 당시에는 '그리스도의 말씀'이 기록되어 있는 성경이 희귀한 때였다. 구약인 히브리어 성경이 존재하긴 했어도 골로새교회는 그 성경을 볼 기회가 거의 없었을 것이다.

골로새의 그리스도인들에게 있던 '그리스도의 말씀'은 기껏해야 에바브라의 가르침이 전부였다 (골 1:7). 그렇게 '그리스도의 말씀'이 희귀한 그들에게 바울 사도가 보낸 골로새서는 그야말로 하나님이 보내주신 특별한 선물이었다. 그뿐 아니라, 바울 사도가 라오디게아에 보낸 편지도 읽으라는 것이다. "이 편지를 너희에게서 읽은 후에 라오디게아인의 교회에서도 읽게 하고 또 라오디게아로부터 오는 편지를 너희도 읽으라" (골 4:16).

그 당시 그리스도인들은 바울 서신을 돌려가면서 읽었다. 그 서신들이 교회에서 낭독될 때 그들의 감격은 말할 수 없었을 것이다. 십중팔구 그들은 그들에게 전해진 희귀한 말씀 한마디 한마디에 귀를 쫑긋 기울였을 것이며, 그리고 암송했을 것이다. 그렇게 암송한 말씀을 순간마다 묵상하면서, 문자 그대로 '그리스도의 말씀이 그들 속에 풍성히 거한다'고 느꼈을 것이다. 비록 말씀이 흔하진 않았지만, 그래도 그들에게 전해진 말씀이 풍성하다고 여겼을 것이다.

'거하다'라고 번역된 에노이케오(ἐνοικέω)라는 동사는 헬라어 신약성경에서 다섯 번 나오며, 모두 의미심장한 이유는 '거하는' 주체 때문이다. 그리스도인들 속에는 '성령이 거하신다' (롬 8:11, 딤후 1:1-14). 그런가 하면 그들 속에 '하나님이 거하신다' (고후 6:11). 그뿐 아니라, 그들 속에 '믿음도 거한다' (딤후 1:5). 그리고 본문에서 언급하듯, '말씀도 거한다' (골 3:16). 그리스도인의 마음이 아니라면 그렇게 엄청난 것들이 어디에 거할 수 있단 말인가!

'거하다'는 동사는 단순히 머무르기 위해 그리스도인들의 마음속에 거하는 것이 아니다. 거하면서 영원한 영향력을 주기 위해서이다. 하나님이 거하시면서 그들이 거룩하게 살게 하신다. 성령이 거하시면서 그들이 능력 있는 삶을 살게 하신다. 믿음이 거하면서 그들의 구원을 확인시켜줄 뿐 아니라, 믿음으로 살게 한다. 말씀이 거하면서 그들의 일상생활에서 사고와 언행의 길잡이가 되게 한다.

'말씀이 너희 속에 풍성히 거하여'에서 '너희'를 주목해보자. '너희'는 '너'의 복수형으로, 개개인인 '너'가 말씀에 깊이 들어가야 한다는 권면이다. 그렇지 않으면 어떤 '너'도 승리의 삶을 영위할 수 없기 때문이다. 그 '너희'는 교회를 뜻할 수도 있다. 개인적으로 말씀이 풍성해야 하지만, 교회적으로도 그래야 한다는 말이다. 교회에서는 '그리스도의 말씀'을 읽고, 낭독하고, 가르치고, 권면해야 한다. 말씀이 강조되지 않으면 골로새교회도 무너질 수 있다.

개인적으로나 교회적으로 '그리스도의 말씀이 풍성히 거할' 때, 자연스럽게 '모든 지혜로 피차 가르치고 권면하게' 된다. 앞의 장에서 언급한 것처럼, '피차'는 자신을 우선하는 재귀대명사이다. 그러니까 다른 그리스도인들을 가르치고 권면하기 전에 자신을 먼저 가르치고 권면하라는 말씀이다. '불만'이 생길 때 불만을 품은 사람이 먼저 해결해야 하는 것처럼, 교인들 각자가 자신을 가르치고 권면한 후, 다른 사람들을 가르치고 권면하라는 놀라운 말씀이다.

### 3) "찬양"

세 번째의 권면은 '시와 찬송과 신령한 노래를 부르며, 감사하는 마음으로 하나님을 찬양하라'는 것이다. '그리스도의 말씀이 풍성히 거하면' 자연스럽게 '피차 가르치고 권면하는' 것만으로 끝나지 않는다. 한발 더 나아가서, 그렇게 말씀이 풍성하면 그리스도인들은 찬양에 깊이 들어가게 된다. 그러니까 '그리스도의 평강이 마음을 주장하고', '그리스도의 말씀이 풍성히 거하면', 마음속에서 찬양이 우러나게 된다는 것이다.

골로새서를 기록한 바울 사도는 후에 에베소서에서 골로새서의 주요한 가르침을 확대해서 설명했다. 그가 '시와 찬송과 신령한 노래'를 그대로 인용하면서 설명한 에베소서를 인용해보자. "술 취하지 말라 이는 방탕한 것이니, 오직 성령으로 충만함을 받으라. 시와 찬송과 신령한 노래들로 서로 화답하며 너희의 마음으로 주께 노래하며 찬송하며, 범사에 우리 주 예수 그리스도의 이름으로 항상 아버지 하나님께 감사하며"(엡 5:18-20)

골로새서에서는 '그리스도의 말씀이 풍성히 거할 때' 그런 찬양이 뒤따른다고 표현했다. 그러나 에베소서에서는 한 가지를 덧붙였는데, 그렇게 '시와 찬송과 신령한 노래들로' 찬양하기 위해서는 성령으로 충만함을 받아야 한다는 것이다. 위에서 언급한 것처럼, 그리스도인들의 마음속에는 '그리스도의 말씀'도 거하고, '성령도' 거하신다. 그들 속에 있는 성령이 그들을 사로잡아서 충만하게 할 때 '그리스도의 말씀'은 찬양의 내용으로 승화될 수도 있다.

두 서신을 더 대조해보자. 골로새서에서는 '감사하는 마음으로 하나님을 찬양하라'고 했으나, 에베소서에서는 '범사에 우리 주 예수 그리스도의 이름으로 항상 아버지 하나님께 감사하라'면서, '범사'와 '우리 주 예수 그리스도의 이름'과 '항상'과 '아버지'를 덧붙였다.

확실히 골로새서를 확대해서 설명한 것이다. 그런데 에베소서에서 골로새서의 용어를 그대로 빌려온 것이 있는데, 그것은 '시와 찬송과 신령한 노래'이다.

'시'는 십중팔구 구약성경의 시편을 가리켰을 것이다. 시편은 이스라엘 백성은 물론 그리스도인들이 즐겨 부르는 찬양이었다. 예를 들면, 예수님의 제자들이 마지막 만찬을 마치고 감람산으로 가면서 찬양했는데, 그 말씀을 인용해보자. "이에 그들이 찬미하고 감람산으로 가니라"(막 14:26). 제자들이 '찬미한' 내용은 유월절 만찬의 찬송인 시편 113~118편이었을 것이다. 그 찬송은 히브리어로는 할렐Hallel이라는 유명한 시편이다.

그다음에 나오는 '찬송'은 하나님에 대한 찬양이다. 그리스도인들의 마음속에는 '하나님'도 거하신다고 이미 언급한 바 있다. 성령으로 충만함을 받은 그리스도인들이 그들 속에 거하시는 하나님을 찬양하는 것은 너무나 당연하다. 그들은 신약성경의 말씀으로 찬송할 수도 있고, 아니면 그리스도인들이 하나님을 찬양하기 위해 지은 찬송일 수도 있다. 역사적으로 얼마나 많은 그리스도인이 감사가 넘치는 마음으로 찬송가를 만들어서 불렀는가?

'시와 찬송과 신령한 노래'에서 마지막으로 나오는 '신령한 노래'는 어떤 노래인가? '노래'하면 인간이 부르는 모든 노래를 가리킨다. 그러나 바울 사도는 '신령한'이란 수식어를 앞에 놓으므로, 그렇게 많은 노래를 다 제거하고 한 가지만 남겼다. '신령한 노래'는 내용에서는 위로 하나님을 찬양하고, 아래로는 서로의 신앙을 북돋아 주는 영적 노래를 의미한다. 그렇다! 말씀과 성령의 충만을 경험한 그리스도인들은 이렇게 하나님을 감사하면서 찬양한다.

## 4) "예수의 이름"

네 번째의 권면은 '무엇을 하든지 말에나 일에나 다 주 예수의 이름으로 하라'이다. 이 권면에서 '무엇을 하든지'처럼 모든 것을 포괄하는 것은 달리 찾기 쉽지 않을 것이다. 물론 바울 사도가 다른 곳에서 그와 비슷한 권면을 주기도 했지만 말이다. 그 말씀을 인용해 보자: "그런즉 너희가 먹든지 마시든지 무엇을 하든지 다 하나님의 영광을 위하여 하라"(고전 10:31). 그 말씀에서 '먹든지 마시든지'를 강조했으나, 골로새서에서 '말에나 일에나'를 강조했다.

또 다른 강조점은 '하나님의 영광을 위하여 하라'와 '주 예수의 이름으로 하라'이다. 얼른 보기에 달리 강조하는 것 같지만, 결국 같은 의미이다. 그 이유는 너무나 분명한데, '하나님의 영광을 위해서는' 반드시 '주 예수의 이름으로 하지' 않으면 안 되기 때문이다. 그러니까 전자는 신앙생활의 목적이고, 후자는 방법이라고 할 수 있다. 그렇다! '주 예수의 이름으로' 인하여 '하나님께서 영광을 받으신다.'

그러면 '주 예수의 이름'으로 골로새의 그리스도인들은 무엇을 얻었는가? 그들은 '주 예수의 이름'으로 구원을 얻었다. 베드로의 말대로이다: "다른 이로써는 구원을 받을 수 없나니 천하 사람 중에 구원을 받을 만한 *다른 이름*을 우리에게 주신 일이 없음이라 하였더라"(행 4:12). 바울 사도도 같은 말을 했다: "너희 중에 이와 같은 자들이 있더니 *주 예수 그리스도의 이름*과 우리 하나님의 성령 안에서 씻음과…의롭다 하심을 받았느니라"(고전 6:11).

골로새의 그리스도인들이 그렇게 의롭다 하심을 얻은 이유는 그들이 그분의 이름으로 죄를 용서받았기 때문이다. "자녀들아 내가 너희에게 쓰는 것은 너희 죄가 *그의 이름으로* 말미암아 사함을 받았음이요" (요일 2:12). 그들의 죄가 사해지자 의롭다 하심을 받았을 뿐 아니라, 그 이름으로 인하여 영생을 얻었다. "내가 *하나님의 아들의 이름을* 믿는 너희에게 이것을 쓰는 것은 너희로 하여금 너희에게 영생이 있음을 알게 하려 함이라" (요일 5:13).

'주 예수의 이름'은 엄청난 능력도 나타나게 한다. 예수 그리스도의 제자들은 그분의 이름으로 귀신들도 굴복시켰고 (눅 10:17), 앉은뱅이도 일으켰다. "베드로가 이르되 은과 금은 내게 없거니와 내게 있는 이것을 네게 주노니 나사렛 *예수 그리스도의 이름으로* 일어나 걸으라 하고, 오른손을 잡아 일으키니 발과 발목이 곧 힘을 얻고, 뛰어 서서 걸으며 그들과 함께 성전으로 들어가면서 걷기도 하고 뛰기도 하며 하나님을 찬송하니" (행 3:6-8).

그처럼 존귀한 예수 그리스도의 이름으로 '무엇을 하든지 말에나 일에나' 하라는 권면이다. 이런 권면은 그 이름으로 복음도 전하고, 능력도 행하는 등 매일의 삶에서 사용하라는 것이다. 다시 말해서, 골로새의 그리스도인들은 예수 그리스도의 이름으로 구원을 얻었으니, 그 이름을 의지해서 살라는 것이다. 이름은 그분의 권위와 인격을 가리키기에, 그분의 권위 아래에서 살면서 그분의 인격을 세상에 드러내라는 놀라운 권면이다.

# 6. "가족 관계"

"아내들아, 남편에게 복종하라! 이는 주 안에서 마땅하니라.

남편들아, 아내를 사랑하며 괴롭게 하지 말라.

자녀들아, 모든 일에 부모에게 순종하라!

이는 주 안에서 기쁘게 하는 것이니라.

아비들아, 너희 자녀를 노엽게 하지 말지니 낙심할까 함이라"

(골로새서 3:18-21)

가정의 중요성을 다루지 않는 종교는 없을 것이다. 그런데 기독교에서는 가정을 창조는 물론 신앙의 근간으로 가르친다 (창 2:24). 바울 사도는 수없이 가정의 중요성을 가르쳤는데, 골로새서에서 묘사하는 가정은 그런 가르침 가운데 하나이다. 골로새서에서는 가정의 뼈대가 되는 부부관계와 부자지간의 관계를 다루고 있다. 그런 이중적인 관계를 위해 그들 한 사람 한 사람을 소제목으로 삼아보자. 1) "아내들", 2) "남편들", 3) "자녀들", 4) "아비들".

## 1) "아내들"

하나님의 부부 창조에는 순서가 있는데 먼저 남편을 창조하셨고, 그 후에야 아내를 창조하셨다 (창 2:21-23). 바울 사도는 남자가 여자보다 먼저 태어났다고 언급했을 뿐 아니라, 여자가 남자를 위해 나중에 태어났다고 설명했다. "남자가 여자에게서 난 것이 아니요 여자가 남자에게서 났으며, 또 남자가 여자를 위하여 지음을 받지 아니하고 여자가 남자를 위하여 지음을 받은 것이니"(고전 11:8-9).

그런 가르침은 남자가 여자보다 우월적인 위치에 있다는 오해를 일으킨다. 바울 사도의 확인이다. "그러나 주 안에는 남자 없이 여자만 있지 않고 여자 없이 남자만 있지 아니하니라. 이는 여자가 남자에게서 난 것 같이 남자도 여자로 말미암아 났음이라; 그리고 모든 것은 하나님에게서 났느니라"(고전 11:11-12). 남녀 모두 하나님의 창조물이다! 하나님이 손수 당신의 형상을 따라 남녀를 창조하셨기에, 하나님 보시기에는 똑같이 중요하다.

그런데 바울 사도는 창조의 순서와는 달리 먼저 '아내들'에게 권면하기 시작했다. 그것도 가볍게 권면한 것이 아니라 무겁게 했다. "아내들아, 남편에게 복종하라; 이는 주 안에서 마땅하니라"(골 3:18). 이미 언급한 대로, 골로새서의 보충 편인 에베소서에서는 권면을 다음과 같이 바꾸었다. "아내들이여, 자기 남편에게 복종하기를 주께 하듯 하라"(엡 5:22). 아내는 주님에게 복종해야 하는 것처럼, 남편에게도 복종하라는 권면이다.

바울 사도는 그렇게 복종해야 하는 이유도 덧붙여서 설명했다. "이는 남편이 아내의 머리 됨이 그리스도께서 교회의 머리 됨과 같음이니, 그가 바로 몸의 구주시니라"(엡 5:23). 몸에 붙은 지체인 아내가 머리인 그리스도에게 복종하는 것은 너무나 당연하다. 그뿐 아니라, 몸에 붙은 지체인 남편도 그리스도에게 복종하는 것도 당연하다. 아내가 주님에게 복종하듯 남편에게도 복종해야 한다는 원리는 남편에게도 그대로 적용되어 아내에게 복종해야 한다는 말이다.

'복종하다'를 더 알아보기 위해 바울 사도의 말을 다시 인용해보

자. "만물을 그에게 *복종하게* 하실 때에는 아들 자신도 그 때에 만물을 자기에게 *복종하게* 하신 이에게 *복종하게* 되리니 이는 하나님이 만유의 주로서 만유 안에 계시려 하심이라" (고전 15:28). 이 말씀에서 '복종하다'가 반복적으로 사용되었는데, 그 내용의 의미는 다음과 같다. 먼저, '하나님이 만물을 아들에게 복종하게 하신 후, 그 다음 아들로 하나님에게 복종하게 하신다.'

본래 하나님과 아들은 동등한 분이시다 (요 5:17-18, 10:30). 그렇지만 그 아들이 아버지에게 복종하게 된다는 것이다. 마찬가지로, 남편과 아내는 하나님의 창조물로 동등하다. 그러나 아내가 남편에게 복종하라는 것을 뒤집으면 남편도 아내에게 복종하라는 뜻이다. 실제로 바울 사도는 남편과 아내의 관계를 정립하기에 앞서 다음과 같은 엄중한 명령을 주었다. 그 명령을 인용해보자: "그리스도를 경외함으로 *피차 복종하라*" (엡 5:21).

왜 바울 사도는 '남편들'에게 먼저 권면하지 않았는가? 가정의 열쇠는 아내가 쥐고 있기 때문이다! 아담과 하와를 보라! 그렇게 완전한 가정이 깨어진 것은 아내 때문이었다. 아내들은 가정을 깰 수도, 세울 수도 있는 잠재력이 있다. 그런 엄중한 사실은 현재의 가정에서도 여실히 드러나고 있다. 아내로 인해 가정의 분위기가 결정되고, 자녀들의 미래가 정해진다. 바울 사도가 '아내들'을 먼저 언급하면서 남편을 권면한 것은 시대를 초월한 혜안이라고 할 수 있다.

### 2) "남편들"

아내들이 남편들에게 복종하라고 권면한 후, 바울 사도는 남편들에게 다음과 같이 권면했다: "남편들아, 아내를 사랑하며 괴롭게 하지 말라". 이 권면에는 적극적인 것과 소극적인 것이 동시에 포함되어 있다. 적극적인 권면은 '아내를 사랑하라'는 것이며, 소극적인 것은 '아내를 괴롭게 하지 말라'는 것이다. 우선, 소극적인 권면, 곧 '아내를 괴롭게 하지 말라'의 의미를 먼저 알아보자.

그 권면은 오랫동안 자행되어온 남편들의 행패를 딱 한 단어로 묘사한 것이다. 왜 남편들은 아내들을 '괴롭게 하는지' 그 이유를 몇 가지 찾아보자. 첫째, 남자들의 힘이 여자들보다 세기 때문이다. 얼마나 많은 남편이 그들의 힘으로 아내를 괴롭게 했는가? 둘째, 남편들의 권위의식 때문이다. 남편들이 가정을 경제적으로 책임지면서 스스로 권위를 휘두를 뿐 아니라, 많은 경우 아내들도 그 권위를 직접적이든 간접적이든 인정했다.

셋째, 종교의 비인격적인 가르침 때문이다. 유교의 가르침에 의하면, 남편의 권위를 높여서 아내를 거의 종처럼 부리는 경우가 허다했다. 힌두교에서는 남편이 죽으면 그의 아내를 남편과 함께 산 채로 불에 태워 죽이기까지 했다. 이슬람교의 가르침에 따르면, 남편은 절대적인 권위를 가지고 아내를 몇 명씩 거느릴 수 있다. 그들의 권위는 하늘을 찌를 듯, 필요하면 종교의 이름으로 아내를 학대하거나 심지어 죽일 수도 있다.

기독교에서도 '남편에게 복종하라'는 하나님의 말씀을 제멋대로 해석하면서 남편들이 아내들을 '괴롭게' 한 경우는 수없이 많다. 위에서 언급한 것처럼, 아내가 남편에게 복종하듯, 남편도 아내에게 복종해야 하는 것이 우리 주님의 가르침이다. 주님은 그렇게 가르치시면서 복종의 본을 보이셨다. 그분은 하나님 아버지께 목숨조차 포기하면서까지 복종하셨다. 그분 자신도 하나님 아버지와 동등한 분이셨는데도 말이다 (빌 2:5-6).

바울 사도는 남편들에게 '괴롭게 하지 말고', 대신 '아내를 사랑하라'고 권면했다. 그가 사용한 '사랑'은 조건 없이 용서하고 받아들이는 *아가페* 사랑이다. 그런 사랑은 아내의 잘못을 전제로 하는 권면이다. 만일 잘못이 없는 아내라면 그런 *아가페* 사랑이 왜 필요하겠는가? 그러나 남편의 눈에 아내의 잘못이 보일 때, 그때 조건 없이 용서하고 받아들이는 사랑이 바로 *아가페* 사랑이다. 그때 다른 '아름다운' 여인에게 눈을 돌리지 말라는 뜻도 포함되어 있다.

남편이 아내를 *아가페* 사랑으로 사랑한 놀라운 실례가 있는데, 곧 아담이다. 그의 아내 하와는 하나님의 말씀을 어기면서 금단의 열매를 먹었다. 그 결과는 너무나 비참했다. 하나님과의 관계도 깨어졌고, 그들 부부의 관계에도 금이 가서 서로에게 책임을 돌렸다. 그뿐 아니라, 그들로 인해 태어날 모든 인간에게 말할 수 없는 죄의식과 죽음을 안겨준 원인 제공자였다. 남편인 아담은 아내인 하와를 비난하면서 이혼할 수도 있었고, 죽일 수도 있었다.

그러나 아담은 그렇게 하지 않았다! 그는 *아가페* 사랑으로 아내를 용서했고 사랑했다. 어떻게 용서하고 사랑했는지 알 수 있는가? 그것은 어려운 질문이 아니다. 아담은 하와를 받아들였고, 그 결과 그들을 통해 가인과 아벨을 비롯한 많은 자녀를 낳았기 때문이다. 하와가 죄지은 이야기가 창세기 3장인데, 아담과 하와를 통해 수많은 자녀를 낳은 것은 4장과 5장에 수록되어 있다. 바울 사도는 남편들에게 '사랑하라'고 할 때 아담을 염두에 두었을지도 모른다.

## 3) "자녀들"

바울 사도가 남편들이 아닌 아내들에게 먼저 권면한 것처럼, 아비들에게 먼저 하지 않고 자녀들에게 먼저 권면했다. 특별한 이유라도 있는가? 아내들의 행복한 삶이 대개 남편들에게 달린 것처럼, 자녀들의 장래가 많은 경우 부모들에게 달렸기 때문이다. 자녀들에게 주어진 바울 사도의 권면을 다시 보자. "자녀들아, 모든 일에 부모에게 순종하라; 이는 주 안에서 기쁘게 하는 것이니라".

바울 사도는 아내들에게는 '복종하라'고 권면했으나, 자녀들에게는 '순종하라'고 했다. 한글성경에서는 '복종하라'가 보다 엄중하게 들릴지 모르나, 헬라어성경에서는 그렇지 않다. '복종하라'는 권면은 자원해서 받아들일 수 있는 권면이나, '순종하라'는 좋든 싫든 상관없이 무조건 받아들여야 하는 엄중한 명령이다. 그 이유도 분명하다! 자녀들은 아직 완전히 성숙하지 않기 때문에 사리판단을 제대로 할 수 없기 때문이다.

그들의 장래를 위해 진심으로 기도하고 염려하는 부모가 그들의 빛난 장래를 위해 권면할 때 자녀들은 무조건 따르라는 명령이다. 그 명령은 '모든 일에 순종하라'는 것이다. '모든 일'은 선택의 여지가 없다는 강력한 표현이다. 달리 말하면, 자녀들은 중요한 일은 물론이고 중요하지 않아 보이는 것에도 순종해야 한다는 것이다. 물론 그런 무조건적인 순종을 요구하는 부모의 책임도 막중하다. 그들은 많은 기도와 숙고를 통해 권면해야 한다.

바울 사도는 자녀들이 그렇게 순종할 때 주님이 기쁘게 받으신다고 명백하게 표현했다. 왜 주님이 기뻐하시는가? 그 이유도 분명하다! 주님은 부모를 통해 자녀를 생산하게 하셨으며, 그 주님은 부모에게 자녀의 양육을 맡기셨기 때문이다. 그러니까 부모는 주님의 대리자로서 자녀들을 맡은 것이다. 그런 이유로 인해 자녀들은 주님에게 절대적으로 순종해야 하는 것처럼, 부모에게도 순종해야 한다.

부모에게 순종하지 않고 불순종하면, 어떤 일이 일어날 수 있는지 다시 아담과 하와의 경우를 들어 설명해보자. 그들이 죄를 지은 이후 하나님은 깊은 사랑으로 그들에게 가죽옷을 입혀주셨다 (창 3:21). 그 사건은 하나님이 그들을 구원하시겠다는 놀라운 은혜의 행위였다. 그처럼 큰 은혜를 입은 아담과 하와는 자녀들에게 그 사실을 알려주었을 것이다. 그런데 한 아들은 부모에게 전적으로 순종했으나, 다른 아들은 순종하지 않았다.

조건 없이 순종한 아벨은 그 결과 의인이라 불리었다. 말씀으로 확인하자; "믿음으로 아벨은 가인보다 더 나은 제사를 하나님께 드림으로 의로운 자라 하시는 증거를 얻었으니…" (히 11:4). 반면, 부모의 가르침을 거부한 가인은 어떻게 되었는가? 그는 의와는 거리가 먼, 그래서 최초의 살인자로 하나님의 영원한 심판의 대상이 되었다. 그렇다! 기도하는 신앙적인 부모에게 순종하는 자녀들은 크나큰 축복을 받는다.

## 4) "아비들"

아내와 자녀들을 책임지는 아비들은 당연히 많은 권위를 갖게 된다. 아비들은 그 권위로 자녀들을 마음대로 다룬 사실은 인간의 역사를 통해서 분명히 드러났다. 고대 시대에는 아비들이 신에게 바친다는 명목으로 자녀들을 제물로 취급하기도 했다. 많은 자녀가 제대로 반론이나 반발조차 해보지 못하고 바알의 신 몰렉에게 바쳐졌다. 아비들의 '종교 행위' 때문에 자녀들을 그렇게 불에 타죽도록 바쳤다 (렘 32:35).

아비들의 권위를 확인해주는 것처럼, 바울 사도는 '모든 일에 부모에게 순종하라'고 자녀들에게 명령까지 했다. 그런 명령은 가장인 아비들에게 절대적인 권위와 권한을 부여한다. 비록 그들이 그리스도인이지만, 그들에게 허락된 권위와 권한을 휘두르면서 자녀들을 '노엽게'하는 아비들이 얼마나 많은지 모른다. 물론 아비들이 그들의 권위와 권한을 자녀들에게 사용하지 않으면 안 될 때도 없잖아 있다. 하나님의 말씀은 그런 행위를 징계라고 한다.

잠언에 기록된 징계를 알아보자. "내 아들아, 여호와의 징계를 경히 여기지 말라; 그 꾸지람을 싫어하지 말라. 대저 여호와께서 그 사랑하시는 자를 징계하시기를 마치 아비가 그 기뻐하는 아들을 징계함 같이 하시느니라" (잠 3:11-12). 히브리서 저자는 징계를 전혀 받지 않는 자녀들은 아비 없는 사생자와 같다고 다음과 같이 언급했다. "징계는 다 받는 것이거늘 너희에게 없으면 사생자요 친아들이 아니니라" (히 12:8).

아비들이 자녀들을 징계하는 것은 결코 '노엽게 하는 것'과는 다르다. 징계는 자녀들을 선도하기 위한 사랑의 표현이다. 그러나 '노엽게 하는 것'은 반복적으로 잘못이나 약점을 지적하여 자녀들로 '낙심하게' 하는 것이다. 끊임없이 '낙심한' 자녀들은 정상적인 인간으로 성장하기 어려워서 삐뚤어진 인간이 된다. 그 결과 가정적으로

나 사회적으로 결단코 바람직하지 않은 사람으로 전락한다. 얼마나 많은 아비가 그들의 권위를 그렇게 잘못 사용하는가?

에베소서에서는 아비들이 소극적으로 하지 말아야 할 일과 더불어, 적극적으로 할 일도 첨가했다: "또 아비들아 너희 자녀를 노엽게 하지 말고, 오직 주의 교훈과 훈계로 양육하라"(엡 6:4). 자녀들을 어린아이처럼 양육하되, '주의 교훈과 훈계'로 하라는 것이다. 어려서부터 그렇게 양육되면, 그 개인은 물론 가정적으로나 사회적으로 훌륭한 인간이 되기 때문이다. 그런데 가장 영향력 있는 '교훈과 훈계'는 삶의 본을 보이는 것이다.

# 7. "종들"

"종들아! 모든 일에 육신의 상전들에게 순종하되,

사람을 기쁘게 하는 자와 같이 눈가림만 하지 말고

오직 주를 두려워하여 성실한 마음으로 하라.

무슨 일을 하든지 마음을 다하여 주께 하듯 하고 사람에게 하듯 하지 말라.

이는 기업의 상을 주께 받을 줄 아나니, 너희는 주 그리스도를 섬기느니라.

불의를 행하는 자는 불의의 보응을 받으리니,

주는 사람을 외모로 취하심이 없느니라"

(골로새서 3:22-25)

바울 사도는 가족 관계에 대해 권면한 후 곧바로 종들에게 눈을 돌렸다. 그 이유는 종들도 확대된 가족이나 마찬가지기 때문이다. 비록 신분은 달랐지만, 그래도 가족처럼 한 지붕 밑에서 살았다. 항상 주인을 섬겨야 했기 때문에 자연히 그 가정에 대해 거의 속속들이 알고 있었다. 그들의 역할이 달랐지만, 생활면에서는 가족이나 다름없었다. 그 종들에 대해 알아보기 위하여 1) 종의 순종, 2) 종의 자세, 3) 종의 보상, 4) 종의 불의 등의 소제목으로 접근하자.

## 1) 종의 순종

자녀들이 부모에게 절대적으로 순종해야 하는 것처럼, 종들도 육신의 상전들에게 순종해야 한다. 자녀들은 부모의 명령이 그들에 대한 사랑과 애정을 담고 있다는 사실을 알기에, 그리고 궁극적으로 그들을 위함이라는 것을 알기에, 부모에게 순종하는 것이 반드시 어렵지만은 않다. 그러나, 종들의 경우는 전혀 다르다! 상전과 종들 사이가 비록 가족과 같을지라도, 결국엔 남남이다. 거기다가 상전들이 그들을 물건처럼 값을 주고 샀기에 종이 되었다.

그런 배경 때문에 종들은 자녀들이 부모에게 순종하는 것처럼 순종하기란 쉽지 않다. 자녀들은 깊은 신뢰로 부모에게 순종할 수 있지만, 종들은 순종하는 것처럼 행동해도 그들 마음속에서는 원망과 반발심이 숨겨져 있을 수 있다. 그들의 그런 마음을 꿰뚫어 본 바울 사도는 간단히 순종하라고만 명령하지 않고, 그들의 상전에 대해 어떤 마음가짐을 가져야 하는지에 대해서 덧붙였다.

종들의 마음가짐은 세 가지인데, 말씀을 인용하면서 확인하자. "…모든 일에 사람을 기쁘게 하는 자와 같이 눈가림만 하지 말고 오직 주를 두려워하여 성실한 마음으로 하라" (골 3:22). 첫째는 '눈가림만 하지 말라'고 바울 사도는 권면했다. 그 당시 종들이 부지기수로 많았는데, 그들 가운데 많은 사람은 예수 그리스도를 인격적으로 만난 적이 없었다. 그런 종들은 상전들이 보는 앞에서는 성심껏 일하는 것 같지만, 상전들이 보이지 않으면 그렇지 않았다.

그러나 예수 그리스도를 아는 종들은 상전들이 있든 없든 최선을 다해야 한다. 마치 주님이 불꽃 같은 눈으로 다 보고 계시는 것처럼, '오직 주를 두려워하면서' 성심성의껏 그들에게 맡겨진 일을 해야 한다. 그들을 구원해 주신 주님은 그들의 상전들도 구원하셨기에, 그분을 위하여 '두려워하면서' 해야 한다. 그렇게 주님을 두려워하면서 최선을 다해야 하는 것이 종들의 둘째 마음가짐이다.

종들의 셋째 마음가짐은 '성실한 마음'이다. 어느 정도 성실해야

'성실한 마음'으로 여겨지는가? '모든 일'에 순종하는 것이 성실한 마음일 것이다. 자녀들도 '모든 일'에 부모에게 순종해야 하는 것처럼, 종들도 똑같이 '모든 일'에 순종해야 한다. 그런데 종들이 '모든 일'에 상전에게 순종하는 것은 자녀들이 '모든 일에 부모에게 순종하는' 것과 같다. 자연스럽게 종들은 신분상으로는 종이지만, 그래도 자녀들처럼 가족의 일원으로 여겨진 것이다.

## 2) 종의 자세

종들의 자세를 알아보기 위하여 바울 사도의 권면을 인용해보자. "무슨 일을 하든지 마음을 다하여 주께 하듯 하고 사람에게 하듯 하지 말라" (골 3:23). 바울 사도는 자녀들과 종들이 '모든 일'에 순종해야 한다고 한 후, 종들에게 한마디 덧붙였는데, 곧 '무슨 일을 하든지'이다. 비록 '무슨 일'이란 표현이 '모든 일'과는 서로 다르지만, 그래도 그 내용은 같다고 할 수 있다. '무슨 일'을 하든지 '모든 일'에 임하는 종의 자세는 무엇인가?

그 자세는 '마음을 다하여 주께 하듯 하고, 사람에게 하듯 하지 말라'는 것이다. '마음을 다하여'는 의도를 포함하지만, 그것만은 아니다. '마음'은 의도와 지식과 감정을 포괄하는 신앙의 근거지를 뜻한다. 비록 종이지만 신앙인답게 그리고 가족의 일원답게 애정을 가지고 헌신적으로 하라는 것이다. 그에게 맡겨진 일이 무엇이든 상관없이 그 일을 '주님처럼' 대하라는 권면이다. 그 일이 큰일일 수도 아주 작은 일일 수도 있지만, 주님을 대하듯 하라는 권면이다.

그뿐 아니라 바울 사도는 이런 권면을 덧붙였다: '사람에게 하듯 하지 말라!' '주께 하듯 하고, 사람에게 하듯 하지 말라'고 하면서 바울 사도는 의도적으로 주님과 사람을 대조했다. 주님은 창조주이시나, 사람은 주님에 의해 창조된 피조물이다. 주님은 구주이시나 사람은 죄인이다. 주님은 영원하시나 사람은 유한하다. 주님은 영존하시나 사람은 죽음을 향해 가는 연약한 존재이다. 주님은 역사를 주관하시나 사람은 역사의 부침에 따라 있다가 없어진다.

비록 종들이지만 예수 그리스도를 구주로 믿었기에, 그분의 종답게 '주께 하듯 해야 한다.' 비록 그들은 '육신의 상전들'을 섬기지만, 그 상전들은 사람에 지나지 않는다. '무슨 일'이든지 사람에게 보이려고 하지 말라는 것이다. 예수 그리스도를 섬기는 종들답게 사람에게 하듯 하지 말고, '주께 하듯 하라'는 것이다. 그렇게 할 때 그들이 비록 종이지만 '육신의 상전'을 섬기면서 주님을 섬기는 영광을 갖게 된다니, 얼마나 놀라운 권면인가!

### 3) 종의 보상

종들이 '상전들에게 순종하며', '무슨 일을 하든지 마음을 다하여 주께 하듯' 할 때, 그들에게 엄청난 보상이 따른다. 그 보상을 보기 위해 하나님이 바울 사도를 통하여 주신 약속을 인용해보자. "이는 기업의 상을 주께 받을 줄 아나니, 너희는 주 그리스도를 섬기느니라"(골 3:24). 종들에게 보상이 있다는 것은 어떤 나라에서도, 어떤 문화에서도, 그리고 어떤 종교에서도 찾아볼 수 없는 놀랍고도 놀라운 약속이다.

그런데 종들에게 보상이 있다는 약속을 포함한 종교는 기독교뿐이다. 그러면 왜 기독교에는 보상이 있는가? 그 이유를 알아보자.

첫째, 하나님은 모든 인간을 동등하게 창조하셨기 때문이다. 비록 이 세상에서는 상전들과 종들이라는 신분의 차이가 있을지라도, 그래도 상전들이나 종들이나 똑같이 하나님이 창조하신 피조물이다. 그러니까 창조주이신 하나님의 눈에는 상전들과 종들의 구분 없이 동등한 존재이다.

둘째, 하나님을 등지고 살던 죄인들이 예수 그리스도를 구주로 받아들이자 그들의 사회적 신분과 상관없이 형제자매가 되었다. 그것이야말로 예수 그리스도가 십자가에서 흘리신 피의 능력이다. 그 피로 죄를 용서받은 사람은 상전들이든 종들이든 모두 하나님의 자녀가 되었다.

셋째, 하나님의 자녀들은 천국을 소망하며 살아가는 사람들이며, 거기에서 사회적 신분에 상관없는 보상을 받게 될 것이다.

바울 사도가 '기업의 상을 주께 받을 줄 아나니'에서 '기업'은 유산을 말한다. 본래 종들은 인간적으로는 어떤 유산도 기대할 수 없다. 그들은 평생 종노릇하다가 죽으면 그것으로 끝장이다. 그러나 예수 그리스도를 구주로 믿은 종들은 죽음으로 끝나지 않는다. 그들이 죽는 순간 종의 신분을 훌훌 벗어버리고, 영원한 자유의 몸이 될 것이다. 그뿐 아니라, 그들을 기다리는 엄청난 보상이 있는데, 곧 '기업의 상'이다. 그들에게도 유산이 있다는 놀라운 약속이다.

그런 보상이 약속된 이유는 간단하다. 그들이 '주 그리스도를 섬기기' 때문이다. 주님은 천국의 주인이시다! 평생 종노릇했지만, '무슨 일을 하든지 마음을 다하여 주께 하듯 한' 종들을 그리스도처럼 변화시켜주실 것이다. 그리고 그렇게 충성을 다한 그들에게 '기업의 상'을 주실 것이다. 그리고 말씀하실 것이다, "잘하였도다, 착하고 충성된 종아, 네가 적은 일에 충성하였으매 내가 많은 것을 네게 맡기리니, 네 주인의 즐거움에 참여할지어다" (마 25:21).

## 4) 종의 불의

그러나 모든 종이 '모든 일에 육신의 상전들에게 순종하거나', '무슨 일을 하든지 마음을 다하여 주께 하듯 하는' 것은 아니다. 어떤 종들은 '사람을 기쁘게 하는 자와 같이 눈가림만 하고', 또 어떤 종들은 '마음을 다하여 주께 하듯 하지 않고 사람에게 하듯 했다.' 또 어떤 종들은 상전들에게 마음속으로 원망하면서 미워하기도 했을 것이며, 반항적인 종들도 있었을 것이다. 주님이 그런 마음을 모르실 수 있겠는가?

종들 가운데는 상전들의 모든 것—재산, 자녀들, 비밀, 부부관계, 불륜, 질병 등—을 속속들이 알고 그런 것들을 이용하여 '불의를 행하는' 종들도 틀림없이 있었을 것이다. 하나님은 어떤 경우에서든 '불의'를 기뻐하지 않으신다. 바울 사도는 로마서에서 '불의'에 대해 하나님의 의로운 심판이 '하늘로부터 나타난다'고 강하게 질타했다 (롬 1:18). '불의'는 크게 두 가지인데, 하나는 위로 하나님에 대한 불의이고 다른 하나는 이웃에 대한 불의이다.

하나님은 사회적으로 약자였던 종들이라고 그들의 불의를 눈감아주지 않으시는 분이다. 누가 어떤 불의를 행했든지, 그는 그 불의에 따라서 '보응'을 받게 된다. 만일 하나님이 불의를 보응하지 않으시면, 그분은 거룩한 하나님이 아니시다. 그러나 하나님은 거룩하신 분이기에 불의에 대해 반드시 심판하신다. 처량한 인생을 영위한 종들도 어김없이 심판을 받게 된다. '주님은 사람을 외모로 취하시지' 않기 때문이다.

이 말씀에서 '외모'의 뜻은 신분의 차이를 가리킨다. 신분이 높든 낮든, 그들이 종들이든 상전들이든 똑같이 '불의'에 대해 보응을 받는다. '외모'는 겉모습일 수도 있고 (벧전 1:17), 경제적인 모습일 수도 있다 (약 2:1-9). '외모'는 민족적 모습일 수도 있고 (행 10:34-35), 사회적인 모습일 수도 있다 (갈 2:6). 그렇다! 주님은 사람의 외모가 어떻든 상관없이 '불의'를 행하면 반드시 보응하신다. 종들도 예외는 아니다!

# 존귀해진 관계

# 1. "상전들"

> "상전들아! 의와 공평을 종들에게 베풀지니,
> 너희에게도 하늘에 상전이 계심을 알지어다"
>
> (골로새서 4:1)

바울 사도는 종들에게 엄청난 보상을 약속하고 그들의 불의에 대해 경고한 후, 그 종들을 다스리는 상전들에게도 권면하는 것을 잊지 않았다. 종들이 들어야 할 권면이 있다면, 상전들도 들어야 할 권면이 있음이 틀림없다. 그런 균형 잡힌 권면을 통하여 주종관계를 정립하기도 했다. 바울 사도는 상전들에게 다음과 같은 네 가지 제목으로 권면을 이어갔다: 1) "상전들", 2) 소극적 권면, 3) 적극적 권면, 4) "하늘에 계신 상전".

## 1) "상전들"

바울 사도는 본문에서 '상전'이란 단어를 두 번이나 사용했는데, 헬라어로는 둘 다 큐리오스(κύριος)이다. 큐리오스는 신약성경에서 722번이나 나오는데, 한글로는 다음과 같이 여덟 가지로 번역되었다: 주 (마 1:20), 주인 (마 6:24), 주여(높임말-sir), 주재 (마 11:25), 임자 (눅 19:33), 아버지 (마 21:9), 선생들 (행 16:30), 주(우상을 가리키는 주, 고전 8:5). 두말할 필요도 없이 가장 많이 나오는 것은 예수 그리스도를 가리키는 "주"이다.

본문에 나오는 "상전"은 "종"이 부르는 칭호이다. 이미 골로새서

3장 22절에서 살펴본 대로이다: "종들아 모든 일에 육신의 *상전들*에게 순종하되 사람을 기쁘게 하는 자와 같이 눈가림만 하지 말고 오직 주를 두려워하여 성실한 마음으로 하라". 주님이 직접 하신 말씀으로도 확인하자. "제자가 그 선생보다, 또는 종이 그 *상전*보다 높지 못하나니, 제자가 그 선생 같고 종이 그 *상전* 같으면 족하도다…"(마 10:24-25).

종들은 그들의 주인을 상전이라 부르는데, 그 이유는 그들이 상전의 소유이기 때문이다. 그러므로 상전은 종들에 대해 절대적인 소유권을 갖는다. 다시 말해서, 상전은 종들을 심하게 부릴 수도 있고, 육체적으로 가혹한 형벌을 줄 수도 있으며, 원하지 않으면 팔아 버릴 수도 있다. 그뿐 아니라, 상전은 종들의 생명을 빼앗을 수도 있다. 종들에 대해 상전이 갖는 권위는 아무도 제한할 수 없을 만큼 절대적이다.

바울 사도는 그처럼 절대적인 권위를 휘두를 수 있는 상전을, 하나님이나 예수 그리스도를 부를 때 지칭하는 *큐리오스*를 사용한 것은 다분히 의도적인 것 같다. 두말할 필요도 없이, 하나님의 권위는 어떤 사람이나 환경도 제한할 수 없는 절대적인 것이다. 그런 절대적인 권위의 상징인 하나님을 *큐리오스*라고 부른 것처럼, 상전들도 그렇게 부름으로 종들에 대한 그들의 절대적인 권위를 드러내고자 한 것이다.

## 2) 소극적 권면

바울 사도는 그런 무소불위無所不爲의 권위, 곧 무엇이든지 제한받지 않고 행할 수 있는 권위를 가지고 있는 상전들에게 소극적인 권면을 했다. 그 권면을 보기 위해 에베소서에서 상전들에게 한 말을 인용해보자. "상전들아, 너희도 그들에게 이와 같이 하고 위협을 그치라; 이는 그들과 너희의 상전이 하늘에 계시고, 그에게는 사람을 외모로 취하는 일이 없는 줄 너희가 앎이라"(엡 6:9).

바울 사도의 소극적 권면은 간단하면서도 분명한데, 곧 '위협을 그치라!'이다. 바울 사도는 그렇게 명령하면서 '그치라'는 동사를 사용한 것은 다분히 의도적이었을 것이다. 왜냐하면 '그치라'는 동사는 '그에게 주어진 권리를 포기하라'는 뜻이 들어있기 때문이다. 그렇다! 상전은 종들에게 온갖 위협을 가할 수 있는 권위와 자유가 주어졌다. 그러나 바울 사도는 그런 특권을 스스로 포기하라고 강하게 명령했다.

그리스도인 상전들이 다른 인간에게 그런 비인간적인 '위협'을 가할 수 없다는 것이다. 그런 '위협'은 폭군들이 그들의 권위를 마음대로 휘두르는 야만적인 행위이며, 약한 먹잇감을 사정없이 짓밟고, 찢고, 씹어먹는 야수의 행위이다. 더군다나 그들이 예수 그리스도를 구주로 믿고 따르면서 그처럼 비인간적인 행위에 연루될 수 없다. 오히려 그들은 예수 그리스도의 삶을 본받아 감싸고, 격려하며, 용기를 불어넣어 주어야 한다.

그렇게 감싸야 하는 이유가 두 가지인데, 하나는 그 종들을 죄에서 구원하신 하늘에 계신 상전, 곧 하나님이 계시기 때문이다. 하나님은 그분의 형상을 따라 지음을 받고, 한발 더 나아가 그 아들 예수 그리스도를 통해 하나님의 자녀가 된 존귀한 그리스도인을 그렇게 '위협'하는 모든 행위를 아신다. 히브리서에 있는 경고를 보자:

"원수 갚는 것이 내게 있으니 내가 갚으리라…살아 계신 하나님의 손에 빠져 들어가는 것이 무서울진저!" (히 10:30-31).

또 다른 이유를 말씀에서 직접 확인하자: "그에게는 사람을 외모로 취하는 일이 없는 줄 너희가 앎이라" (엡 6:9b). 이 세상에서는 상전들과 종들이라는 외모가 유효하나, 저 세상에서는 그런 차이는 아무짝에도 쓸모없는 것이 된다. 하나님은 모든 사람을 공평하게 대하시고 그들의 행위와 언어에 책임을 물으실 것이다. 그들의 언행에 따라 외모와 상관없는 심판이 있다는 사실을 기억하며 '위협을 그치라'고 바울 사도는 엄히 명령했다.

## 3) 적극적 권면

바울 사도는 소극적 권면으로 끝내지 않고 이어서 다음과 같이 적극적으로 권면했다: '의와 공평을 종들에게 베풀지니!' 이런 권면은 얼른 보기에는 종들에게 자유를 주어 해방하라는 것처럼 들릴 수 있다. 그러나 바울 사도는 상전들에게 그런 명령을 준 적이 없었다. '의'는 다분히 종교적인 뜻을 함축하기에, '의를 베풀라'는 권면은 신분상으로는 종이지만, 예수 그리스도 안에서 형제가 되었기에 그들을 형제처럼 취급하고 대접하라는 권면이다 (딤전 6:2 참고).

'공평'은 사람들 간의 관계에서 실천되는 것이기에, 상전들은 종들을 공평하게 대해야 한다는 권면이다. 그렇게 공평하게 대할 때 종들도 인간다운 삶을 영위할 수 있게 된다. 달리 설명하면, 상전들이 적절한 음식을 취하듯, 종들도 적절하게 먹고 마시게 해주어야 한다. 종들에게 일을 시킬 때도 적당하게 시켜야 한다. 일을 지나치게 시키면, 그것은 공평이라 할 수 없다. 종들에게도 적절한 잠자리와 휴식을 제공하는 것을 잊지 말아야 한다.

잠언의 저자는 현숙한 여인이 종들을 포함해서 집안 식구들에게 적절한 양식을 공급할 뿐 아니라, 특히 종들에게 적당한 일을 맡기라고 했다. 그 말씀을 인용해보자: "밤이 새기 전에 일어나서 자기 집안 사람들에게 음식을 나누어 주며 여종들에게 일을 정하여 맡기며" (잠 31:15). 한발 더 나아가서, 가능하면 종들의 수고에 대해 적절한 보상을 주도록 해야 한다. 그 보상은 언어적일 수도 있고, 대가적일 수도 있다.

야고보는 노동자를 염두에 두고 다음과 같은 말씀을 전했다. "보라, 너희 밭에서 추수한 품꾼에게 주지 아니한 삯이 소리 지르며, 그 추수한 자의 우는 소리가 만군의 주의 귀에 들렸느니라" (약 5:4). 그런데 야고보는 그가 그 편지를 쓸 당시 널리 퍼져 있던 노예들도 염두에 두었는지 모른다. 역사적으로, 어떤 종들은 상전으로부터 받은 삯을 조금씩이지만 모아서 자신들의 자유를 산 사람도 없잖아 있다.

그렇다면 왜 상전들은 종들에게 '의와 공평을 베풀라'고 권면했는가? 이미 언급한 대로, 하나님은 모든 사람을 동등하게 창조하셨기 때문이다 (행 17:26). 그렇게 동등하게 창조하신 하나님은 그들 모두에게 예수 그리스도에 대해 듣게 하셨다. 그리고 그 가운데서 혹자는 그분을 그들의 구주로 믿었다. 그렇게 믿은 그리스도인들은 그들의 사회적 신분의 차이--상전이든 종이든--에 상관없이 하나님의 자녀가 되어 형제자매가 되었기 때문이다.

## 4) "하늘에 계신 상전"

이미 언급한 것처럼, 종들 위에 육신의 상전들이 존재하는 것처럼, 상전들 위에는 '하늘에 계신 상전'이 있다. 그 상전은 두말할 필요도 없이 하나님이시다. 그 하나님은 하늘과 땅의 *큐리오스*, 곧 상전이시다. 한글성경에서는 '천지의 주재'라고 번역되었는데 (마 11:25), 구태여 영어로 번역하면 이렇다: Lord of Heaven and Earth. 큐리오스를 Lord로 번역한 실례이다. 그런 하나님은 천지에서 일어나는 모든 것을 속속들이 아신다.

바울 사도가 그 하나님을 *큐리오스*로 표현한 것은 그분이 과거에는 전능하신 창조주요, 현재에는 우주의 통치자요, 미래에는 추수의 심판자라는 놀라운 사실을 드러내기 위해서였다. 그런 상전이 하늘에 계시는데, 육신의 *큐리오스*, 곧 육신의 상전들이 종들을 '의와 공평'으로 대하지 않을 수 없는 것이다. 현재에 종들이 상전들의 심판을 받는 것처럼, 어느 날 그들도 '하늘에 계신 상전'으로부터 심판을 받을 엄연한 사실 때문이다.

그러나 육신의 상전들이 종들에게 '의와 공평을 베풀면', 하나님도 그들에게 '의와 공평을 베푸실' 것이다. 그들이 종들에게 베푼 대로 하나님은 갚아주실 것이기 때문이다. 그러니까 상전들의 내세는 그들이 현재에 종들을 어떻게 취급했는가에 달려있다. 그런 엄연한 사실을 알고 행동하라고 권면하면서, 이렇게 끝을 맺었다. '알지어다!' 이 명령은 머리로만 알고 끝나지 말고, 순종으로 옮기라는 것도 포함한다.

# 2. 기도 요청

"기도를 계속하고 기도에 감사함으로 깨어 있으라!
또한 우리를 위하여 기도하되
하나님이 전도할 문을 우리에게 열어 주사,
그리스도의 비밀을 말하게 하시기를 구하라.
내가 이 일 때문에 매임을 당하였노라.
그리하면 내가 마땅히 할 말로써 이 비밀을 나타내리라"

(골로새서 4:2-4)

바울 사도는 골로새의 그리스도인 가족들에게 세세한 권면을 했다. 그러나 지금부터는 기도로 방향을 바꾸기 시작하면서, 그를 위해서도 기도하기를 요청했다. 골로새의 그리스도인들을 위해 바울 사도는 기도했는데 (골 1:9-12), 이번에는 그들에게 기도를 요청하므로, 그들이나 사도나 서로를 위해 기도할 수 있는 똑같은 위치에 있다는 것을 간접적으로 나타냈다. 그 기도를 위해 다음의 소제목으로 알아보자: 1) "기도", 2) "전도", 3) "열린 문", 4) "말함".

## 1) "기도"

바울 사도는 하나님의 신실한 종이 되어 그분으로부터 받은 많은 계시의 말씀을 골로새의 그리스도인들에게 전했다. 그렇게 말씀을 전해준 목적 가운데는 밖에서 침투해 들어오는 잘못된 가르침을 분별해서 자신들을 보호하게 하기 위함이었다. 그러나 말씀만으로는 온전히 보호할 수 없는 사실을 잘 아는 바울 사도는 그들에게 기도하라고 권면했다. 말씀 못지않게 기도가 그들을 능력있게 보호할 수 있는 사실 때문이었다.

이미 언급한 대로, 골로새의 그리스인들은 여러 가지 악한 세력의 위협에 직면해 있었는데, 곧 잘못된 철학, 유대교의 의식주의, 천사 숭배, 금욕주의 등이었다. 물론 그런 것들로부터 보호받기 위해 그들에게 하나님의 말씀은 너무나 중요했다. 그러나 그런 세력들 배후에는 악령들의 조정이 있었다. 그런 세력들을 막아내기 위해서 하나님이 인간에게 허락하신 특별한 무기가 있는데, 그것은 기도였다.

골로새의 그리스도인들은 이미 기도하는 사람들이었다. 바울 사도는 '기도를 계속하라'고 권면했는데, 그 뜻은 지금까지도 기도하고 있었으나 그 기도를 끊임없이 계속하라는 사랑의 권면이었다. '기도를 계속하라'는 권면은 기도가 그만큼 어렵다는 사실도 함축한다. 기도는 각자가 시간을 내어 하나님께 간구하고, 호소하고, 간청하는 행위이기에, 잠깐 한눈팔면 기도를 소홀할 수 있다. '기도를 계속할' 뿐 아니라, '기도에 감사함으로 깨어 있으라'고 덧붙였다.

왜 감사하면서 기도해야 하는가? 그 이유는 분명하다! 하나님이 그들의 기도를 응답하시기 때문이다. 도대체 어떤 신이 인간의 기도를 응답하는가? 물론 그런 신은 없다! (신 4:7). 오로지 살아 계실 뿐 아니라, 골로새의 그리스도인들이 처한 상황을 아시는 하나님만이 그들의 기도를 응답하신다. 응답하시는 하나님이 위대하시기에, 그분에게 기도하는 골로새의 그리스도인들도 위대하다! 그들은 마땅히 그런 하나님께 기도하면서 감사해야 한다.

## 2) "전도"

그렇게 계속해서 기도하는 그리스도인들에게 바울 사도는 주저하지 않고 그를 위해서 기도할 것을 요청했는데, 그 요청은 분명했다. 또한 우리를 위하여 기도하되, "하나님이 전도할 문을 우리에게 열어주사 그리스도의 비밀을 말하게 하시기를 구하라." 그에게 기도 제목이 있다면, 한 가지뿐이었는데, 곧 "전도"를 위한 것이었다. 그 자신을 위한 기도 요청은 전혀 생각하지도 않고 입에 담지도 않았다.

바울 사도가 골로새서를 기록할 때는 로마의 감옥에 있었다. 그는 감옥에서 풀려나기를 위해 기도해 달라고 할 수도 있었다. 그는 자신의 건강과 안위를 위해서 기도 제목을 낼 수도 있었다. 그러나 그는 자신을 위해서는 기도를 요청하지 않았는데, 그 이유를 말씀에서 찾아보자. "내가 달려갈 길과 주 예수께 받은 사명 곧 하나님의 은혜의 복음을 증언하는 일을 마치려 함에는 나의 생명조차 조금도 귀한 것으로 여기지 아니하노라"(행 20:24).

바울 사도는 복음을 전하는 것만이 생애의 목적이었다. 그 복음으로 인해 그의 인생 목적이 변화되었기 때문이다. 율법을 지켜서 구원에 이르려는 그의 잘못된 인생이 바뀌었다. 그뿐 아니라, 하나님을 섬긴다는 명목으로 그리스도를 박해하던 인생이 그 그리스도를 전하는 것으로 바뀌었다. 그의 사고와 언행과 인생은 한 가지뿐이었는데, 곧 복음을 전하는 것이었다! 다메섹으로 가는 길에서 그를 만나주신 그리스도를 전하는 것이 그의 인생이요 목적이었다.

하나님도 그의 헌신과 열정을 받아주셨다. 그렇지 않다면 어떻게 그가 세계 곳곳을 찾아다니며 복음을 전할 수 있었는가? 어떻게 그처럼 많은 사람이 그가 전도하는 예수 그리스도를 믿고 변화할 수 있었는가? 그의 짧은 인생에서 어떻게 그렇게 많은 교회가 시작될 수 있었으며, 어떻게 그 교회들을 위하여 기도하며 일일이 편지를 써서 보낼 수 있었는가? 교회마다 가지고 있던 각기 다른 문제들을 해결해준 편지를 보낼 수 있었는가?

### 3) "열린 문"

바울 사도는 '전도할 문'이 활짝 열리도록 기도해달라고 골로새의 그리스도인들에게 요청했다. 하나님이 그에게 '그리스도의 비밀'을 알려주신 목적은 그 비밀을 편만하게 전하는 것이었다. 물론 이제는 그에게 비밀이 아니었는데, 하나님이 그에게 그 비밀을 제법 소상하게 알려주셨기 때문이다 (고후 12:1-4). 그러나 수많은 이방인에게는 여전히 비밀이기에, 그 비밀을 그들에게 전해주기를 원했다. 그러나 문이 열리지 않는다면 어떻게 전할 수 있겠는가?

'전도할 문'이 열린다는 것은 얼른 보기에 그가 자유의 몸이 되는 것을 뜻할 수 있다. 물론 자유의 몸이 된다면 더 많은 곳을 찾아가서 더 많은 사람에게 복음을 전할 수 있을 것이다. 그가 자유의 몸이 된다면, 그도 억지로 마다하지 않을 것이다. 복음을 전하기 위해서라면 하나님이 그를 자유의 몸으로 만드시든지, 아니면 감옥에 계속 남게 하시든지, 전혀 상관이 없다. 만일 감옥에 계속 남아있게 된다면 어떻게 '전도할 문이 열리겠는가?'

사도행전의 저자인 누가는 바울 사도가 감옥에 있으면서 어떻게 하나님이 '전도할 문'을 활짝 열어주셨는지 다음과 같이 기록하였다. "바울이 온 이태를 자기 셋집에 머물면서 자기에게 오는 사람을 다 영접하고, 하나님의 나라를 전파하며 주 예수 그리스도에 관한 모든 것을 담대하게 거침없이 가르치더라"(행 28:31-32). 이 묘사에 의하면, 사람들이 찾아와서 복음을 듣는 것도 역시 '전도할 문'이 열린 것을 뜻한다.

그러니까 바울 사도가 감옥에 있든지 아니면 자유의 몸이 되든지 상관없이 그의 복음을 듣는 사람들이 있으면 그것이 '열린 문'이 되었다. 한번은 바울 사도가 빌립보에서 채찍에 두드려 맞은 후 감옥에 투옥된 적이 있었다. 그때도 하나님은 그에게 '열린 문'을 활짝 열어주셨는데, 갑자기 지진이 일어나서 옥터가 움직이더니 옥문들이 활짝 열렸다. 그 결과 빌립보의 간수와 그의 온 식구가 복음을 듣고 하나님께로 돌아왔다 (행 16:26 이하).

'열린 문'은 죄인들의 마음의 문일 수도 있다. 그들의 마음이 열리지 않는다면, 바울 사도가 복음을 전해도 받아들이지 않을 것이다. 그뿐 아니라, 죄인들의 마음이 열렸다손 치더라도, 바울 사도가 입을 열어 복음을 전하지 않으면 아무 소용이 없을 것이다. 그가 입술을 열어서 하나님이 그에게 보여주신 '그리스도의 비밀'을 조목조목 설명할 수 있어야 한다. 그래서 그 비밀을 '말하게 하시기를 구하라'고 하면서, 그의 입도 '열린 문'이 되어야 한다.

## 4) "말함"

예수 그리스도의 복음을 전하는 방법은 크게 두 가지인데, 하나는 삶이고 또 하나는 말이다. 그 둘 중 어느 것이 더 중요하다고 말할 수 없는데, 그 이유는 삶이 없는 말은 뼈 없는 살과 같고, 말 없는 삶은 살이 없는 뼈와 같기 때문이다. 그런데 바울 사도는 이 두 가지를 함께 소유한 뛰어난 전도자였다. 그의 삶은 오로지 복음을 위하여 불태워졌다. 동시에 그는 어떤 사람에게든 입을 열어 복음을 말했다.

바울 사도는 복음의 문이 열려서 '그리스도의 비밀을 *말하게* 하시기를 구하라'고 요청했다. 그뿐 아니라, 문이 열리면 '*말로써* 이 비밀을 나타내리라'고 선언했다. 그는 이처럼 골로새서 4장 3절과 4절에서 '말하다'는 동사를 연거푸 사용했는데, 그 이유는 복음을 전함에 있어서 '말'이 그만큼 중요하다는 사실을 강조하기 위해서였다. 그가 '말하다'는 동사를 반복한 이유가 또 있는데, 그가 복음을 전할 때 사용한 다른 동사들과 다르기 때문이다.

바울 사도는 복음을 전할 때 보다 강력한 동사를 사용하곤 했다 (고전 1:23, 2:1, 엡 3:8). 불행하게도 한글성경에서는 모두 '전하다'로 번역했는데, 헬라어에서는 다르다. 고린도전서 1장에서는 '선포하다'는 *케루소*(κηρύσσω)를, 2장에서는 '전파하다'는 *카탕겔로* (καταγγέλλω)를, 에베소서에서는 '좋은 소식을 전하다'는 *유앙겔리조*(εὐαγγελίζω)를, 각각 사용했다. 그러나 본문에서 사용된 '말하다'는 *랄레오*(λαλέω)이다.

'전하다'로 번역된 세 단어는 일방적으로 전하는 행위를 강조하므로, 청중이 들어서 이해시키는 것은 약하다. 그러나 '말하다'는 전하는 자가 그가 알고 있는 비밀스러운 사실을 듣는 사람이 이해할 수 있도록 조목조목 알려주는 행위를 강조한다. 바울 사도는 하나님이 복음을 전할 수 있는 문이 열리면 그에게 위탁된 '그리스도의 비밀'을 전해서, 듣는 사람들이 인격적으로 반응을 일으키게 하겠다는 것이다. 그래서 '말로써 이 비밀을 나타낼' 것을 강조했다.

# 3. "외인"

> "외인에게 대해서는 지혜로 행하여 세월을 아끼라.
> 너희 말을 항상 은혜 가운데서 소금으로 맛을 냄과 같이 하라;
> 그리하면 각 사람에게 마땅히 대답할 것을 알리라"
>
> (골로새서 4:7-8)

바울 사도는 '하나님이 전도할 문을 열어주사 그리스도의 비밀을 말하게 하시기를 구하라'고 요청했다. 그렇다면 전도는 바울 사도만 해야 하는가? 물론 아니다! 골로새의 그리스도인들도 역시 전도에 매진해야 한다. 바울 사도가 지금까지 열심히 전도한 것처럼, 그들도 열심히 했지만 계속해야 한다 (골 1:6). 바울 사도는 그들에게 전도하는 방법도 알려주었는데, 그 방법을 보기 위해 다음의 제목으로 알아보자: 1) "외인", 2) "행함", 3) "말", 4) "대답".

## 1) "외인"

"외인"은 바깥을 뜻하는 '외'外와 '사람'을 뜻하는 '인'人의 합성어로, '밖에 있는 사람' 또는 '외국인'을 가리킨다. 본래 "외인"은 유대인이 즐겨 사용하던 단어로, 유대인이 아닌 이방인을 가리키면서 사용한 말이었다. 이방인은 유대인이란 공동체에 속해있지 않고 바깥에 있으므로, 유대인이 섬기는 하나님과 율법을 알지 못했다. 그러므로 유대인은 이방인을 거의 짐승처럼 멸시하고 야만인처럼 취급했다.

그러므로 유대인은 "외인"이 받는 심판도 당연시했다. 구약성경에서 그런 심판을 가시적으로 알려준 사건이 있었는데, 곧 노아와 홍수였다. 믿음으로 노아와 그 식구들은 방주 안으로 들어갔으나, 노아의 경고를 거부한 모든 사람은 밖에서 물에 잠겼다. "*믿음으로 노아는 아직 보이지 않는 일에 경고하심을 받아 경외함으로 방주를 준비하여 그 집을 구원하였으니, 이로 말미암아 세상을 정죄하고 믿음을 따르는 의의 상속자가 되었느니라*"(히 11:7).

노아의 방주에서처럼 바깥에서 심판을 받은 경우가 또 있는데, 곧 유월절 밤이었다. 그날 밤 모세를 통해 하나님이 하신 말씀을 믿은 유대인들은 문의 인방과 좌우 기둥에 어린 양의 피를 뿌린 후 그 집 안으로 들어갔다. 그들은 죽음의 천사를 통해 내린 하나님의 심판을 피했으나, 그 집 밖에 있던 사람들은 하나같이 장자와 동물의 첫 새끼를 잃었다. 비록 안과 밖의 차이는 별거가 아닌 것처럼 보였어도, 실제로 그 차이는 어마어마했다.

모든 성경을 마무리한 요한계시록에 의하면, 마지막으로 안과 밖이 다르다는 사실을 똑똑히 보여주는 사건이 있는데, 곧 어린 양의 혼인 잔치이다. 그 잔치에 청함을 받아 안으로 들어간 사람과 청함을 받지 못하고 밖에 있는 사람의 운명은 전혀 다를 것이다. 안에 있는 그리스도인들은 하나님이 계신 영원한 천국으로 인도될 것이나, 밖에 있는 불신자들은 심판을 받고 영원히 지옥에서 고통을 당하게 될 것이다.

그것이 "외인"의 운명이다! 바울 사도는 그런 "외인"에게 복음을 전하지 않을 수 없었지만, 그는 모든 "외인"에게 접근할 수 없었다. 특히 그가 한 번도 가보지 않은 골로새는 두말할 필요도 없었다. 골로새교회 밖에 있는 사람들에게 전도해야 하는 사명은 골로새의 그리스도인들에게 주어졌다. 하나님이 골로새의 그리스도인들에게 맡겨주신 전도의 대상은 그들의 '만민'이었다. '너희는 온 천하에 다니며 *만민*에게 복음을 전파하라' (막 16:15).

## 2) "행함"

바울 사도가 골로새의 그리스도인들에게 제시한 전도 방법은 아주 단순했는데, 곧 "행함"과 "말"이었다. "행함"은 삶을 가리키고, "말"은 입을 열어서 복음의 내용을 전해주는 것이다. "행함"과 "말", 곧 언행言行이 하나가 되어 서로를 보완하면 전도가 성공적으로 진행될 수 있다는 사실을 강조한 바울 사도의 혜안은 놀라울 뿐이다. 그러니까 "행함"과 "말"은 간단한 전도 방법이지만, 실제로 그 두 가지가 일치한다는 것은 그렇게 간단하지만은 않다.

"행함"의 원어는 *페리파테오*(περιπατέω)인데, 크게 두 가지로 번역된다. 하나는 '걷다', '가다'이고, 또 하나는 '행동하다', '산다'이다. 그것들을 구태여 영어로 표기하면, 전자는 walk이나, 후자는 act, live, walk, conduct, behave 등이다. 후자는 모두 삶을 가리키는 동사이다. 그런데 이 장의 본문에서 이 동사는 '걷다', '가다'로 번역되지 않고, "행함"으로 번역되었다. 그 이유는 삶을 강조하기 위해서였다.

바울 사도는 골로새의 그리스도인들이 '지혜로 행하라'고 권면했다. '지혜'는 두 종류가 있는데, 하나는 세상의 지혜이고 또 하나는 하나님의 지혜이다. "외인"도 지혜가 있으나, 그것은 그들의 지식과 경험을 토대로 한 지혜일 뿐이다. 그러나 골로새의 그리스도인들이 가진 지혜는 세상의 지식과 경험 위에, 하나님의 말씀과 성령의 임재와 인도로 생기는 지혜이다. 그들은 그런 지혜를 의지하면서 '행하는' 하나님의 사람들이었다.

한발 더 나아가서, 바울 사도는 '세월을 아끼라'고 권면했다. 헬라어에 의하면, '세월'은 '시간'이고 '아끼다'는 '사다'이다. 골로새의 그리스도인들은 시간을 사서 기회가 주어지는 대로 복음을 전하라는 것이다. 시간이 주어지면 시간을 쓸데없이 낭비하지 말고, 아끼고 활용해서 충분히 복음을 전하라는 말이다. 골로새의 그리스도인들은 "외인"을 만날 때와 만나지 않을 때를 잘 분별해서, "외인"이 준비가 되면 복음을 전하라는 권면이었다.


### 3) "말"


"행함"은 말할 수 없이 중요하다. 그러나 궁극적으로는 입을 열어 복음을 전해야 한다. 그렇지 않으면, "행함" 자체만으로는 아무 열매도 맺지 못할 것이다. 그런 이유로 바울 사도는 '너희 말을 항상 은혜 가운데서 소금으로 맛을 냄과 같이 하라'고 하면서 "말"이 복음 전도에 없어서는 안 된다는 사실을 상기시켰다. "행함"만 있고 "말"이 없으면, 살과 피가 없는 뼈와 같고, "말"은 있으나 "행함"이 없으면 뼈가 없는 살과 피와 같다.

그런데 바울 사도가 사용한 "말"의 헬라어는 로고스(λόγος)이다. 그는 틀림없이 의도적으로 이 단어를 사용한 것 같은데, 그 단어는 요한복음 1장 1절의 말씀을 상기시키기 때문이다. "태초에 말씀이 계시니라; 이 *말씀*이 하나님과 함께 계셨으니 이 *말씀*은 곧 하나님이시니라".

이 구절에서 세 번씩이나 사용된 단어는 모두 로고스로서, 하나님과 함께한 말씀이다. 그러니까 골로새의 그리스도인들은 하나님의 말씀, 곧 하나님을 전해야 한다는 것이다.

'항상'을 덧붙인 것은 골로새의 그리스도인들이 습관적으로 늘 그렇게 해야 함을 강조했다. 그러나 습관적으로 하다보면 까딱하면 '은혜'가 없는 무미건조한 말로 전락할 수 있다. 그들의 "말"은 은혜 가운데서 전해지는 은혜의 말씀이 되어야 한다. 잘못하면 "말"은 정확한 복음인데, 은혜가 함께 하지 않는 복음이 될 수 있다. 그런 복음은 죄인들을 살리기는커녕 복음에 영원히 등을 돌리게 할 수도 있기 때문이다.

바울 사도의 권면은 그것만이 아니다. '너희 말이…소금으로 맛을 냄과 같이 하라!' 소금은 맛을 낼뿐 아니라 썩는 것도 막는다. 그러니까 '너희가 전하는 말'이 맛을 내야 한다는 권면이다. 소금을 너무 많이 쳐도 안 되고 너무 적게 쳐도 안 되는 것처럼, 복음을 전할 때 적절하게 표현해야 하며, 듣는 사람으로 지루하게 해서는 안 된다. 그렇게 전할 때 "외인"이 죄로부터 돌이키는 역사를 이룰 수 있다. 그처럼 강력한 방부제를 어디에서 찾을 수 있겠는가?

## 4) "대답"

복음을 듣는 사람은 인생의 방향을 바꾸라는 도전에 대해 질문과 의문이 많을 수밖에 없다. 그리스도인들은 그들의 질문에 알맞게

"대답"할 수 있어야 한다. 그뿐 아니라, 그들의 각가지 의문에 적절하게 "대답"할 수 있어야 한다. 그런 것을 변증이라고 한다. 베드로 사도의 권면을 인용해보자. "너희 마음에 그리스도를 주로 삼아 거룩하게 하고, 너희 속에 있는 소망에 관한 이유를 묻는 자에게는 *대답할 것을 항상 준비하되 온유와 두려움으로 하고*" (벧전 3:15).

한글성경에서는 똑같이 "대답"으로 번역되었는데, 원어에서는 다르다. 바울 사도가 골로새의 그리스도인들에게 '각 사람에게 마땅히 대답할 것을 알리라'고 한 말에서 "대답"은 질문에 대해서 소상히 설명해주는 등 대화를 하겠다는 뜻이다. 그러나 베드로 사도가 '대답할 것'을 준비하라고 한 말은 헬라어로는 *아폴로기아*(ἀπολογία)로 변증하라는 말이다. 변증은 의문을 풀어주어 듣는 자들로 기독교에 대한 편견을 없애주는 것이다.

그런데 바울 사도는 '각 사람에게 마땅히 대답할 것을 알게 되리라'는 확신을 주었다. 그가 '각 사람'이라고 표현한 이유라도 있는가? 사람마다 배경과 지식이 다르기에 질문도 다를 뿐 아니라, 그에 대한 "대답"도 달라야 한다는 것이다. 물론 예수 그리스도의 복음의 내용은 같으나, 그렇다고 모든 사람에게 똑같이 "대답"하는 것은 맛을 잃은 소금과 같다. 한 사람 한 사람의 질문을 경청한 후, 그 질문과 사람에 맞는 "대답"은 그들을 그리스도 앞으로 이끄는 도구가 될 것이다.

바울 사도는 그런 지혜를 충분히 발휘하여 복음을 전했다. 그의 간증을 들어보자. "…내가 여러 사람에게 여러 모습이 된 것은 아무쪼록 몇 사람이라도 구원하고자 함이니, 내가 복음을 위하여 모든 것을 행함은 복음에 참여하고자 함이라" (고전 9:22-23). 그렇게 언급한 배경은 예수 그리스도의 복음을 듣는 사람들의 형편과 입장에서 복음을 전했다는 말이다. 그렇다! 그들의 형편에서 복음을 전하고, 그들의 입장으로 들어가서 "대답"한다면, 그들도 복음을 받아들일 것이다.

# 4. 두기고와 오네시모

"두기고가 내 사정을 다 너희에게 알려 주리니,
그는 사랑받는 형제요 신실한 일꾼이요 주 안에서 함께 종이 된 자니라.
내가 그를 특별히 너희에게 보내는 것은 너희로 우리 사정을 알게 하고
너희 마음을 위로하게 하려 함이라.
신실하고 사랑을 받는 형제 오네시모를 함께 보내노니,
그는 너희에게서 온 사람이라;
그들이 여기 일을 다 너희에게 알려 주리라"

(골로새서 4:7-9)

바울 사도는 골로새서 마지막 부분에서 동역자들의 인사도 전하고 또 지시사항도 전했다. 그런데 개인들의 인사는 로마서와 고린도전서의 기록과 방불한데, 다른 점은 그 서신들은 장편이나 골로새서는 단편이다. 그런데도 바울 사도는 그 단편에서 10명이나 등장시키는데, 10은 숫자적 완전을 가리킨다. 그중 처음 나오는 두 명, 곧 두기고와 오네시모를 알아보기 위해 다음의 소제목으로 접근해보자: 1) 두기고, 2) 오네시모, 3) 임무, 4) 형제들.

## 1) 두기고

바울 사도는 골로새교회에 두기고를 '사랑받는 형제요, 신실한 일꾼이요, 주 안에서 함께 종이 된 자'로 소개했다. 이 소개에서 세 가지 칭호가 나오는데, 곧 '형제'와 '일꾼'과 '종'이다. 이 칭호들은 모

두 직분을 가리키는데, 그 헌신의 척도가 점진적으로 깊어진 것을 함축하고 있다. 다시 말해서 '형제'보다 '일꾼'의 헌신이 더 깊으며, 한발 더 나아가서 '일꾼'보다 '종'이 더 깊다는 뜻이다. 그 세 칭호가 왜 그런 것을 함축하는지 살펴보자.

우선, '형제'에 대해 알아보자. 앞부분 "인사"에서 자세히 설명한 것처럼, 그리스도 안에서 '형제'는 불신자에서 신자로 변화된 그리스도인을 부르는 칭호이다. 두기고가 언제 어디에서 그리고 어떻게 회심하여 예수 그리스도를 그의 구주로 받아들였는지는 성경에서 밝히지 않는다. 그러나 그 당시 로마의 지배 밑에서 황제숭배로 찌든 상황에서도 그분을 믿고 따르는 그리스도인이 되었으며, 바울 사도는 그를 주저하지 않고 '형제'라고 불렀다.

그다음, '일꾼'에 대해 알아보자. '일꾼'은 사역자를 가리킨다. 헬라어 *디아코노스*(διάκονος)는 한글성경에서 '일꾼', '집사', '섬기는 자', '사환', '하인', '사역자', '추종자', '(죄를) 짓게 하는 자' 등 8가지로 번역되었다. 구태여 영어로 하면 minister인데, '목사'의 뜻이다. 결국, 두기고는 일꾼이며 사역자이자 동시에 집사였다. 당연히 '일꾼'은 '형제'의 수준을 넘어 직분을 맡은 그리스도인을 가리킨다.

마지막으로, '종'에 대해 알아보자. '종'의 가장 뚜렷한 특징은 그에게 상전이 있다는 것이다. '종'은 두말할 필요도 없이 자신의 주장이나 권리가 전혀 없다. 그는 상전의 소유로서, 상전이 시키는 대로 해야 한다. 그런데 바울 사도가 주님의 종인 사실은 이미 널리 알려져 있었다. 그런데 두기고도 역시 주님의 종이기에, 바울 사도는 그를 '주안에서 함께 종이 된 자'라는 칭호로 불렀다. 그도 '형제요, 일꾼이요, 종'인데, 두기고도 그와 똑같다고 소개했다.

이 세 칭호를 수식하는 표현도 아무렇게나 붙인 것이 아니다. '종'이란 칭호에는 '주 안에서'라는 수식어를 붙였으나, '형제'란 칭호에는 '사랑받는'이란 수식어가 붙었다. 그것이 당연한 것은 모든 그리스도인은 하나님으로부터 조건 없는 사랑을 받았고, 또 받고 있다. 원래 그 수식어의 명사형인 *아가페*는 무조건적인 사랑을 뜻한다는 사실을 모르는 그리스도인은 없을 것이다. 그런 사랑을 받지 못했다면, 그는 형제도 아니고 그리스도인도 아니다.

'일꾼'을 수식하는 단어는 '신실한'이다. 바울 사도는 두기고가 어떻게 그에게 맡겨진 일에 '신실했는지' 충분히 보았다. 유대인들이 그를 해하려 할 때 헬라에서 아시아까지 동행한 7명 중 한 사람으로 (행 20:3-4), 바울 사도가 많은 연보를 가지고 예루살렘으로 가는 동안 수행하면서 바울 사도를 도왔다. 그뿐 아니라, 바울 사도가 디도를 부를 때 그를 대신해서 두기고를 보냈고 (딛 3:12), 에베소에도 보낸 적이 있었다 (딤후 4:12).

## 2) 오네시모

바울 사도는 두기고를 골로새에 보낼 때 혼자 보내지 않고 오네시모와 같이 가게 했다. 일차적으로는 두기고를 보호하기 위함이나, 이차적으로는 예수님이 제자들을 둘씩 보내신 모델을 따랐다. 삼차적으로는 오네시모를 위함이었다. 본래 오네시모는 골로새에 사는 빌레몬의 종이었다. 그런데 그 종이 금전을 훔쳐서 로마로 도망을 갔다가 감옥에 갇히게 되었다. 거기에서 바울 사도를 만났는데, 그

만남은 그의 생애를 송두리째 바꾸었다.

전도자 중의 전도자인 바울 사도가 그 죄수를 그냥 놓아둘 리가 없었다. 그에게 복음을 전했고, 그 복음은 오네시모를 완전히 바꾸어 놓았다. 그의 변화는 여러 측면에서 나타났는데, 그중 하나는 그에게 복음을 전해준 바울 사도를 섬긴 것이었다. 복음을 전하면서 평생 각처로 다녔던 바울 사도는, 해질대로 해진 늙은 몸으로 감옥에서 말할 수 없이 고생했는데, 그때 오네시모가 시중들기 시작했다.

바울 사도에게 오네시모는 '심복'이 되어 (몬 1:12), 그가 계속해서 자기를 섬기기를 기대했다. 그러나 오네시모에게는 상전이 있었는데, 빌레몬이었다. 바울 사도는 빌레몬의 승낙을 받고 오네시모로 오래 시중을 들게 하고 싶었다. 그렇게 승낙을 받으려고 바울 사도는 오네시모를 두기고와 함께 보냈다 (몬 1:14-15). 그런데 그렇게 보낸 목적이 또 있었는데, 그것은 두기고와 동행하면서 교제를 통해 신앙이 더욱 깊어지기를 바랐을 것이다.

그렇지 않다면 바울 사도는 오네시모를 이렇게 소개하지 않았을 것이다: '신실하고 사랑을 받는 형제 오네시모를 함께 보내노니….' 십중팔구 오네시모는 신실하게 바울 사도를 섬겼을 것이다. 그렇지 않았다면 어떻게 그를 '신실하다'고 할 수 있었겠는가? 그뿐 아니라, 그는 두기고처럼 '사랑받는 형제'였다. 그도 예수 그리스도 안에서 확실히 구원받아 변화된 형제였기 때문에 그렇게 불렀다.

그러나 오네시모에게는 '일꾼'과 '종'이란 칭호를 붙이지 않았다. 그 이유는 분명하다! 비록 그가 바울 사도가 전하는 복음을 듣고 변화되어, '신실하게' 섬기는 형제는 되었을망정, 두기고처럼 '일꾼'이나 '종'이 된 것은 아니었다. 바울 사도는 그런 오네시모를 두기고와 함께 여행하게 하므로, 오네시모가 다시 로마로 돌아올 때는 신앙과 삶이 더 깊어지기를 원하는 갸륵한 마음이 있었음이 틀림없다.

### 3) 임무

두기고와 오네시모가 바울 사도로부터 부여받은 임무는 너무나 막중했다. 특히 두기고의 책임은 컸는데, 오네시모까지 데리고 갔기 때문이다. 그의 임무가 막중한 이유는 바울 사도의 세 가지 서신을 전달하는 것이기 때문이었다. 첫 번째 서신은 골로새서를 골로새교회에 전달하는 것이었다 (골 4:7). 두 번째 서신은 빌레몬서를 빌레몬에게 전달하는 것이었다 (몬 1:21). 세 번째 서신은 에베소서를 에베소교회에 전달하는 것이었다 (엡 6:21).

그 임무가 막중한 것은 그 세 가지 서신들이 매우 중요하기 때문이다. 바울 사도는 성령의 계시로 그 서신들을 기록했는데, 그것도 파피루스papyrus 종이에 기록했다. 그 종이는 부피도 컸고, 투박했고, 부서지기 쉬웠다. 그렇게 기록된 서신들을 옮긴다는 것은 결코 쉬운 임무가 아니었다. 만에 하나 그렇게 먼 거리를 여행하다가 그 서신의 일부를 부서뜨리거나, 분실하면 그 결과가 얼마나 심각했겠는가? 그렇게 되면 기독교와 그리스도인들에게 얼마나 큰 손실이었겠는가?

두기고의 역할은 그 서신들을 전달하는 것만이 아니었다. 골로새의 그리스도인들에게 글로 못다 한 바울 사도의 '사정'을 정확하게 전달하는 것이었다. 한마디로 말해서, 두기고는 바울 사도와 함께 지내면서 있었던 모든 '사정'을 있는 그대로 증언하는 증인의 역할을 감당해야 했다. 바울 사도는 그의 '사정'을 세 번씩이나 반복하면서, 그의 근황을 잘 묘사하리라고 확신했다. 두기고와 오네시모가 차례로 증언했을 터인데, 그들의 경험이 달랐기에 가치가 있었다.

그렇게 바울 사도의 근황을 전해 들은 골로새의 그리스도인들은 '마음의 위로'를 받게 된 것이다. 그들은 에바브라와 함께 감옥에 갇힌 바울 사도가 너무나 큰 고통을 당할지도 모른다는 생각에 그들을 위하여 간절히 기도했겠지만, 동시에 불안한 마음도 없잖아 있었을 것이다. 그들이 그처럼 불안해할 때 바울 사도가 그들에게 보낸 편지를 읽고, '마음의 위로'를 받았을 뿐 아니라, 그들을 공격하는 잘못된 가르침에 대해서도 경각심을 갖게 되었을 것이다.

## 4) 형제들

바울 사도는 두기고와 오네시모를 골로새로 함께 보내면서 중요한 임무를 부여했다. 그런데 놀랍게도 바울 사도는 두기고를 '사랑받는 형제'라고 소개했는가 하면, 오네시모는 '신실하고 사랑받는 형제'라고 소개했다. 앞부분에 묘사한 것처럼, 그리스도 예수 안에서 '형제'가 되었다는 것은 특별하다. 비록 두기고는 자유인이었고 오네시모는 종이었었지만, 이제는 차별 없는 형제들이 되어 바울 사도로부터 중대한 임무를 받고 함께 장거리 여행을 했다 (골 3:11).

두기고와 오네시모, 두 형제가 바울 사도가 부여한 임무를 가지고 간 여행길은 결단코 녹록하지 않았다. 우선, 로마에서 골로새까지의 거리는 II."함께"에서 언급한 것처럼, 정확하게는 2,089km나 되었다. 그 당시는 교통수단도 수월하지 않아서 그들은 주로 걸었을 것이며, 어떤 때는 배를 타지 않으면 안 되었다. 육로와 해로를 바꾸어가면서 목적지를 향해 가는 그들의 발걸음은 결단코 가볍지만은 않았다.

두 형제가 하루에 50km를 갔다고 해도, 자그마치 42일이나 걸린 먼 여행길이었다. 그 여정은 어렵고도 멀었지만, 거리만이 문제가 된 것은 아니었을 것이다. 때로는 먹을 것이 떨어졌을 것이고, 때로는 잠잘 곳을 구하지 못했을 것이다. 때로는 기후 변화로 많은 시달림이 있었을 것이다. 낮에는 불볕더위를 뚫고 걸어야 했고, 밤에는 싸늘한 추위를 견디어야 했다. 그렇게 만만치 않은 여행을 하면서 그들에게 주어진 유익도 적지 않았을 것이다.

많은 유익 가운데 하나는 그들이 나눈 형제의 사랑이었다. 그렇게 오랫동안 삶을 나누면서 그들은 서로를 의지했고, 서로를 격려했고, 서로를 보호했을 것이다. 그러면서 두기고는 오네시모에게 영적 진리들을 전해주었을 터이고, 종이었던 오네시모는 탄탄한 몸으로 두기고를 육신적으로 도왔을 것이다. 그러나 무엇보다도 오네시모가 신앙의 선배로부터 받은 사랑이 적잖았을 것이다. 그뿐이랴! 그가 두기고로부터 얼마나 많은 것을 보고 배웠겠는가?

그 형제들이 나눈 사랑의 교제는 동시에 현장 훈련이기도 했다. 신앙이 깊지 않은 오네시모가 삶의 현장에서 신앙이 깊은 두기고의 삶을 보고 배우면서 틀림없이 훌륭한 신앙인 지도자로 탈바꿈하고 있었을 것이다. 예수 그리스도가 제자들과 함께 여행하면서 그들을 훈련하신 것처럼 말이다. 여행만큼 형제들의 삶을 깊게 그리고 정겹게 나눌 수 있는 현장을 또 어디에서 찾을 수 있겠는가? 일설에 의하면, 오네시모는 후에 에베소의 감독이 되었다고 한다.

# 5. 세 유대인 형제

"나와 함께 갇힌 *아리스다고*와 바나바의 생질 *마가*와
(이 마가에 대하여 너희가 명을 받았으매 그가 이르거든 영접하라).
유스도라 하는 예수도 너희에게 문안하느니라.
그들은 할례파이나 이들만은
하나님의 나라를 위하여 함께 역사하는 자들이니,
이런 사람들이 나의 위로가 되었느니라"

(골로새서 4:10-11)

바울 사도는 문안하는 사람 10명 중 두기고와 오네시모를 먼저 언급했다. 그들은 문안만 하는 게 아니라 직접 가서 모든 '사정'을 이야기할 터였다. 그다음, 세 사람을 함께 묶어서 문안을 전했는데, 그들은 모두 유대인이었다가 예수 그리스도를 믿은 형제들이었다. 그 세 사람을 차례로 살펴본 후 그들이 어떻게 바울 사도와 동역했는지, 다음의 소제목으로 접근해보자: 1) 아리스다고, 2) 마가, 3) 유스도, 4) 유대인 동역자.

## 1) 아리스다고

아리스다고는 신약성경에서 5번밖에는 나오지 않는 인물이다. 사도행전의 저자인 누가는 그를 마게도냐 사람이라고 소개했다가 (행 19:29), 데살로니가 사람이라고도 소개했다 (행 20:4). 또 누가는 그를 마게도냐의 데살로니가 사람이라고 두 곳을 합쳐서 소개했다

(행 27:2). 누가는 아리스다고처럼 어떤 인물도 그 출처를 반복적으로 거론하면서 소개하지 않았다. 의사이며 과학자인 누가는 아리스다고의 배경을 의도적으로 부각한 것 같다.

마게도냐는 알렉산더 대왕을 통해 세계를 호령하던 국가였다. 그 국가에 속한 데살로니가는 마게도냐를 대표할 만큼 중요한 상업 도시였다. 데살로니가는 알렉산더 대왕의 이복 누이의 이름이었는데, 나중에 그 도시의 이름으로 사용되었다. 경제적으로 번창한 그 도시에 사는 사람들은 복음을 거부했을 뿐 아니라 전도자들을 박해했다 (행 17:6-9). 그렇다고 열매가 전혀 없지는 않았는데, 아리스다고가 복음을 받아들이고 동행하기 시작했기 때문이다.

아리스다고는 바울 사도와 동행하면서 어려움도 당했다. 에베소에서 아데미를 숭상하는 무리들의 소요로 바울 사도 대신 붙잡혀가기도 했다 (행 19:29). 한 번은 바울 사도가 예루살렘 교회를 돕기 위해 모은 막대한 헌금을 가지고 갈 때, 아리스다고는 그와 동행하면서 보호한 사람들 가운데 하나였다. 그때 예루살렘 지역에 심한 가뭄으로 크게 흉년이 들었는데, 바울 사도가 순회 전도하면서 받은 헌금을 운반하고 있었다.

그 당시 거금을 가지고 다닌다는 것은 대단히 위험했다. 그런 바울 사도를 보호하려고 동행한 사람들이 자그마치 7명이나 되었다. "아시아까지 함께 가는 자는 베뢰아 사람 부로의 아들 소바더와 데살로니가 사람 *아리스다고*와 세군도와 더베 사람 가이오와 및 디모데와 아시아 사람 두기고와 드로비모라" (행 20:4). 이들 7명은 종교적·지역적 배경을 뛰어넘어 예수 그리스도 안에서 형제요 동역자가 되어 바울 사도와 동행한 신실한 일꾼들이었다.

특히 주목하지 않으면 안 될 사실은 바울 사도가 죄수로서 로마로 끌려갈 때, 아리스다고도 함께 갔다는 것이다. "우리가 배를 타고 이달리야에 가기로 작정되매, 바울과 다른 죄수 몇 사람을 아구스 도대의 백부장 율리오란 사람에게 맡기니, 아시아 해변 각처로 가려 하는 아드라뭇데노 배에 우리가 올라 항해할새 마게도냐의 데살로니가 사람 *아리스다고도* 함께 하니라"(행 27:1-2). 그렇게 로마로 가면서 그들은 함께 죽을 고비도 넘겼다.

그뿐 아니라, 로마에서 아리스다고는 바울 사도와 함께 감옥에 갇히게 되었다. 바울 사도는 그 사실을 강조하면서 소개했다. "나와 함께 갇힌 아리스다고!"(골 4:10). "그리스도 예수 안에서 나와 함께 갇힌 자 에바브라와 또한 나의 동역자 마가, *아리스다고*, 데마, 누가가 문안하느니라"(몬 1:23-24). 바울 사도는 대신 잡히고, 함께 배를 타고 험난한 길을 가고, 마침내 함께 감옥에 들어간 아리스다고의 섬김을 받으면서 얼마나 큰 힘과 위로가 되었겠는가!

## 2) 마가

두 번째 골로새의 그리스도인들에게 문안한 유대인은 마가였는데, 바울 사도는 그를 '바나바의 생질'이라고 소개했다. 그뿐 아니라 그들에게 마가를 '영접하라'고 하면서 이렇게 언급했다, '이 마가에 대하여 너희가 명을 받았으매, 그가 이르거든 영접하라.' 그들이 받은 '명'의 내용을 밝히지 않았는데, 누가 그 명을 보냈는지도 역시 밝히지 않았다. 누가 보냈든지 상관하지 말고, 그 명도 받아들이고 마가도 받아들이라는 바울 사도의 확언이었다.

왜 바울 사도는 마가를 바나바의 생질이라고 소개했는가? 그로 생각나게 하는 경험 때문이었을 것이다. 안디옥교회의 제일 지도자인 바나바는 바울과 함께 제1차 전도여행을 가면서 마가를 수행원으로 데리고 갔다 (행 13:5). 바울 사도를 통해 총독이 예수를 믿고, 마술사 예루마가 장님이 되는 등 복음의 역사가 컸다. 그런데 마가는 밤빌리아에서 그들을 떠나 예루살렘으로 가버렸다 (행 13:13). 그가 왜 그렇게 도중하차를 했는지는 밝혀지지 않았다.

바나바와 바울이 제2차 전도여행을 떠나면서 마가를 데리고 가자는 바나바와 도중하차를 한 사람을 데리고 갈 수 없다는 바울이 결국 그 문제로 갈라지는 비극을 맞았다 (행 15:38-39). 그런데 바울 사도는 마가의 문안을 골로새의 그리스도인들에게 전할 뿐 아니라, 그를 영접하라는 권면까지 하고 있었다. 한발 더 나아가서 바울 사도는 마가를 동역자로 소개하면서 (몬 1:24), '그가 나의 일에 유익하니라'고까지 표현했다.

한때 마가를 거절한 바울 사도는 왜 그를 그처럼 따뜻하게 맞아주고 있는가? 바울 사도가 그만큼 노숙해졌는가? 물론 그도 세월이 지나 늙으면서 그만큼 큰 포용력을 갖게 되었을 것이다. 그러나 그가 마가를 받아들인 것은 포용력만이 아닌데, 그의 일에 마가가 유익하다고 했기 때문이다. 한발 더 나아가서 그렇게 큰 인물이 마가를 동역자라고 소개한 것을 보아, 바울 사도보다는 마가가 변화한 사실에 주목했을 것이다.

마가는 바울 사도의 강한 원리원칙을 듣고 배웠다. 도중하차 한 그와 함께 갈 수 없다는 바울 사도의 주장은 그에게 크나큰 교훈이 되었을 것이다. 또 한편 바나바의 온유한 사랑에 마가의 마음이 녹

앉을 것이다. 바울 사도와 같은 인물과 헤어지기까지 하면서 자기를 받아준 바나바의 사랑과 온유함은 마가의 마음에 큰 파도처럼 요동쳤을 것이다. 틀림없이 그는 깊이 회개하고 그의 구주이신 예수 그리스도께 깊이 헌신했을 것이다.

그렇지 않다면 그가 어떻게 마가복음을 기록했겠는가? 사복음서 가운데 먼저 기록된 마가복음의 가치는 이루 말할 수 없다. 그 복음서를 통해 예수 그리스도의 복음이 구체적으로 세상에 전해지는 계기가 되었다. 그리고 그 복음서를 기초로 해서 다른 복음서, 곧 마태복음, 누가복음 및 요한복음이 확대되어 기록되었다. 그들의 구주의 생애를 묘사한 복음서들의 가치는 이루 말할 수 없으며, 그 복음서들의 기초를 제공한 마가복음의 가치는 이루 말할 수 없다.

### 3) 유스도

유대인으로 골로새의 그리스도인들에게 문안하는 세 번째 인물은 유스도이다. 유스도는 '공정한 또는 의로운'의 뜻인데, 그 이름에 예수를 덧붙였다. 그러니까 '유스도'는 성이 되고 '예수'는 이름이 되는 셈이다. 바울 사도의 이름이 바울과 사울인 것처럼, 세 번째 인물도 이름이 둘이었는데, '유스도'는 로마 사람을 위한 이름이고 '예수'는 히브리 사람을 위한 이름이었다. 바울이 로마 사람을 위해, 그리고 사울이 히브리 사람을 위해, 각각 불린 것처럼 말이다.

비록 유스도 예수라는 인물은 신약성경 중 이곳에서 처음이자 마지막으로 나오지만, 유스도의 성을 가진 사람은 두 사람이 더 있다. 한 사람은 바사바 유스도라는 사람이고 (행 1:23), 또 한 사람은 디

도 유스도이다 (행 18:7). 바사바 유스도는 가룻 유다를 대신할 두 후
보 중 하나였고, 디도 유스도는 바울 사도와 그 일행이 고린도에서
능력있게 복음을 전해서 많은 사람이 믿었으나, 그 못지않게 많은
사람이 대적할 때 그들을 그의 집으로 들인 사람이었다.

유스도 예수에 관해서는 그 이상으로 알려진 것이 없다. 그러나
그 시대는 물론 기독교의 역사에서 가장 중요한 역할을 한 바울 사
도가 그의 이름을 손수 거론하면서 골로새의 그리스도인들에게 문
안했다면, 그도 대단한 인물임이 틀림없다. 물론 그 당시 예수의 이
름을 가진 사람이 적잖았는데, 그 뜻 때문이었다. 히브리어의 '여호
수아', 곧 '여호와가 구원'이라는 이름이 헬라식으로는 '예수'라 불렸
기 때문이다.

### 4) 유대인 동역자

바울 사도는 이처럼 세 유대인 형제의 문안을 전하면서, 다음과
같이 그들을 칭찬하는 말을 덧붙였다. "그들은 할례파이나 이들만
은 하나님의 나라를 위하여 함께 역사하는 자들이니, 이런 사람들
이 나의 위로가 되었느니라". 이 말에서 바울 사도는 세 유대인 형
제에 대해 몇 가지를 묘사했다. 첫째는 '그들은 할례파이나'이다.
'할례파'라는 말은 그들이 유대인이며, 동시에 사람이 구원받기 위
해서는 반드시 할례를 받아야 한다고 주장했다는 것이다.

할례파는 그들의 주장이 너무나 강해서 다른 가르침이 뚫고 들어
갈 수 없는 것이 특징이었다. 두말할 필요도 없이 바울 사도가 전하
는 이신칭의, 곧 믿음으로 구원받는다는 복음을 절대로 받아들일

수 없었다. 물론 사도행전에 의하면 그런 유대인들이 예수 그리스도를 그들의 메시야로 받아들인 경우가 적지 않았지만 말이다 (행 2:41, 4:4). 그렇게 어렵게 믿은 만큼 그 복음을 위하여 생명을 건 바울 사도를 따르며 후원하는 유대인은 많지 않았다.

그런데 바울 사도는 '이들만은 하나님의 나라를 위하여 함께 역사하는 자들'이라고 했는데, 그것은 둘째 묘사에 해당한다. 유대인인 바울 사도가 이렇게 말할 때 한편 그 세 사람에게 고마움도 컸겠지만, 또 한편 그의 마음이 얼마나 허전했는지 엿볼 수 있다. 처음부터 하나님 나라의 건설을 위탁받은 유대인들이 오히려 그 나라를 허무는 일에는 열광하면서, 그와 함께 동역하는 유대인이 그렇게 소수밖에 되지 않으니 말이다.

그러나 바울 사도는 그런 소극적인 생각에 사로잡혀서 적극적인 사실을 잊는 사람이 아니었다. 그는 적극적으로 이렇게 외쳤다, '이런 사람들이 나의 위로가 되었느니라!' 이런 외침은 그의 셋째 묘사에 해당한다. 그를 대신해서 문안을 전해준 세 사람, 곧 아리스다고와 마가와 유스도 예수는 바울 사도에게 크나큰 위로를 안겨준 동역자들이었다. 바울 사도는 그런 동역자들 때문에 끝까지 복음의 줄을 놓지 않았는지도 모른다.

# 6. 세 이방인 형제

"그리스도 예수의 종인 너희에게서 온
*에바브라*가 너희에게 문안하느니라.
그가 항상 너희를 위하여 애써 기도하여,
너희로 하나님의 모든 뜻 가운데서
완전하고 확신 있게 서기를 구하나니,
그가 너희와 라오디게아에 있는 자들과
히에라볼리에 있는 자들을 위하여
많이 수고하는 것을 내가 증언하노라.
사랑을 받는 의사 누가와 또 *데마*가 너희에게 문안하느니라"

(골로새서 4:12-14)

바울 사도는 유대인 동역자들의 문안만 전한 것은 아니었다. 그는 세 이방인 형제의 문안도 전하면서, 그들의 이름을 열거했는데, 그들은 에바브라와 누가와 데마였다. 그렇게 많은 이방인 동역자 중에서 이 세 사람을 열거한 것은 그들이 바울 사도와 함께 감옥에 갇혀있었기 때문이었다. 그 세 사람을 설명하기 위해 다음의 소제목으로 접근해보자: 1) 에바브라, 2) 누가, 3) 데마, 4) 이방인 동역자.

## 1) 에바브라

바울 사도는 에바브라의 문안을 전하면서, 그를 '그리스도 예수의 종'이라고 소개했다. 이런 소개는 매우 특별한데, 그 이유를 알아보자. 바울 사도는 자신을 소개하면서 그리스도 예수 의 종이라고 누누이 천명했다. 로마서에서도, 빌립보에서도, 갈라디아서에서도, 그리고 디도서에서도 그렇게 소개했다 (롬 1:1, 빌 1:1, 갈 1:10, 딛 1:1). 그리스도 예수가 그를 귀한 핏값으로 사서 그분의 소유로 삼으셨기 때문이다.

바울 사도가 자신 이외의 사람을 그리스도 예수의 종이라고 소개한 사람은 둘뿐인데, 하나는 디모데이고 (빌 1:1) 또 한 사람은 에바브라이다. 그 당시 '종'이란 '노예'를 뜻하는데, 주인이 값을 주고 사서 주인의 소유가 된 사람이다. 그의 몸, 그의 시간, 그의 재능, 그의 모든 것이 주인의 소유라는 뜻이다. 바울 사도는 그의 서신 전체에서 그렇게 그리스도 예수의 종으로 소개한 그리스도인은 세 사람뿐이었는데, 곧 자신과 디모데와 에바브라였다.

참고로, 바울 사도는 두기고와 에바브라가 '함께 종 된 자'라고 하면서, '함께'를 덧붙였다 (골 4:7, 1:7). 그렇게 붙인 것은 '같은 주인을 섬긴다'는 사실을 강조하기 위해서였다. 그런 이유로 '함께 된 종'을 '동료'나 '동무'로도 번역했다. 만 달란트 빚진 종의 일화는 잘 알려진 이야기이다. 그가 주인으로부터 용서와 탕감을 받았으나, 동료에게는 엄했다. "그 종이…백 데나리온 빚진 동료 한 사람을 만나 붙들어 목을 잡고 이르되 빚을 갚으라" (마 18:28).

바울 사도는 그리스도 예수의 종으로 그분이 인도하시는 곳이면 어디서든지 복음을 전했고, 또 교회를 세웠다. 그런데 에바브라도 역시 주님이 인도하신 곳인 그의 고향, 골로새와 그 인근에 가서 복음을 전했고, 그리고 교회들을 세웠다. 그뿐 아니라, 그 교회들이 성장하기 위하여 '신실한 일꾼'으로서 하나님의 말씀을 가르쳤다. 그 사실을 바울 사도는 이렇게 증언했다. "…에바브라에게 너희가 배웠나니, 그는 너희를 위한 그리스도의 신실한 일꾼이요"(골 1:7).

에바브라는 그리스도 예수의 종답게 죄인들에게 복음을 전했을 뿐 아니라, '신실한 일꾼', 곧 사역자가 되어 가르쳤다. 골로새의 그리스도인들은 그렇게 에바브라에게서 배웠고 또 성장했다. 그가 그들을 떠나 로마의 감옥에 있는 동안에도 그들을 위하여 '애써 기도했다.' 그가 복음으로 낳은 골로새의 그리스도인들이 '하나님의 뜻 가운데서' 굳건하게 서기를 위해서 끊임없이 기도했다. 에바브라는 참으로 '그리스도 예수의 종'이었다.

에바브라는 골로새에서만 복음을 전한 것이 아니었다. 그는 그 인근에 있는 지역에서도 복음을 전했고, 그리고 교회들을 세웠다. 그 교회들은 골로새에서 각각 18km씩 떨어진 라오디게아교회와 히에라볼리교회였는데, 그 교회를 위해서도 역시 많은 기도를 했음이 틀림없다. 그렇지 않다면 바울 사도는 이렇게 말하지 않았을 것이다. "그가 너희와 라오디게아에 있는 자들과 히에라볼리에 있는 자들을 위하여 많이 수고하는 것을 내가 증언하노라"(골 4:13).

바울 사도는 에바브라의 문안을 골로새의 그리스도인들에게 전하면서, 그가 골로새교회를 위해 다른 사람이 할 수 없는 일을 했다고 부언했다. 그는 복음을 전했고, 그리고 그 복음을 받아들이고 그리스도인이 된 사람들과 교회를 시작했다. 그뿐 아니라, 그는 신실하게 그들의 신앙 성장을 위해 열심히 가르쳤다. 그뿐 아니라, 지금은 감옥에 있으면서도 그들을 위해 '애써 기도하고' 있었다. 이처럼 골로새교회에게 특별한 인물이 문안했다.

## 2) 누가

누가는 세 이방인 형제 중에서 두 번째로 문안을 전한 사람이었다. 바울 사도는 그를 두 가지로 소개했는데, 하나는 '사랑을 받는' 형제이고 또 하나는 '의사'였다. 그를 의사라고 소개한 이유는 물론 그가 의사였기에 그렇게 소개했다. 그렇지만 무엇보다도 복음을 전하면서 어느 곳이든 찾아다니면서 늙고 해질대로 해진 몸으로 감옥에 갇힌 바울 사도의 건강을 위해서 애를 많이 썼을 것이다. 얼마나 큰 위로와 도움이 되었겠는가!

바울 사도가 누가를 '사랑을 받는 의사'라고 소개한 이유가 또 있는가? 바울 사도는 오랫동안 누가와 함께 여행하면서 동역한 매우 가깝게 지낸 사이였다. 바울 사도는 바나바의 생질인 마가 대신 누가와 제2차 전도여행을 함께 했다. 그때부터 저 유명한 '우리'라는 표현이 나오는데, 그것은 바울과 누가를 가리킨 표현이었다. 사도행전의 저자인 누가는 바울 사도와 자신을 포함하면서 반복적으로 '우리'라고 했다 (행 16:10-17, 20:6-16).

바울 사도가 죄수의 몸으로 배를 타고 로마로 갈 때도 누가는 함께 했다 (행 27:1-6). 물론 누가는 그 배를 타고 함께 로마로 가지 않을 수도 있었다. 그러나 그를 가장 필요로 하는 바울 사도와 동행하기로 작정했다. 그 모든 과정에서 누가는 바울 사도와 함께 감옥에도 갇히고, 굶기도 하고, 죽음의 고비도 넘겼다. 오로지 복음을 위해 몸을 불꽃처럼 태우는 바울 사도를 돕고자 하는 갸륵한 마음 때문이었다. 누가는 과연 '사랑을 받는 의사였다.'

그렇게 로마까지 동행한 누가는 그곳에서 마가와 교제를 나누는 엄청난 특권을 누렸다. 마가는 마가복음의 저자이며, 누가는 누가복음의 저자이다. 그 저자들이 함께 사랑과 교제와 비전을 나누다니, 얼마나 큰 축복이었겠는가! 그들은 무엇보다도 바울 사도가 생명을 내놓고 전하는 복음의 주인공이신 예수 그리스도에 대해 나누면서 얼마나 큰 확신과 위로를 받았겠는가! 마침내 그들에게서 예수 그리스도의 생애를 그린 복음서들이 탄생하였다!

바울 사도는 누가와 마가를 포함해서 그의 동역자들이라고 천명했다. "그리스도 예수 안에서 나와 함께 갇힌 자 에바브라와 또한 나의 동역자 마가, 아리스다고, 데마, 누가가 문안하느니라"(몬 1:23-24). 바울 사도의 동역자들인 누가와 데마가 바울 사도와 함께 골로새의 그리스도인들에게 문안을 전하다니, 얼마나 놀라운 일인가! 그들이 만난 적이 없는 그리스도인들에게 바울 사도의 동역자로서 문안을 전하다니, 그들이 받은 은혜가 얼마나 컸겠는가!

## 3) 데마

데마는 세 이방인 형제 중에서 세 번째로 문안을 전한 사람이었다. 데마는 신약성경 전체에서 세 번밖에 나오지 않는 인물인데, 모두 바울 사도가 사용했다. 그도 바울 사도의 동역자가 되어 골로새의 그리스도인들에게 문안을 전했다. 그런데 세 번 나오는 데마를 유심히 보면 변화의 낌새가 보이기 시작했다. 바울 사도는 처음 그를 소개할 때는 동역자 중 한 사람이었다. 그는 마가와 아리스다고와 누가와 같은 큰 그리스도인들과 어깨를 나란히 하는 사람이었다.

그런데 바울 사도가 그를 두 번째로 소개할 때는 동역자라는 칭호를 붙이지 않았다. 그 문안을 다시 인용하면 다음과 같다: "사랑을 받는 의사 누가와 데마가 문안하느니라". 누가는 '사랑을 받는 의사'라고 소개했으나, 데마에게는 아무런 수식어도 붙이지 않았다. 데마는 바울 사도에게 누가처럼 도움이 되지 못했는가? 그의 안목에는 데마가 더는 동역자가 아니란 말인가? 혹시 데마의 삶에서 무슨 변화의 낌새라도 눈치챈 게 아닌가?

바울 사도는 마침내 데마에 대해 이렇게 묘사했는데, 그 묘사는 바울 사도가 그의 이름을 마지막으로 언급한 것이다. '데마는 이 세상을 사랑하여 나를 버리고 데살로니가로 갔고…' (딤후 4:10). 데마의 격려와 도움을 가장 필요로 한 바울 사도를 그는 버리고 말았다. 데마는 '세상'과 '바울' 중 '세상'을 택했다. 감옥에 갇혀있는 늙은 바울 사도에게서 더는 기대할 것이 없다는 결론을 내렸는지도 모른다.

한때는 바울 사도와 동역하면서 골로새의 그리스도인들에게 나란히 문안하던 데마는 마지막에 바울 사도를 버리고 세상을 사랑하여 경제적으로 부유한 도시인 데살로니가로 갔다. 다시 말해서, 그는 하나님의 드라마에서 빠져나갔다. 그는 스스로 퇴장했지만, 하나님 편에서는 퇴출을 당한 것이었다. 그는 하나님의 드라마에서 더는 찾아볼 수 없는 흔적 없는 그림자가 된 것이다. 한때는 바울 사도의 동역자로서 골로새의 그리스도인들에게 문안까지 했는데 말이다.

## 4) 이방인 동역자

바울 사도가 인간적으로 있을 수 없는 수많은 고난을 겪으면서도 그에게 맡겨진 사명에 충성할 수 있었던 것은 두말할 필요도 없이 주님의 큰 은혜 때문이었다. 그렇지만 그것만은 아니었다! 그에게는 그가 어디를 가든 함께 하면서 교제하는 동역자들이 있었다. 그들 때문에 바울 사도는 함께 고생하며, 함께 여행하며, 함께 고통을 당하면서도, 한결같이 복음을 전할 수 있었다. 그에게는 존귀한 동역자들이 있었다.

바울 사도는 빌레몬에게 편지를 보낼 때도 동역자들의 이름까지 거론하면서 문안을 전했다. "그리스도 예수 안에서 나와 함께 갇힌 자 에바브라와 또한 나의 동역자 마가, 아리스다고, 데마, 누가가 문안하느니라"(몬 1:24). 물론 그들이 문안했지만, 그 못지않게 중요한 것은 그들이 바울 사도에게 전한 헌신과 사랑과 교제였다. 그런 교제는 언제나 그로 용기를 갖게 하면서 복음의 능력을 상기시키는 원동력이었다.

바울 사도가 예루살렘교회에 보내는 막대한 헌금을 가지고 갈 때도 그와 교제하며, 격려하며, 동행하는 형제들이 있었다. 그들을 다시 인용해보자: "아시아까지 함께 가는 자는 베뢰아 사람 부로의 아들 소바더와 데살로니가 사람 아리스다고와 세군도와 더베 사람 가이오와 및 디모데와 아시아 사람 두기고와 드로비모라"(행 20:4). 이처럼 바울 사도와 동행하는 일곱 형제는 문자 그대로 바울 사도의 수족과 같이 교제하는 형제들이었다.

바울 사도가 여행하면서 많은 경비도 필요했을 것인데, 그때마다 그리스도 안에 있는 형제들이 도왔을 것이다. 그런 형제들 가운데서 데살로니가 사람 아리스다고는 틀림없이 그의 경제력을 마음껏 사용해서 복음의 종, 바울 사도를 도왔을 것이다. 바울 사도가 예수 그리스도의 종이기에 주인이신 그분이 사람들의 마음을 감동하여 도우면서 교제했음이 틀림없다. 그가 로마 감옥에 있을 때도 동역자들 여섯 명이 있었다. 그들과의 교제가 없었다면 십중팔구 바울 사도도 그처럼 왕성하게 복음을 전하지 못했을 것이다.

# 7. 세 교회

"라오디게아에 있는 형제들과 눔바와

그 여자의 집에 있는 교회에 문안하고,

이 편지를 너희에게서 읽은 후에

라오디게아인의 교회에서도 읽게 하고,

또 라오디게아로부터 오는 편지를 너희도 읽으라.

아킵보에게 이르기를 주 안에서 받은 직분을 삼가 이루라고 하라.

나 바울은 친필로 문안하노니 내가 매인 것을 생각하라.

은혜가 너희에게 있을지어다"

(골로새서 4:15-18)

바울 사도는 골로새의 그리스도인들에게 10명이 문안한 것을 전했다. 그 가운데 두기고와 오네시모, 세 유대인 형제, 세 이방인 형제, 곧 8명의 문안을 소개했다. 남은 2명, 곧 눔바와 아킵보의 문안을 전하면 되지만, 그들의 문안 대신 '세 교회'로 바꾸어서 골로새서를 마무리하려 한다. '세 교회'를 전개하면서 자연스럽게 그 두 사람도 언급될 것이기 때문이다. 이 장의 소제목은 다음과 같다: 1) 라오디게아교회, 2) 눔바의 교회, 3) 히에라볼리교회, 4) 아킵보.

## 1) 라오디게아교회

먼저, 라오디게아의 유래를 알아보자. 헬라의 알렉산더 대왕이 갑자기 죽자, 그의 마케도니아 왕국은 넷으로 찢어졌다. 그중 셀레

우코스<sup>Seleucos</sup>가 세운 왕조의 안티오코스<sup>Antiochos</sup> 2세가 지진으로 폐
허가 된 도시를 재건하면서 그 도시를 자기 부인의 이름으로 명명<sup>命名</sup>
했는데, 그 이름이 라오디게아다. 라오디게아는 상업적으로나 전
략적으로 중요한 곳이었지만, 물은 외부에서 끌어들여야 하는 약점
을 가지고 있었다.

라오디게아는 차가운 물과 뜨거운 물 사이에 있는 도시였다. 차
가운 물은 그곳에서 7km 이상 떨어진 바바산<sup>Mt. Baba</sup>에서 흘러 내
려왔다. 그 산정은 언제나 눈으로 덮여 있어서, 그곳에서 흘러내리
는 물은 얼음처럼 차가웠다. 반면, 그곳에서 10km 떨어진 히에라
볼리에서 흘러내리는 물은 뜨거웠는데, 뜨거운 온천물이었기 때문
이다. 자연스럽게 이처럼 두 곳에서 흘러내린 물이 라오디게아에
이르렀을 때는 서로 만나 차갑지도 뜨겁지도 않았다.

바울 사도는 '라오디아게아에 있는 자들'에게도 문안을 전하라고
부탁했다. 물론 이 권면은 골로새교회가 받은 것이다. 바울 사도로
부터 제법 긴 편지로, 사랑을 듬뿍 받은 골로새의 그리스도인들은
그 사랑을 혼자만 누리지 말고 라오디게아의 그리스도인들과 나누
라는 것이다. 그 사랑을 나누는 방법도 구체적으로 제시했는데, 인
용해보자. "이 편지를 너희에게서 읽은 후에 라오디게아인의 교회
에서도 읽게 하고…."

그뿐 아니라, 골로새교회는 '또 라오디게아로부터 오는 편지를 너
희도 읽으라'는 권면을 받았다. 에바브라의 사랑을 많이 받은 골로
새의 그리스도인들과 라오디게아의 그리스도인들을 바울 사도도 똑
같이 사랑하여 그들에게 각각 편지를 보냈고, 그 편지들을 서로 교
환해서 읽으라는 권면이었다. 만일 바울 사도가 보내지 않았다면,

어떻게 '라오디게아로부터 오는 편지를 너희도 읽으라'고 할 수 있었겠는가? 로마에 있는 그가 알 턱이 없었을 터이니 말이다.

바울 사도가 그 두 교회가 서로 편지를 교환해서 읽으라는 권면은 다음과 같은 몇 가지를 알려준다. 첫째는 그들의 내용이 서로 달랐다는 것이다. 만일 똑같은 내용의 편지를 복사해서 보냈다면 서로 바꾸어가며 읽을 필요가 없었을 것이다. 둘째, 바울 사도는 각 교회의 필요를 채워주는 편지를 보냈음이 틀림없다. 골로새교회가 봉착한 문제와 라오디게아교회가 가진 문제는 달랐을 것이고, 바울 사도는 각자에게 적합한 해결책과 충고를 보냈음이 틀림없다.

### 2) 눔바의 교회

바울 사도는 골로새의 그리스도인들에게 '라오디게아에 있는 형제들'뿐 아니라, '눔바와 그 여자의 집에 있는 교회에 문안'하라고 권면했다. 눔바는 신약성경 가운데 이곳에서만 등장하는 인물이다. 그런 이유로 눔바에 대해서는 알 길이 없다. 그러나 로마 감옥에 갇혀서 그 지역에 한 번도 가보지 않은 바울 사도가 눔바의 이름과 그 여자의 교회를 기억하며 문안했다는 사실은 무엇을 말해주는가?

눔바는 제법 널리 알려져 있으며, 그 여자의 집에 있는 교회도 소문이 나고 있었음이 틀림없다. 그 당시 세상을 휘젓고 다니면서 복음을 전한 바울 사도가 기억하고 있는 그리스도인이 얼마나 많았겠는가? 그런데 그의 기억에 눔바가 들어있었다! 기억만 한 것이 아니라, 문안도 전했다! 그뿐 아니라, '그 여자의 집에 있는 교회'에도 문안을 전했다. 바울 사도가 그녀와 그녀의 교회를 기억했다는 사실은 너무나 중요한데, 그로 기억하게 하시는 분 때문이다.

그분은 두말할 필요도 없이 눔바의 구주이신 예수 그리스도이시다. 그뿐 아니라, 그분은 '그 여자의 집에 있는 교회'의 머리이시다. 그분은 눔바와 그녀의 교회를 기억하실 뿐 아니라, 현재에는 함께하시면서 복에 복을 내려주실 것이다. 미래에 그분이 재림하실 때는 눔바와 그 교회를 크게 칭찬하시며 보상해주실 것이다. 인간인 바울 사도가 기억하고 문안을 전했다면, 주님은 얼마나 더 기억하시며 기특하게 여기실까?

특히 각처에서 황제숭배가 횡행하여 그것을 반대하는 사람들이 받은 박해와 고통을 생각한다면, 눔바의 신앙은 특별했다. 그녀의 개인적인 신앙도 엄청난데, 한발 더 나아가서 그녀의 가정을 열고 황제숭배를 정면으로 도전하는 '우리 주 예수 그리스도'께 예배를 드린다니, 그 가족들의 신앙도 눔바의 신앙 못지않게 깊었을 것이다. 바울 사도는 비록 멀리 로마에 있었지만, 눔바와 그녀의 교회를 기억하면서 문안을 전했다.

## 3) 히에라볼리교회

이 장의 성경 본문에는 히에라볼리라는 지명이 나오지 않으나, 이미 바울 사도는 그곳을 분명히 언급했다. 그가 언급한 내용을 다시 인용해보자. "그가 너희와 라오디게아에 있는 자들과 *히에라볼리*에 있을 자들을 위하여 많이 수고하는 것을 내가 증언하노라" (골 4:13). 바울 사도가 이 증언에서 말한 '그'는 누누이 언급한 것처럼, 에바브라이다. 바울 사도가 에바브라를 소개할 때 처음에는 골로새의 그리스도인들을 가르쳤고 기도했다고 했다 (골 1:7, 4:12).

그러나 후에 바울 사도는 에바브라가 골로새 뿐 아니라, 라오디게아와 히에라볼리를 위해서도 '많이 수고한다'고 증언했다 (골 4:13). 그러니까 에바브라에게는 골로새교회가 중요할 뿐 아니라, 라오디게아교회와 히에라볼리교회도 중요했다. 그 이유는 너무나 분명했다! 그 세 교회를 그가 다 시작한 영적 자녀와 같았기 때문이다. 그는 골로새에서 전도하여 많은 열매를 얻은 후, 그곳에서 눌러앉아 목회에 전념할 수도 있었다.

그러나 그는 그곳의 전도만으로 만족하지 않았는데, 그는 '그리스도 예수의 종'이기 때문이었다 (골 4:12). '종'은 주인의 명령에 따라야 하는데, 그의 주인이 그를 골로새의 인근에 있는 라오디게아와 히에라볼리로도 보내셨다. 거기에서도 예수 그리스도를 그들의 구주로 소개했고, 주님은 그에게 풍성한 열매를 허락하시어서 교회들이 생겨났다. 결국, 루커스 계곡을 중심으로 서로 멀지 않은 곳에 세 교회가 탄생했는데, 그중 하나가 히에라볼리교회였다.

히에라볼리는 온천으로 유명해서, 많은 부유층과 정치 지도자들이 들락거리는 도시였다. 자연스럽게 그곳에는 황제를 섬기는 신전과 그 부속 건물이 즐비했다. 예를 들면, 그곳에는 거대한 원형극장도 있었다. 위로는 황제를 섬기며, 아래로는 향락을 즐기는 그 퇴폐 도시는 복음만이 변화를 일으킬 수 있었다. 그 역할을 감당한 사람이 바로 에바브라였으며, 그리스도 예수의 종답게 그는 그곳으로 들어가서 복음을 전했고, 마침내 교회를 세웠다.

## 4) 아킵보

'세 교회'를 다룬 후 두 사람의 이야기가 나오는데, 둘 다 교회와 깊이 연루되어있는 사람들이다. 그들은 아킵보와 바울이다. 비록 바울 사도는 '세 교회'를 직접 세우지는 않았지만, 그 교회들을 아끼면서 편지도 보냈고, 안부도 전했다. 그는 이 편지 끝에 '내가 매인 것을 생각하라'고 권면했는데, 그 말은 그를 위해 끊임없이 기도하라는 권면을 간접적으로 표현한 것이다. 그리고 그 교회에 '은혜'가 있기를 바라면서 편지를 마쳤다.

바울 사도는 빌레몬에게 보낸 편지 서두에 이렇게 아킵보를 소개했다. '…우리와 함께 병사 된 아킵보와 네 집에 있는 교회에 편지하노니' (몬 1:2). 이 소개에 의하면, 아킵보는 바울 사도와 같은 군인이었으며, 동시에 빌레몬의 집에 있는 교회와 연관된 사람임이 틀림없다. 바울 사도는 '골로새서'의 마무리에서도 아킵보에게 다음과 같은 권면을 전하라고 했다. "아킵보에게 이르기를, '주 안에서 받은 직분을 삼가 이루라고' 하라".

이미 언급한 대로, '직분'은 '일꾼, 사역자, 집사, 섬기는 자' 등의 뜻을 갖는다. 아킵보의 직분은 틀림없이 골로새교회의 직분이었을 것이다. 그 직분이 무엇이든지 골로새교회를 위하여 '삼가 이루라'는 권면을 받았다. 그런 권면은 아킵보에 대한 바울 사도의 사랑이지만, 그것보다 더 중요한 것은 골로새교회에 대한 사랑의 표현이었다. 그 이유는 자명한데, 그 교회에서 직분을 맡은 자가 맡은 바를 '삼가 이룰' 때 교회는 건강해지기 때문이다.

그렇게 교회가 든든하게 세워질 때, 직분을 맡은 아킵보가 누릴 수 있는 은혜도 넉넉하다. 그 이유는 간단하다! 교회와 성도는 하나이기 때문이다. 성도들이 행복하면, 교회도 행복하다. 성도들이 교회에서 행복을 찾지 못하면, 그 교회는 불행하다. 바울 사도가 아킵보에게 '주 안에서 받은 직분을 삼가 이루라'고 권면한 것은 결국 그 개인을 위한 권면이었지만, 동시에 그가 속한 교회를 위한 간접적인 권면이었다.

# "다"

골로새서에서 "다"라는 부사가 4번 나온다 (골 1:16, 3:17, 4:7, 9). 그중 3장 17절을 인용해보자. "또 무엇을 하든지 말에나 일에나 다 주 예수의 이름으로 하고, 그를 힘입어 하나님 아버지께 감사하라". 다는 너무나 작아서 얼른 눈에 띄지도 않는다. 그렇게 보일락말락한 단어의 헬라어는 파스(πᾶς)인데, 격에 따라 변화하는 이 단어는 골로새서에서 40번이나 나온다 (헬라어로는 39번). 95절밖에 안 되는 짧은 서신에서 그 단어가 그렇게 많이 나오다니!

필자는 어느 날 성경을 읽다가 '다'에 눈이 박혔다. 그때부터 '다'가 나오는 성구를 찾게 되었는데, 그렇게 많이 나올 줄은 상상도 하지 못했다. 그러다가 헬라어로 보면서 '다'의 무궁무진한 변화와 의미를 발견하기 시작했다. 일일이 한글성경과 헬라어성경을 찾아서 대조하는 데에 2년이나 걸렸다. '다'라는 단어 하나 때문에 다시 한 번 성경이 하나님의 말씀이라는 사실을 재확인하면서, 그 말씀의 깊이에 녹아들었다.

놀랍게도 그 단어가 신약성경에서 1,248번이나 나온다. 헬라어 파스는 한 단어인데, 모든 격변화를 포함한 숫자이다. 그런데 그 단어의 한글 번역은 참으로 다양하다. 골로새서에서만도 8가지로 번역되었는데, 다음과 같다: (1) '다', (2) '모든' (골 1:4), (3) '온' (골

1:6), (4) '범사' (골 1:10), (5) '만물' (골 1:16), (6) '만민' (골 1:23), (7) '각' (골 1:28), (8) '만유' (골 3:11). 신약성경 전체에서 그 단어의 번역은 더 다양한데, 모두 열거해보자.

(1) '만국' (마 4:8), (2) '자마다' (마 5:22), (3) '누구든지' (마 5:32), (4) '이마다' (마 7:8), (5) '무엇이든지' (마 7:12), (6) '마다' (마 7:19), (7) '누구든지' (마 7:24), (8) '자' (마 7:26), (9) '무슨' (마 12:36), (10) '아무나' (마 13:19), (11) '전부' (마 18:32), (12) '항상' (마 28:20), (13) '무릇' (행 1;1), (14) '뭇 사람' (행 1:24), (15) '항상' (행 2:25), (16) '각종' (행 10:12), (17) '온갖' (롬 7:8), (18) '모두' (고전 1:10), (19) '여러' (엡 6:18), (20) '일만' (딤전 6:10), (21) '논란' (히 7:7), (22) '무엇보다도' (약 5:12), (23) '여러 가지' (계 11:6), (24) '각색' (계 21:19). [단 밑줄 친 부분만 해당].

헬라어의 한 단어가 골로새서에서 8가지, 그리고 나머지 신약성경에서 24가지로 각각 번역되었다. 그러니까 모두 32가지로 번역되었다는 사실에 놀라움을 금할 수 없었다. 한글의 다양한 표현력을 알려주기는 하나, 그렇게 다양한 번역 때문에 그 모든 것이 한 단어에서 유래했다는 사실을 어떻게 알 수 있겠는가? 그 단어는 신약성경에서 거의 모든 장에 나온다고 해도 지나친 말은 아니다. 그 단어가 없는 장은 12장뿐인데, 곧 마태복음 1, 16, 20장, 마가복음 8, 15장, 사도행전 14장, 로마서 6장, 베드로후서 2장, 계시록 3, 10, 17. 20장이다.

그런데 흥미롭게도 헬라어성경에는 없는데, 한글로 번역되면서 파스의 내용이 첨가된 것도 적지 않다. '모든'은 18번, '온'은 1번, '다'는 49번씩 각각 첨가되어, 모두 68번이나 된다. 한 가지씩만 실례를 들어보자. "사도들이 돌아와 자기들이 행한 모든 것을 예수께 여쭈니, 데리시고 따로 벳새다라는 고을로 떠나 가셨으나"(눅 9:10). 이 말씀에서 원어에는 파스가 없는데, 번역하면서 그 의미를 설명하기 위해 '모든'을 덧붙인 것 같다.

딱 한 번 덧붙인 '온'을 인용해보자. "온 시내가 요란하여 바울과 같이 다니는 마게도냐 사람 가이오와 아리스다고를 붙들어 일제히 연극장으로 달려 들어가는지라"(행 19:29). 헬라어성경을 직역해보면, 다음과 같다: '그리고 시내가 혼동으로 가득해서 바울과 같이….' 어떻게 보면 한글 번역은 그 당시의 상황을 이해하기 쉽게 한 것 같다. 헬라어성경과 한글성경의 내용이 비슷하기 때문이다. 그러나 한글성경에서 원어에 없는 파스를 덧붙일 수는 없다.

원문에 없는 파스를 49번씩이나 '다'로 번역하여 덧붙인 것은 지나치다고 할 수 있다. 한글성경을 중요시하는 그리스도인들에게 너무나 잘 알려진 말씀을 인용해보자. "예수께서 신 포도주를 받으신 후에 이르시되, '다 이루었다' 하시고 머리를 숙이니 영혼이 떠나가시니라"(요 19:30). 예수님은 파스인 '다'를 언급하시지 않고 간단히 '이루었다', 곧 테테레스타이(Τετέλεσται)라고 외치신 후 운명하셨다. 그 뜻은 '끝냈다, 완수되었다, 치러졌다'이다.

이 말씀에서 '다'를 덧붙인 것은 창세기 2장 1절을 상기시킨다. "천지와 만물이 다 이루어지니라". 히브리 성경에 의하면, "천지와 만물이 이루어졌다"인데, 한글로 번역되면서 '다'를 덧붙였다. '이루어지다'는 히브리어로 칼라(כּלה)의 수동형인데, 그 동사는 성막이 완성되었을 때 '마치니'로 (출 40:33), 그리고 솔로몬이 성전을 완성했을 때 '끝났으니'로 각각 번역되었다 (왕상 6:38), 그렇게 세 가지로 번역되었지만, 히브리어로는 똑같은 동사인 칼라였다.

하나님은 천지와 만물을 창조하신 후, 한 단어로 선포하셨다: '이루어지니라!' 범죄한 인간을 만나주시는 곳이 성막과 성전인데, 그것들이 완성되었을 때도 한 단어로 '이루어졌다'고 선포하셨다. 죄인들이 하나님 앞으로 나아올 수 있는 길을 예수 그리스도는 활짝 열어놓고서도 한 단어로 선언하셨는데, 그 선언이 바로 '이루었도다'였다. 이처럼 장엄한 선언에 '다'라는 단어를 덧붙인 것은 모나리자의 얼굴을 미화하기 위해 덧칠한 것과 다를 바가 없다.

그런데 헬라어성경에 있는 파스가 한글성경에서 없어진 경우가 세 곳이나 있다. 한 곳은 고린도전서 10장 1절이다: "형제들아 나는 너희가 알지 못하기를 원하지 아니하노니 우리 조상들이 다 구름 아래에 있고 바다 가운데로 지나며". 원어에서는 '다 바다 가운데로 지나며'인데, '다'가 빠졌다. 앞에 '다 구름 아래에 있고' 때문에 같은 의미라고 여기면서 뺐는지도 모르겠다. 그러나 바울 사도가 반복해서 '다'를 사용한 데는 깊은 의도가 있었을 것이다.

바울 사도는 고린도전서 10장 1~4절에서 파스인 '다'를 다섯 번이나 사용했는데, 이미 설명한 대로, 5는 은혜의 수이다. 출애굽한 이스라엘 백성은 하나님의 은혜로 '다' 구름 아래에 있고 '다' 바다 가운데로 지나갔는데, 그 경험을 세례라고 풀었다. 그뿐 아니라, 하나님의 은혜로 그들은 '다' 신령한 음식을 먹으며, '다' 신령한 음료를 마셨다. 바울 사도는 그런 은혜의 경험을 그리스도 때문에 가능한 것처럼, 그 음료를 분출한 반석을 '그리스도'라고 풀었다.

또 한 곳은 빌레몬서 1장 6절이다: "이로써 네 믿음의 교제가 우리 가운데 있는 선을 알게 하고 그리스도께 이르도록 역사하느니라". 헬라어에는 '모든 선을 알게 하고'로서 파스가 포함되어 있다. 그런데 한글로 번역되면서 '모든'이 빠진 '선'이 되었다. 바울 사도가 '모든 선'으로 표현한 이유가 있었을 터인데, 단순한 선이 아니라 신앙과 인격에서 나오는 선과 다른 사람들에게 끼치는 모든 선을 포함하려고 '모든'을 덧붙였을 것이다.

세 번째 말씀은 에베소서 3장 9절인데, 다음과 같다: "영원부터 만물을 창조하신 하나님 속에 감추어졌던 비밀의 경륜이 어떠한 것을 드러내게 하려 하심이라". 두 번 나오는 파스가 '만물'이라고 한 번만 번역되었다. 그 원문을 있는 그대로 번역하면 다음과 같을 것이다. "영원부터 만물을 창조하신 하나님 속에 감추어졌던 비밀의 경륜이 어떠한 것인지 모든 것을 드러내게 하려 하심이라". '모든 것'을 빼도 뜻에는 큰 차이가 없기에 생략한 것 같다.

골로새서로 돌아가서 1장에 20번씩이나 나오는 파스 중 복수 명사인 판타(πάντα=만물)를 보자. "만물이 그에게서 창조되되 하늘과 땅에서 보이는 것들과 보이지 않는 것들과 혹은 왕권들이나 주권들이나…만물이 다 그로 말미암고 그를 위하여 창조되었고, 또한 그가 만물보다 먼저 계시고 만물이 그 안에 함께 섰느니라. 그는 몸인 교회의 머리시라. 그가 근본이시오, 죽은 자들 가운데서 먼저 나신 이시니, 이는 친히 만물의 으뜸이 되려 하심이요" (골 1:16-18).

본래 만물을 창조하신 분은 하나님이시다. "우주와 그 가운데 있는 만물을 지으신 하나님께서는 천지의 주재시니 손으로 지은 전에 계시지 아니하시고, 또 무엇이 부족한 것처럼 사람의 손으로 섬김을 받으시는 것이 아니니, 이는 만민에게 생명과 호흡과 만물을 친히 주시는 이심이라" (행 17:24-25). 창조주 하나님은 만물과 더불어 만민을 창조하셨는데, 그 목적은 만민이 "…하나님을 더듬어 찾아 발견하게 하려 하심이다" (행 17:27a).

그분은 '우리 각 사람에게서 멀리 계시지 않으신데' (행 17:27b), 바울 사도가 골로새서에서 언급한 것처럼, 그분이 하나님의 아들이신 예수 그리스도이시다. 그분은 하나님과 함께 *만물*을 창조하셨으니 당연히 '만물보다 먼저 나셨다.' 그러나 불행하게도 인간의 범죄로 인하여 하나님과 만민의 관계가 단절되었다. 그 단절의 문제를 해결하기 위해 예수 그리스도는 십자가의 죽음을 마다하지 않으셨다. 그렇지만 그분은 '죽은 자들 가운데서 먼저 나셨다!'

예수 그리스도는 그렇게 부활하셔서 만민을 부르시고, 변화하시고, 그들로 교회를 일구게 하셨다. 두말할 필요도 없이 그분은 교회의 머리가 되셨으며, 당연히 교회는 그분의 몸이 되었다. 바울 사도는 그 사실을 이렇게 묘사했다: '그는 몸인 교회의 머리시라; 그가 근본이시오.' 그분은 "십자가의 피로 화평을 이루사, *만물* 곧 땅에 있는 것들이나 하늘에 있는 것들이 그로 말미암아 자기와 화목하게 되기를 기뻐하셨다" (골 1:20).

*파*스란 작은 단어 하나로 창조론과 구원론은 물론 교회론까지 전개한 바울 사도는 참으로 하나님의 뜻을 깊이 깨달은 사도이다. 그에게 그런 깨달음을 허락하신 하나님의 뜻을 다음과 같이 피력하기도 했다. "모든 성도 중에 지극히 작은 자보다 더 작은 나에게 이 은혜를 주신 것은 측량할 수 없는 그리스도의 풍성함을 이방인에게 전하게 하시고…" (엡 3:8). 바울 사도는 골로새와 같은 이방인 그리스도인들을 깨우치라고 그런 비밀을 깨닫게 하셨다.

(참고로 헬라어성경에는 없는데, 한글성경에 첨가된 '모든'이 들어있는 구절을 열거해보자: 마 10:23, 11:21, 23, 13:53, 눅 9:10, 12:3, 14:17, 22:28, 행 6:2, 24:13, 롬 12:1, 고전 1:7, 히 11:2 [2회], 11:3, 26, 12:9, 벧후 3:10.

원문에는 없는데 '다'를 덧붙인 성경 구절을 열거해보자: 마 5:26, 7:21, 9:17, 10:23, 13:30, 15:14, 24:2, 25:9, 28:1, 막 7:23, 12:23, 13:2, 14:18, 15:20, 눅 6:39, 7:42, 18:28, 20:31, 33, 21:6, 요 3:35, 4:12, 15:16, 16:32, 19:30, 행 8:38, 9:39, 10:8, 35, 13:48, 16:15, 33, 21:7, 23:8, 21, 25:11, 26:30, 롬 1:14, 13:1, 8, 9, 14:20, 고전 3:21, 6:13, 7:34, 골 1:16, 딛 2:12, 히 10:8, 요일 2:16, 계 14:15)

Archer, Gleason L. *Encyclopedia of Bible Difficulties*. Grand Rapids, MI: Zondervan Publishing House, 1982.

Barnes, Albert. *Barnes' Notes on the New Testament*. Grand Rapids, MI: Kregal Publications, 1962.

Colin, Brown, 편집. *The New International Dictionary of New Testament Theology*. 제1권. Grand Rapids, MI: Regency Reference Library, 1975. R. Schippers의 "πλήρωμα".

_____. H. Bietenhard의 "κύριος".

Elwell, Walter A., 편집. *Evangelical Dictionary of Theology*. Grand Rapids, MI: Baker Book House, 1984. W. C. Robinson의 "The Wrath of God."

Harper, Albert F. Ed. *The Wesley Bible: A Personal Study Bible for Holy Living*. Nashville, TN: Thomas Nelson Publishers, 1990.

Hendrickson, William. 『헨드릭슨 성경주석: 골로새서, 빌레몬서』. 신현필 옮김. 서울: 아가페출판사, 1984.

Josephus. *The Works of Jesephus*. William Whiston 번역. Peabody, MA: Hendrickson Publishers, 1987.

Kittel, Gerhard & Gerhard Friedrich, 편집. *Theological Dictionary of the New Testament*. 제7권. Wm. B. Eerdmans Pub., Co., 1975. Fohrer의 "σῴζω".

_____. 제6권. Delling의 "πλήρωμα".

_____. Kasch의 "ῥύομαι".

_____. 제5권. Reicke의 "πᾶς".

MacLaren, Alexander. *The Expositor's Bible: Colossians and Philemon*.

London: Hodder and Stoughton, 1989.

Morris, Leon. *The Atonement: Its Meaing & Significance*. Downers Grove, IL: Inter-Varsity Press, 1983.

O'Brien, Peter T. *Word Biblical Commentary: Colossians, Philemon*. Waco, TX: Word Books, Publisher, 1982.

Ryken, Philip G. *The Message of Salvation*. Downers Grove, IL: InterVarsityPress, 2001.

국어사전편찬회 편. 『국어대사전』. 서울: 민중서원, 1994.

홍성철. 『거룩한 삶, 사랑의 삶: 요한일서 강해』. 서울: 도서출판 세복, 2018.

_____. 『다니엘의 역설적인 인생』. 서울: 도서출판 세복, 2016.

_____. 『신앙 난제에 답하다 110』. 서울: 도서출판 세복, 2022.

_____. 『예수 그리스도의 피』. 서울: 도서출판 세복, 2023.

_____. 『전도학 개론』 (수정 증보판). 서울: 도서출판 세복, 2015.